Fit durch gesunde Ernährung

Klaus Oberbeil

Fit durch gesunde Ernährung

Richtig essen – glücklicher leben

südwest

INHALT

Zitrusfrüchte sind schmackhafte Vitaminbomben.

Biostoffe für den Körper

Gemüse liefert viele wichtige Vitalstoffe.

Unser Stoffwechsel

Hochwertige Pflanzenöle sind eine Wohltat für die Gesundheit.

Die fruchtigen Strauchtomaten schützen unsere Zellen vor freien Radikalen.

Power im Speiseplan

Die neue Gesundheitsrevolution eröffnet die verheißungsvolle Perspektive, durch gezielte Zufuhr bestimmter Biostoffe für unser Glück und Wohlergehen zu sorgen.

Jahrzehntelang glaubte man, mit chemisch-synthetischen Arzneimitteln, mit bunten Kapseln und Tabletten der Gesundheit besser zu dienen als mit Äpfeln, Kartoffeln, Radieschen oder Bärlauch. Jetzt hat die Wissenschaft einmal mehr bestätigt, worauf viele schon lange gewartet haben: Bereits das Essen bestimmter Nahrungsmittel macht uns fit, vital und gesund. Ausgewählte Lebensmittel und speziell abgestimmte Getränke befreien uns von Müdigkeit, Infektionen, Libidomangel, Magen-Darm-Störungen, Venenleiden, depressiven Verstimmungen, Hautkrankheiten, Sehstörungen, sogar von rheumatischen Erkrankungen und Schlafstörungen.

Dass Ernährung zum Teil die Hausapotheke und sogar den Arzt ersetzen kann, verdanken wir der modernen Stoffwechselforschung, der seit Beginn der neunziger Jahre des 20. Jahrhunderts aufgrund der Errungenschaften der Computertechnologie ausgezeichnete Analysegeräte zur Verfügung stehen. Mit ihnen kann man Blut und Gewebe im so genannten Femtobereich (billiardstel Gramm) untersuchen, die Moleküle also nahezu einzeln in ihren Veränderungen beobachten. Das eröffnet äußerst spannende Einblicke in die Mechanismen unseres Zellstoffwechsels. So ist es kaum verwunderlich, dass auf der ganzen Welt immer mehr Wissenschaftler (Biochemiker, Neurologen, Hormonspezialisten usw.) versuchen, der zentralen Frage unseres Wohlergehens auf die Spur zu kommen: Was fehlt uns eigentlich, wenn wir nicht fröhlich und heiter, unternehmungslustig, kraftvoll-dynamisch und energiegeladen sind?

Neueste Entdeckungen

Woran es fast immer mangelt, wenn wir uns antriebslos fühlen, sind Nährstoffmoleküle: Eiweiße, Vitamine, Mineralien, Fettsäuren, Glukose oder auch Enzyme, Hormone, Nervenpeptide, neu entdeckte Prostaglandine oder Mediatoren (körpereigene Reizsubstanzen). Seit kurzer Zeit lässt sich tatsächlich relativ genau bestimmen, welche Biostoffe ein Mensch braucht, um Befindlichkeitsstörungen, Beschwerden oder gar Krankheiten beizukommen.

Neueste Erkenntnisse eröffnen noch andere verheißungsvolle Perspektiven. Übergewicht, Fettsucht, faltiger Haut, Haarausfall, glanzlosen Augen, kranken Zähnen, also all den Faktoren, die uns vorzeitig alt aussehen lassen, ist schnell mittels eines gezielt aufgebauten Speiseplans abzuhelfen. Dr. Bonnie Spring vom weltberühmten Massachusetts Institute of Technology in Cambridge (USA) erläutert das so: »Wir sind immer wieder überrascht, wie sehr eine einzige Mahlzeit das Wohlbefinden eines Menschen verändern kann.« Fast schon ein wenig wie neugeboren dürften sich also Menschen fühlen, die »schlechte« Nerven haben, sich nicht begeistern, nicht verlieben können, die morgens verzagt, sorgenvoll und ängstlich den Tag beginnen, obwohl der Hormonhaushalt doch gerade in den Morgenstunden all die Nervenmoleküle reichlich zur Verfügung stellen sollte, die uns mit Freude, Begeisterung und froher Erwartung erfüllen.

Auf den Stoffwechsel kommt es an

Und warum fühlen wir uns körperlich oft so schlapp? Auch dies ist nur eine Frage des Stoffwechsels. Wenn dem Organismus nämlich Nährstoffe fehlen, schaltet er sozusagen einfach auf Sparflamme. In all seinen Regelkreisen fährt er den »Energieschalter« von 100 auf vielleicht nur 70 oder noch weniger herab, um lebenswichtige Organe wie Herz, Leber, Nieren oder Bauchspeicheldrüse zu schützen, um die letzten Kraftspeicher des Körpers nicht unnötig zu vergeuden. Müdigkeit, Kraftlosigkeit, Vergesslichkeit und Libidomangel sind also nichts anderes als ein Notprogramm der Natur, um die Lebensfähigkeit des Körpers zu erhalten.

Müdigkeit, Kraftlosigkeit, Vergesslichkeit und Libidomangel sind nichts anderes als ein Notprogramm der Natur, um die Lebensfähigkeit des Körpers zu erhalten.

Dass seit Jahren die meisten Nobelpreisträger aus dem Bereich der Stoffwechselphysiologie kommen, ist kaum erstaunlich. Denn dieses Forschungsgebiet gilt nicht zu Unrecht als der »heiße Ofen« in der modernen Medizin, der Woche für Woche die aufsehenerregendsten Neuigkeiten liefert.

Dieses Buch fasst all die neuen wissenschaftlichen »Stoffwechselhits« zu einem familienfreundlichen Alltagsratgeber zusammen. Leicht lesbar, sogar unterhaltsam, dabei informativ und stets auf der Höhe der internationalen Stoffwechselforschung werden die einzelnen Kapitel zum Leitfaden für ein neues, gesundes, glückliches und energiegeladenes Lebensgefühl.

Gesund und glücklich

Die neue Ernährung für die ganze Familie

Iss dich schlank

Übergewicht belastet den Organismus, nimmt uns die Lebensfreude und bereitet den Nährboden für Krankheiten. Dennoch gilt ein Übergewicht von zehn Prozent heute als fast noch normal.
Tiere mit zu viel Fettgewebe hingegen haben in freier Natur kaum Überlebenschancen. Dies konnte jüngst einmal mehr von US-Biologen belegt werden, die normal- und übergewichtige Erdhörnchen in der kalifornischen Wüste aussetzten. Bereits nach vier Tagen waren zahlreiche der übergewichtigen Erdhörnchen zu Opfern von Raubtieren geworden.
Da der Lebensrhythmus von Tieren in der freien Natur den Umweltbedingungen harmonisch angepasst ist, behalten sie unter normalen Bedingungen stets ihr konstantes Gewicht, ohne dauernd auf die Waage steigen und Schlankheitskuren machen zu müssen.
Anstatt uns von einer sinnlosen Diät zur nächsten zu quälen, bei der in der Regel nur Wasser und in Muskeln gespeicherte Kohlenhydrate abgebaut werden, sollten wir also lieber versuchen, auf natürliche Weise die überflüssigen Speckpolster abzubauen. Folgen Sie einfach dem Dreistufenweg zur schlanken Linie – und schon bald werden Sie den nachhaltigen Erfolg spüren!

Schlankheitsdiäten sind eigentlich überholt, sie stammen aus einer Zeit, in der man über Gewichtsreduktion noch zu wenig wusste. Heute gibt es gesunde, natürliche Wege, um schlank zu werden oder zu bleiben.

Fettmoleküle freisetzen

Bekanntlich sind die Fettmoleküle (Triglyzeride) bei den meisten Menschen in den Fettzellen (Adipozyten) eingesperrt wie im Banktresor. Eher saugen sich die aufgequollenen Adipozyten mit weiteren Fettmolekülen voll, als dass sie auch nur ein einziges solches Molekül freiwillig abgeben. Dabei muss man berücksichtigen, dass übergewichtige oder dicke Menschen häufig zusätzlich zu den überschüssigen Triglyzeriden bis zu zweieinhalbmal so viele Fettzellen haben wie schlanke Menschen. Was sich aber noch negativer auswirkt: Die Fettzellen dicker

So funktionieren Abnehmen und Gewichthalten

- Die ungeliebten Fettmoleküle (Triglyzeride) müssen erst mal raus aus den Fettzellen (Adipozyten) an Bauch, Hüften, Po und Oberschenkeln. Eine Schlankheitskur eignet sich dafür nicht. Da bleibt das Fett eingesperrt wie in einem Banktresor.
- Wenn die Triglyzeride anschließend im Blut kreisen, heißt das noch lange nicht, dass sie auch zu Energie verbrannt oder auf andere Weise aus dem Körper transportiert werden. Unsere Körperzellen brauchen dazu sozusagen noch das Zündholz, das das Feuer entfacht. Und das heißt Thyroxin – ein Schilddrüsenhormon. Malen Sie sich einmal aus, was passiert, wenn in 70 Billionen Körperzellen in jeder Sekunde 1500 Fettmoleküle verbrannt werden – und dies 24 Stunden am Tag.

Der sichere Weg zur schlanken Linie: Das überschüssige Fett muss in den Körperzellen verbrannt werden.

Menschen sind bis zu 100-mal größer als die von Menschen, denen Größe 36 passt. Theoretisch können Adipozyten sogar unbeschränkt Fett aufnehmen.

Übergewichtige oder dicke Menschen haben mehr und größere Fettzellen als schlanke.

Es gibt in unserem Körper nur rund ein Dutzend Substanzen, die überhaupt Zugang, also den Schlüssel zu den Fettzellen haben. Das sind z. B. Stresshormone wie Glukagon, Kortisol, ACTH (adrenokortikotropes Hormon), Wachstumshormon, Adrenalin oder Prolaktin. Einzig und allein diese können Adipozyten aufsperren und Fettmoleküle freisetzen. Der Organismus ist in der Lage, unbegrenzt Fett für eventuelle Hunger- oder Notzeiten zu speichern (wie beim Bären vor dem Winterschlaf). Bei jeder Form von Stress aber (Konflikte, Probleme, Leistungsdruck, körperliche Aktivität, Hunger, Frost usw.) benötigen wir zusätzliche Energie, weil beispielsweise der Kreislauf schneller arbeitet, wir mehr Wärme produzieren und mehr Energie bereitstellen müssen. Dann werden mit hoher Geschwindigkeit unzählige Stresshormonmoleküle über das Blut zu den Fettzellen transportiert und öffnen sie, damit Triglyzeride freigesetzt und zur dringend benötigten Energie umgewandelt werden können.

Das Problem ist allerdings: Übergewichtige produzieren meist viel zu wenig Stresshormone, weil ihre Ernährung ungesund und ihr Stoffwechsel dementsprechend aus dem Gleichgewicht ist.

Stress, der schlank macht

Die lipolytischen (fettfreisetzenden) Stresshormone bestehen vorwiegend aus Eiweiß. Gebildet werden sie in der Hirnanhangsdrüse, der Bauchspeicheldrüse und im Nebennierenmark. Für ihre Produktion sind extrem hohe Konzentrationen bestimmter Nährstoffe, vor allem von Vitamin C, notwendig. Dieses Immunvitamin ist häufig aber nicht ausreichend vorhanden, da es im Kampf gegen Viren, Bakterien, Pilze, Schad- und Giftstoffe oder freie Radikale in großen Mengen verbraucht wird.

Übergewichtige Menschen haben zu wenig Stresshormone, für deren Produktion viel Vitamin C notwendig ist – der beste Schlankmacher überhaupt.

Vitamin C ist der beste Schlankmacher überhaupt. Aber auch Eiweißmangel führt zu einem Mangel an Stresshormonen. Dabei hilft es oft nicht, besonders eiweißreich zu essen. Eiweiß benötigt für seine Verdauung und Verwertung in Magen und Darm eine bestimmte Azidität (Säuregrad). Viele Menschen ab dem 40. Lebensjahr produzieren aber kaum noch Magensäure. Ihr Dünndarmsäurewert ist zu niedrig, außerdem fehlt es an proteolytischen (eiweißspaltenden) Enzymen der Bauchspeicheldrüse. Für die Herstellung wichtiger Stresshormone stehen daher nur geringe Dosen an Aminosäuren (Eiweißbausteinen) sowie an Vitamin C zur Verfügung. Tagsüber sind es Hormone wie Noradrenalin, Adrenalin oder Glukagon, die in sehr großen Mengen Fettmoleküle aus Ihren Fettzellen freisetzen oder es zumindest sollten. Nachts aber, etwa 70 Minuten nach dem Einschlafen, versiegt die kör-

Fehlen Ihnen Stresshormone?

Testen Sie sich selbst: Wenn Sie morgens verzagt aufwachen, Angst vor Auseinandersetzungen (mit dem Chef, dem Partner oder sogar mit Ihren Kindern) haben, wenn Sie häufig frieren, oft Pausen bei der Arbeit einlegen müssen oder Problemen eher aus dem Weg gehen, anstatt sie tatkräftig anzupacken, dann fehlen Ihnen vermutlich Stresshormone.

pereigene Produktion dieser »Wachhormone«. Zusätzlich drosselt die Hirnanhangsdrüse die Ausschüttung der Wachstumshormone, so dass die »Einbahnstraße Fett« aufrecht erhalten wird.

Wichtiges Wachstumshormon

Da Kinder besonders viel Wachstumshormon herstellen, wachen sie morgens energiegeladen auf. Viele Erwachsene aber produzieren in ihrer Hirnanhangsdrüse überhaupt kein Wachstumshormon mehr, da es an den benötigten Bausteinen fehlt. Solche Menschen haben ganz kleine Hypophysen (Hirnanhangsdrüsen). Die kirschkerngroße und nur ein halbes Gramm schwere Drüse enthält fast nur Wasser und Wachstumshormon. Die anderen neun Hypophysenhormone sind nur in äußerst geringfügigen Mengen enthalten.

Das Wachstumshormon ist ein hervorragendes Mittel gegen Bauchspeck. Oft wird es von der Hirnanhangsdrüse nicht mehr produziert, da es an den nötigen Baustoffen fehlt.

Weil das Wachstumshormon im Kampf gegen überschüssige Fettpolster aber Schwerstarbeit in den Fettzellen leisten muss, sind seine Moleküle besonders groß. Sie bestehen aus insgesamt 198 Aminosäuren. Um das Hormon herzustellen, werden 16 Moleküle Vitamin C benötigt, außerdem große Mengen an Vitamin B6 (Pyridoxin), das im Stoffwechsel die einzelnen Aminosäuren für den Hormonaufbau verwendbar macht.

Das Fett muss aus dem Blut in die Zellen

Viele, vor allem übergewichtige und dicke Menschen, leiden unter einem zu hohen Cholesterinspiegel oder generell unter zu hohen Blutfettwerten. Ärzte raten dann oft zu einem absoluten Verzicht auf Fett, was darauf hindeutet, dass ihnen die neuen Erkenntnisse der Biochemie und Stoffwechselphysiologie noch nicht bekannt sind. Raubtiere in freier Natur bleiben überraschenderweise auch dann ihr Leben lang schlank, wenn sie sich ausschließlich von fetten Beutetieren ernähren.

Karnitin für die Fettverbrennung

Ursache dafür ist eine hohe Konzentration des Proteins Karnitin in Blut und Gewebe. Karnitin transportiert die Fettmoleküle im Blut zur Verbrennung in die so genannten Mitochondrien, die Brennöfen der Zelle. Da in unserem Stoffwechsel Transportaufgaben von bestimmten Proteinen wahrgenommen werden, ist natürlich auch die Fettverbrennung ohne sie nicht möglich.

Mit Fleisch, Fisch und einer ordentlichen Portion Vitamin C erreichen Sie leichter Ihr Wunschgewicht, da der Körper so den Fettburner Karnitin herstellen kann.

Karnitin wird in der Leber aus den beiden Aminosäuren Lysin und Methionin hergestellt – aber eben auch nur dann, wenn ausreichend Eiweiß zur Verfügung steht. Wenn dem Körper beispielsweise nur 90 Prozent der benötigten Menge des entsprechenden Eiweißes zugeführt werden, versorgt er zuerst alle lebenswichtigen Organe, wie z. B. Herz, Nieren oder Leber. Der Aufbau von Karnitin dagegen spielt beim Stoffwechsel eine nachgeordnete Rolle. Karnitin ist auch als fertiges Endprodukt in der Nahrung enthalten, vor allem in Fleisch, wobei Lamm besonders reichhaltig ist.

Karnitin ist leider kein Wundermittel. Es macht nur dann schlank, wenn durch ausreichend Bewegung ein erhöhter Energiebedarf besteht und so vermehrt Fett verbrannt werden muss.

Beim Transfer langkettiger Fettsäuren, die wahre Energiebomben sind (und in Fisch, Fleisch usw. vorkommen), in die Verbrennungskammern der Zellen wird überdurchschnittlich viel Karnitin benötigt. Da der Herzmuskel der aktivste Muskel im Körper ist, hat er einen sehr hohen Karnitinbedarf.

Übergewichtige leiden oft unter Herzmuskelstörungen. Herzkranke haben fast immer zu niedrige Karnitinkonzentrationen in Blut und Gewebe. Da bieten sich in der Therapie große Chancen: Eine Karnitinzufuhr führt gleichzeitig zu Gewichtsverlust und erhöhter Energie- und damit Sauerstoffzufuhr fürs Herz. Man hat morgens ein Pfund weniger auf der Waage und fühlt sich topfit.

Der Tagesfahrplan für die schlanke Linie: Eiweiß und Vitamine sorgen für einen gut funktionierenden Stoffwechsel, der die Einlagerung von Fett verhindert.

Eiweiß und Vitamin C – der Weg zur schlanken Linie

- Eiweißreich frühstücken: Früchtequark, Vollkornmüsli, kalter Braten, magerer Schinken, Putenfleisch. Erlaubt sind auch Knäckebrot, Toast, Brötchen, Butter, Kaffee oder Tee mit Sahne, Zucker oder Süßstoff. Wichtig ist viel Vitamin C, z. B. Kiwi oder frisch gepresster Zitronensaft.
- Vormittagssnack: Viel Eiweiß und Vitamin C, z. B. 1 Hähnchenschlegel und 1 Apfel, 60 Gramm fettarmer Hüttenkäse mit Obst oder 60 Gramm Roastbeef mit Toast und 1 Orange.
- Mittags: Fisch mit Salzkartoffeln und Salat, gegrilltes Putenschnitzel mit gedünstetem Gemüse und Naturreis, Spinat und 2 Eier mit Kartoffelbrei oder Rohkostplatte mit Hühnchen- oder Schinkenstreifen und Eiern oder ein Gemüseteller mit Tofuschnitzel.
- Nachmittagssnack: Obstsalat oder Früchte-Sahne-Joghurt oder (zum Kaffee) 1 Stück trockener Kuchen.
- Abends: Shrimpscocktail mit Toast und Obst, Hähnchensalat mit Knäckebrot, 1 mageres Steak mit Folienkartoffel oder Naturreis oder ein bunter Salatteller mit Eiern.
- Absolutes Muss: Unmittelbar vor dem Schlafengehen noch ein Eiweißhäppchen pur (ohne Brot) zu sich nehmen, z. B. 30 Gramm Forellenfilet, Hähnchenbrust oder Fleisch, dazu 1 ganze Zitrone essen. Daraus werden im Stoffwechselprozess dann über Nacht reichlich fettschmelzende Wachstumshormone und bestimmte euphorisierende Hormone produziert.
- Zu vermeiden sind: »normales« Brot, helle Teigwaren, Klöße, polierter Reis, Süßspeisen, Knabbergebäck, süße Getränke. Aus der darin enthaltenen schnelllöslichen Glukose produziert die Leber nämlich auch Fett.
- L-Karnitin in Form von Sirup oder Tabletten ist in der Apotheke erhältlich. Bereits eine Menge von 1 bis 3 Gramm Karnitin pro Tag führt zu erhöhter Oxidation (Verbrennung) von Fettmolekülen.

Die Stoffe Lysin und Methionin, aus denen die Leber den Schlank- und Fitmacher Karnitin herstellt, sind ebenfalls vorwiegend in Fleisch, aber auch in Geflügel oder Fisch enthalten. Biochemiker haben errechnet, dass die zusätzliche Zufuhr von ein bis drei Gramm Karnitin täglich zu einem äußerst erfreulichen Abbau von Fettmolekülen führt. Karnitin baut außerdem das Zellgewebe im Umfeld bereits zerstörter Herzmuskelkolonien neu auf.

Allerdings: Die Karnitinbiosynthese in der Leber erfordert wiederum hohe Mengen an Vitamin C. Ein Mangel an Vitamin C bedeutet also in jedem Fall auch einen Mangel an Karnitin. Da erscheint es kaum verwunderlich, dass beispielsweise Skorbut (die schwerste Erkrankung durch Vitamin-C-Mangel) grundsätzlich mit stark erhöhten Blutfettwerten einhergeht.

Die zusätzliche Zufuhr von ein bis drei Gramm Karnitin täglich führt zu einem beachtlichen Abbau von Fettmolekülen.

So funktioniert die Fettverbrennung

Unabdingbar für den Energiegewinnungsprozess im menschlichen Körper ist Thyroxin. Dieses Hormon wird in der Schilddrüse hergestellt. Es besteht zu zwei Dritteln aus dem seltenen Spurenelement Jod und zu einem Drittel aus der Aminosäure Tyrosin (enthalten vor allem in Fleisch, Fisch, Geflügel oder Magerkäse). Thyroxin bringt die Fettverbrennung auf Hochtouren. Wer wenig Thyroxin produziert, setzt schneller Fett an und ist eher erschöpft. Weil Thyroxin ein sehr einfach strukturiertes Molekül ist, wird es allerdings besonders schnell von freien Radikalen im Blut angegriffen.

Ein einfaches Programm

Die modernen Biochemiker machen einen ganz einfachen Vorschlag: »Essen Sie dreimal am Tag eine ganze Zitrone.« Das darin enthaltene Vitamin C wird durch die ebenfalls im Fruchtfleisch enthaltenen Bioflavonoide (Pflanzenschutzstoffe) bis um das Sechsfache besser aus dem Darmtrakt resorbiert als üblich. Die Folge: Das Blut wird sehr stark mit Vitamin C angereichert. An jedes Thyroxinmolekül hängen sich dann acht Vitamin-C-Moleküle und schützen es vor der Zerstörung durch freie Radikale. Während bei Vitamin-C-Mangel oft nur 20 Prozent der von der Schilddrüse ausgestoßenen Moleküle ihren Bestimmungsort erreichen, gelangen jetzt alle Thyroxinmoleküle ungehindert in die Mitochondrien (Brennzellen). Sofort wird die Fettverbrennung stark angeregt. Schon einen Tag später fühlt man sich wesentlich frischer, und der Blick auf die Waage beschert einem schon morgens das erste Erfolgserlebnis. Wenn Sie dieses Schlankheitsprogramm einhalten, brauchen Sie nie wieder Kalorien zu zählen. Sie werden quasi automatisch Gewicht verlieren und sich vor allem vom ungeliebten Speck an Bauch und Hüften befreien.

Kaum zu glauben, aber wahr – zehn Jahre jünger in 30 Tagen

Das Vitamin C einer Zitrone wird durch die im Fruchtfleisch enthaltenen Bioflavonoide besonders gut aus dem Darm resorbiert.

»Wer mit 50 Jahren aussieht wie 50, ist selbst schuld«, behaupten Physiologen. Und: »Mit 50 Jahren aussehen wie 35 oder mit 60 Jahren wie 45, ist überhaupt kein Problem.«

Weil Tiere sich stets physiologisch richtig ernähren, bleiben sie bis an ihr Lebensende schlank und behalten ihr schönes Fell, Feder- oder Schuppenkleid. Sie bleiben also nahzu bis in ihre letzte Lebensphase hinein »jung«. Durch neueste wissenschaftliche Untersuchungen konnte beispielsweise belegt werden, dass die Zellen eines jungen Haifischs und eines alten Tieres nahezu identisch beschaffen sind.

Beim Menschen könnte es genauso sein. Die Körperzellen eines 60-Jährigen dürften unter dem Mikroskop kaum »älter« aussehen als die eines 18-Jährigen. Die Realität sieht jedoch anders aus: Insbesondere Stress, Fehlernährung und Bewegungsmangel führen häufig schon nach dem 30. Lebensjahr zu rasant fortschreitenden Alterungsprozessen der Körperzellen.

Ein biologischer Jungbrunnen

US-Wissenschaftler schreiben dem Kollagen, dem Bindegewebe, eine entscheidende Rolle zu, wenn wir jung aussehen wollen. Wenn z. B. Bindegewebe der Haut nicht unablässig mit bestimmten Substanzen versorgt wird, bilden sich aus Proteinen (Eiweiß) und »ranzigen« Fetten (z. B. Cholesterin) mehr oder weniger harte Strukturen, und es entstehen Altersflecken, Falten oder Runzeln. Weiterhin wird das Bindegewebe anderer Körperbereiche tagsüber durch Sitzen, Gehen und Stehen belastet. Nachts erholt es sich wieder, man wacht mit strafferem Bauch und weniger Falten auf.

Für den Neuaufbau von Bindegewebe werden die Aminosäuren Prolin, Lysin und Glyzin benötigt. Enthalten sind sie insbesondere in Milch, Käse, Fisch, Geflügel, Rindfleisch, Lamm und Hülsenfrüchten. Für das Verschweißen dieser Eiweißstoffe zu Kollagenmolekülen mit mehr als 16 000 Atomen werden das Spurenelement Zink sowie Vitamin C benötigt. Zusätzlich wird das Bindegewebe mit Elastinfasern verwebt. Bereits eine einzige gesunde Mahlzeit kann die Konsistenz des Bindegewebes innerhalb weniger Stunden erheblich verbessern und dadurch unser äußeres Erscheinungsbild deutlich verändern.

Wenn das Bindegewebe der Haut nicht ständig mit bestimmten Biostoffen versorgt wird, bilden sich Altersflecken, Falten und Runzeln.

Vorsicht vor freien Radikalen

Zerstört wird Bindegewebe z. B. in einer durchzechten Nacht mit viel Nikotin, Alkohol, Kaffee in sauerstoffarmer, rauchgeschwängerter Luft. Wenn wir danach in den Spiegel gucken, scheint es, als hätte uns ein grausamer Zeitraffer um Jahre unseres Lebens gebracht: die Haut welk und grau, der Blick stumpf und glanzlos, das Haar dünn und brüchig. In Wirklichkeit ist nichts anderes passiert, als dass freie Radikale sozusagen die Gunst der Stunde genutzt haben.

Diese aggressiven Substanzen, die aus Gift- und Schadstoffen entstehen, schlagen sofort zu, wenn es den Körperzellen an bestimmten Nährstoffen fehlt. Sie greifen erst die Schutzschicht von Milliarden Zellen und schließlich deren Zellkern an. Doch kaum sind die Strapazen vorbei, beginnt der Organismus im Eiltempo, Körperzellen zu regenerieren und Bindegewebe neu aufzubauen. Eine einzige gesunde Mahlzeit und ausreichend Schlaf wirken dann gleichsam verjüngend.

Gefährliche Kettenreaktion unterbrechen

Vitamin C und Vitamin E beugen gemeinsam dem Haarausfall infolge von strapaziertem Haar am wirkungsvollsten vor. Wer täglich eine Sonderration von vier Gramm Vitamin C, entweder als Askorbinsäure oder in Form von vier saftigen Zitronen, zu sich nimmt, hat schon bald weniger Haare im Kamm als vorher. Vitamin E wiederum sorgt dafür, dass wir keine fettigen Haare, talgigen Haarboden und Schuppen bekommen. Es schützt die ungesättigten Fettsäuren vor Oxidation durch freie Radikale. Während die atomare Struktur gesunder und »ruhiger« Moleküle stets auf einem Elektronenpaar aufgebaut ist, haben freie Radikale nur ein Elektron; sie sind also ungesättigt und deshalb bestrebt, sich mit dem zweiten sättigenden Elektron zu verbinden. Dieses entfernen sie aus einem anderen Molekül, mit der Folge, dass das nun unvollständige Molekül auch wieder ein fremdes Elektron »klaut« – diese Kettenreaktion setzt sich weiter und weiter fort. Auf diese Weise kann ein einziges freies Radikal eine Million Bindegewebs- oder andere Moleküle schädigen.

Für das Wachstum des Haars sorgen schwefelhaltige Aminosäuren, wie z. B. Methionin bzw. dessen Stoffwechselendstufe Zystin. Da aber Methionin zu den so genannten psychisch aktiven Aminosäuren zählt, wird es bei Konflikten, Problemen, Leistungsdruck bzw. jeder Form von psychischem Stress in großem Maß verbraucht. Das Haar wird dann nicht mehr ausreichend versorgt.

Die aggressiven freien Radikale, die durch Gift- und Schadstoffe entstehen, schlagen sofort zu, wenn es den Körperzellen an bestimmten Nährstoffen fehlt.

Alle zwei Tage ein Eigelb ist eine ausgezeichnete Glanzkur fürs Haar, viel besser als Shampoos oder -spülungen. Denn jeder Dotter enthält rund 50 Milligramm reinen Schwefel, der nahezu ausschließlich an Methionin oder Zystin gebunden ist. Farbe gewinnt das Haar wieder, wenn wir zinkreich essen. Das Spurenelement Zink ist in unserer Kost selten ausreichend enthalten. Im Haarboden aber ist es der Gegenspieler des Spurenelements Kupfer, das unsere Haare grau macht.

Alterung durch Eiweißmangel

Homozystein ist ein Eiweißstoff, der die Körperzellen schädigt und deren Alterungsprozess vorantreibt. Es wird mit Hilfe der so genannten Ribosomen vom Körper selbst hergestellt, indem einzelne Aminosäu-

Die Vitamin-C-Fresser

- Rauchen: Raucher brauchen täglich zwischen 400 und 1000 Milligramm Vitamin C mehr als Nichtraucher.
- Konflikte: Eine einzige leidenschaftliche Auseinandersetzung mit dem Chef oder dem Partner kostet das Immunsystem bis zu einem halben Gramm Vitamin C zusätzlich.
- Im Frühjahr und Herbst ist der Vitamin-C-Bedarf des Immunsystems besonders hoch, da sich der Körper der Umstellung anpassen muss.

Die gelben Zitrusfrüchte sind ein ausgezeichneter Vitamin-C-Lieferant.

ren (Eiweißbausteine) aneinander geknüpft werden. Ausgangsbaustein bei der Produktion von Homozystein und anderen Proteinen ist ein Methioninmolekül. Besonders reich an dieser Aminosäure sind Fisch, Eier, Soja, Bohnen, Knoblauch und Zwiebeln.
Methionin wird zunächst in der Leber zu Homozystein umgewandelt und anschließend zu den einzelnen Zellen weitergeleitet. Dort wird es zu großen Teilen mit Hilfe der Vitamine B6 und B12 sowie Folsäure aufgespalten und als das lebenswichtige Methonin wieder freigesetzt. Homozystein drosselt den Zellstoffwechsel und fördert dadurch das rasche Altern der Zellen. Methonin hingegen kurbelt den Stoffwechsel an, verhilft zu körperlichem und mentalem Schwung und hält jung.

Eine ausreichende Zufuhr der Vitamine B6 und B12 durch die tägliche Nahrung oder durch Vitaminpräparate ist unabdingbar, um den Abbau des gesundheitsschädigenden Proteins Homozystein in seine Grundbausteine zu gewährleisten.

Das Homozysteindilemma

Das biologische Altern (unabhängig vom tatsächlichen Alter des Menschen) wird in entscheidendem Maß von der Fähigkeit des Organismus beeinflusst, das Homozystein in Methionin zurückzuverwandeln. Denn das in Blut und Gewebe enthaltene Homozystein oxidiert (siehe Seite 19) sehr schnell, wenn es nicht rechtzeitig in seine Methoninbausteine zerlegt wird.

Hier finden Sie das komplette Programm für eine gezielte Verjüngungskur für Haut, Knochen und Körperzellen. Vitamine, Mineralien und Spurenelemente sind die wichtigsten Bestandteile der Nahrungsmittel, die während dieser 30 Tage auf dem Speiseplan stehen.

Jünger in 30 Tagen

- Einmal am Tag (am besten mittags) Hülsenfrüchte auf den Speiseplan (Linsen, Bohnen, Erbsen). Sie spenden kostbare Nukleinsäuren, die für die Regeneration zerstörter Zellen wichtig sind.
- Jeden Tag 1/2 Tasse Vollkornmüsli aus Hafer, Gerste, Dinkel, Roggen, Weizen essen. Getreide ist reich an Nukleinsäuren und enthält wichtige B-Vitamine sowie Zink, Mangan und Selen, die den Stoffwechsel fördern und die Immunkraft stärken.
- Verzichten Sie auf Zwischengerichte wie Käsebrötchen, Schokoriegel oder Kuchen. Knabbern Sie stattdessen Nüsse, Edelkastanien, Mandeln, Sesam- oder Sonnenblumenkerne. Auch sie enthalten Nukleinsäuren und sind sehr reich an verjüngenden Biostoffen: Bis zu 16 Vitamine und 18 Mineralstoffe reichern sich in ihnen an.
- Essen Sie täglich mindestens 300 Gramm frisches Saisonobst, und trinken Sie zusätzlich den Saft von 2 frisch gepressten Zitronen oder 5 Orangen. Ersatzweise können Sie hin und wieder 3-mal pro Tag 1 Teelöffel Vitamin-C-Pulver (Askorbinsäure) einnehmen. Vitamin C ist eine der wichtigsten Immunsubstanzen, die unsere Zellen vor freien Radikalen schützen.
- Vitamin A bzw. Karotinoide sind ebenfalls gegen freie Radikale, die uns vorzeitig altern lassen, wirksam. Es gibt rund 500 verschiedene Karotinoide in Pflanzen, aus etwa 60 davon kann unser Stoffwechsel Vitamin A herstellen. Kochen Sie einfach Tomatensaft mit etwas Pflanzenöl, und trinken Sie ihn nach dem Abkühlen. Innerhalb von 48 Stunden panzern sich Ihre Zellen mit dem Karotinoid Lypozin.
- Gerade erst als weiteres Antioxidans erkannt wurde das Koenzym Q10. Es ist in Fleisch, Spinat, Vollkorn, Nüssen und Samen enthalten. Sie können es auch in der Apotheke kaufen. Der US-Biochemiker Richard A. Passwater konnte jüngst seinen den Alterungsprozess verlangsamenden Effekt nachweisen.

Risiken für die Gesundheit

Das oxidierte, d. h. zerstörte Homozystein kann erhebliche Schäden im Körper anrichten: Es zirkuliert im Blut, greift die empfindlichen Arterieninnenwände an und ist oft entscheidend an der Entwicklung von Arteriosklerose beteiligt. Auch die Venen, in denen das »verbrauchte« Blut zum Herz zurückfließt, werden in Mitleidenschaft gezogen. Nach neuesten Erkenntnissen ist ein Überschuss an Homozystein eine der Ursachen für Venenthrombosen. Bestimmte Formen des Bluthochdrucks sind weitere Folgen.

Darüber hinaus schreitet die von vielen Frauen gefürchtete Osteoporose, der krankhafte Abbau der Knochensubstanz, nach den Wechseljahren rascher voran. Menschen, die wegen psychischer Beschwerden oder Krankheiten behandelt werden, haben häufig ebenfalls überhöhte Homozysteinspiegel. Erste Anzeichen sind in der Regel Unruhe, depressive Verstimmungen und Mutlosigkeit. Da Homozystein die ausreichende Regeneration der Zellkerne verhindert, ist es auch kaum erstaunlich, dass bei Patienten mit »seniler Demenz« vom Alzheimertyp extrem hohe Werte an Homozystein festgestellt werden konnten.

Charme und Charisma gehen zu 90 Prozent von den Augen aus – und beruhen auf nichts anderem als einer Ansammlung von Nährstoffen in unserem Sehorgan.

Schönheit kann man essen

Charme und Charisma eines Menschen gehen zu 90 Prozent von den Augen aus – dies haben kalifornische Wissenschaftler festgestellt. Sie haben ebenso belegt, dass der Erfolg eines Menschen wesentlich durch die Ausdruckskraft seiner Augen und die damit verbundene Ausstrahlung bestimmt wird. Dies gilt für die Suche nach einem geeigneten Lebenspartner ebenso wie für ein wichtiges Vorstellungsgespräch beim Personalchef. »Ganz egal, ob es um Geld oder Liebe geht – die Augen sind stets die beste Waffe«, sagt Dr. Neila S. Chardwah, Psychobiologin an der University of Southern California in San Diego. Dass wir die Ausstrahlung der Augen fördern können, liegt nahe. Denn nach einem zermürbenden Arbeitstag sind unsere Augen oft müde und ohne Glanz, lebendig funkeln sie erst wieder nach einer Phase der Erholung.

Der Glanz in unseren Augen

Glanz und Charisma beruhen auf einer Ansammlung von Nährstoffen im Auge. Da diesem Organ eine zentrale Funktion zukommt, wird es von allen Organen im Körper am besten mit Biostoffen versorgt –

über ein komplex konstruiertes Kanalsystem. Weil aber Nährstoffe immer sieben bis zehn Sekunden brauchen, um über das Blutsystem herantransportiert zu werden, gibt es für die Augen noch einen zusätzlichen »Turbolader«. Bei Gefahr jagen Stresshormone und bestimmte Nervenpeptide die wichtigen Nährstoffmoleküle in hundertstel Sekunden ins Auge. Dasselbe geschieht, wenn wir uns verlieben, begeistern, wenn wir ganz plötzlich eine tolle Idee entwickeln oder freudig überrascht werden. Dann steigert sich der Augenstoffwechsel in rasantem Tempo bis zum 30fachen und lässt unsere Augen regelrecht aufblitzen.

Dieser raffinierte Mechanismus funktioniert allerdings nur, wenn ausreichend Biostoffe im Auge gespeichert sind. Wichtig ist beispielsweise das Spurenelement Zink, das in der Augenhintergrundmembran gespeichert ist und dazu beiträgt, dass Wildtiere nachts genauso gut sehen wie tagsüber. Auch Vitamin C, Vitamin A, Vitamin E und das seltene Spurenelement Selen sind für unseren Charme durchaus mitverantwortlich.

Kalzium ist ohne Vitamin C nur eingeschränkt wirksam, da es vom Körper ohne dessen Unterstützung nicht vollständig verwertet werden kann.

Vitamin C für schöne Zähne

Zum guten Aussehen gehören natürlich auch die Zähne. Wer ein schönes Gebiss hat, lacht gern und öfter als Menschen mit angegriffenen Zähnen. Es ist darüber hinaus ein lebenserhaltendes Werkzeug. Immerhin muss es manch harte, zähe Nahrung zerkleinern, damit der Organismus lebensfähig bleibt.

Deshalb ist das Alveolarbein im Kieferbogen der Knochen mit dem höchsten Anteil an Kalzium. Der Mineralstoff Kalzium ist für den Knochenaufbau unabdingbar. Nach neuesten Erkenntnissen ist Kalzium ohne Vitamin C aber nur eingeschränkt wirksam. Das Vitamin macht Kalzium nämlich im Stoffwechselprozess erst vollständig für den Organismus verwertbar.

Vitamin C kräftigt vor allem die feinen Gefäßwände im Zahnfleisch; schon der Genuss einer einzigen Vitamin-C-reichen Zitrone hemmt Zahnfleischbluten. Es empfiehlt sich, das Fruchtfleisch von Zitronen mitzuessen, weil die darin enthaltenen pflanzeneigenen Schutzstoffe die Wirkung von Vitamin C wesentlich erhöhen. Man sollte auch nicht vergessen, dass die allgemeine Stärkung des Immunsystems durch Vitamin C gewährleistet wird.

Enzyme machen's möglich – dynamisch und topfit

Wenn Sie auf die unten stehenden Fragen nur ein einziges Mal mit Nein antworten, sind Sie körperlich nicht in voller Form. Bei dreimaligem Nein wird es höchste Zeit, für mehr Energie zu sorgen – vor allem, wenn man sich schon am Vormittag schlapp und müde fühlt. Körperliche Fitness ist keine Folge durchtrainierter Muskeln allein, sondern sie setzt auch eine ausreichende Eiweißversorgung – insbesondere der Nerven – und einen ausgeglichenen Hormonhaushalt voraus.

Enzyme sind der Motor unseres Stoffwechsels und bestimmen den Grad unserer körperlichen Fitness.

Motor des Stoffwechsels

Es gibt aktive Sportler, die sich ständig müde fühlen und erst beim Training richtig »aufwachen«. Denn die entscheidende Rolle für den Grad körperlicher Fitness spielen Enzyme. In jeder Minute kommt es in unserem Körper zu Billiarden chemischer Reaktionen, die meist von Enzymen eingeleitet und durchgeführt werden. Ihre Hauptaufgabe besteht darin, den Nahrungsbrei in unserem Magen und Darm in Nährstoffmoleküle aufzuspalten. Anschließend tragen sie dazu bei, die gewonnenen Biostoffe in die Körperzellen einzubauen. Dafür verbraucht der Körper rund die Hälfte aller seiner Energien.

Weil die Bauchspeicheldrüse vieler Menschen ihre Arbeit unzureichend verrichtet, befördert sie häufig nur noch spärlich die in ihr produzierten kohlenhydrat-, fett- und eiweißspaltenden Enzyme in den Darm. So bleibt oft die Hälfte der Nahrung unverdaut.

Kleiner Fitnesstest

- Springen Sie morgens mit Elan aus dem Bett und ins Badezimmer?
- Haben Sie manchmal das Verlangen, Treppen hinaufzurennen, anstatt zu gehen?
- Macht es Ihnen wenig aus, schwere Gegenstände (beispielsweise Autoreifen, Einkaufstüten oder Blumenkästen) eine Zeit lang zu tragen?

Bunte Leckereien sehen zwar verlockend aus, sind aber Gift für die Figur.

Zu viel Süßes macht krank

Die aus unverdauter Nahrung entstehenden Giftstoffe müssen unter hohem Energieaufwand unschädlich gemacht und ausgeschieden werden. Aus unverdautem Eiweiß beispielsweise entstehen giftige Polyamine, die steif und müde machen.

Vor allem die Bauchspeicheldrüse leidet unter dem häufigen Verzehr von Süßigkeiten und hellen Teigwaren.

Wenn sich selbst beim Umsteigen auf eine ausgesprochen gesunde Kost mit viel Obst, Rohkost, Salat und Gemüse, die zahlreiche wichtige pflanzliche Enzyme enthält, die erwünschte körperliche Belebung nur zögernd oder gar nicht einstellt, kann dem eine immunbedingte Allergie und Unverträglichkeit gegenüber bestimmten Lebensmitteln (wie z. B. Milch, Beerenobst, Fisch oder Butter) zugrunde liegen. Aber auch eine bereits zu stark geschädigte Bauchspeicheldrüse kommt als mögliche Ursache infrage. Was diesem rund 80 Gramm leichten Organ dabei am meisten zusetzt, sind Süßes und helle Teigwaren bzw. alle Weißmehlprodukte. Diese werden im Darm zu Glukose aufgespalten, die schnell in großen Mengen ins Blut schießt und zu einem überhöhten Blutzuckerspiegel führt. Die Bauchspeicheldrüse reagiert sofort mit einem massiven Ausstoß von Insulin, das die Glukose abbaut, so dass der Blutzuckerspiegel steil abfällt. Da dieser Prozess meist mit zu hoher

Geschwindigkeit stattfindet, produziert die Bauchspeicheldrüse im Gegenzug das Hormon Glukagon, das den Blutzuckerspiegel wieder in die Höhe schnellen lässt. Dadurch entsteht eine Doppelbelastung für den Stoffwechsel.

Ein ständig schwankender Blutzuckerspiegel führt schon bei Kindern zu Erkrankungen der Bauchspeicheldrüse.

Koenzym A bringt neuen Schwung

Wenn sich Sportler trotz idealer Kost konditionell schlecht und nicht fit fühlen, hängt dies oft mit einer mangelnden Enzymzufuhr zusammen. Dann nämlich wird (beispielsweise in Muskelzellen) das Koenzym A nicht in ausreichendem Maß produziert. Es kontrolliert die Beta-Oxidation von Fettsäuren und den oxidativen Abbau von Aminosäuren zu Energie. Das Koenzym A liefert außerdem das Getriebe zum Bau des Nervenreizstoffs Azetylcholin, der uns geistig aktiviert und unseren Intellekt schärft.

Topfit mit Enzymen und Pantothensäure

- Kaufen Sie sich in der Apotheke ein Multienzympräparat, das amylytische (kohlenhydratspaltende) Enzyme, proteolytische (eiweißspaltende) Enzyme und Lipasen (fettspaltende Enzyme) enthält.
- Um eine ausreichende Versorgung mit Pantothensäure (Vitamin B5) sicherzustellen, sollte man Bierhefe einnehmen (in der Apotheke oder im Reformhaus erhältlich). Darin sind außerdem alle anderen B-Vitamine enthalten, die im intermediären Stoffwechsel, also bei der Verarbeitung von Nahrung zu Biostoffen, eine bedeutende Rolle spielen.
- Die neu entdeckten Fitmacher L-Karnitin und das Koenzym Q10 (in der Apotheke erhältlich, nach Packungsbeilage einnehmen) verrichten in den Muskelzellen für den »Dirigenten« Koenzym A die Hauptarbeit. L-Karnitin schafft unermüdlich Fettmoleküle herbei, die (ähnlich wie gute Briketts) viel Energie liefern. Und das Koenzym Q10 übernimmt die Rolle des »Heizers«.

Von ebenso großer Bedeutung ist allerdings, dass das Koenzym A in unserer Hirnanhangsdrüse auch an der Freisetzung euphorisierender Hormone mitwirkt. Es trägt auf diese Weise zu allgemeinem Wohlbefinden durch körperliche Fitness bei. Die mit Hilfe des Koenzyms A gleichzeitig mobilisierten physischen und mentalen Kräfte lassen uns den Herausforderungen des Alltags gelassener entgegentreten. Eine ausreichende Versorgung mit Koenzym A bedeutet aber ebenso: glücklich sein in der Gewissheit körperlicher und nervlicher Energien, egal, ob man Hausfrau oder Manager ist.

»Wenn wir zusätzlich zum Essen Enzyme einnehmen«, so der amerikanische Enzymexperte Humbart Santillo, »brauchen wir weniger zu essen; unserem Stoffwechsel stehen aber trotzdem mehr Biostoffe zur Verfügung. Außerdem ist der Verdauungsstress geringer, und für den Abbau von Schlacken und halb verdautem Essensmüll verbrauchen wir weniger Energie. Dies führt zur Speicherung von Energie.« Die Folge: Man arbeitet viel intensiver und benötigt dennoch wesentlich weniger Erholungszeit.

Das Koenzym A ist der eigentliche Fit- und Glücklichmacher in unserem Stoffwechsel. Hauptbestandteil dieses Enzyms ist die Pantothensäure – früher als Vitamin B5 bezeichnet.

Pantothensäure als Schlüsselsubstanz

Da das Koenzym A der eigentliche Fitmacher unter den Enzymen ist, erscheint es lohnenswert, seine Zusammensetzung näher zu betrachten. Überraschenderweise stellt sich dabei heraus, dass Pantothensäure (Vitamin B5) der Hauptbestandteil des Energiespenders ist. Mit anderen Worten: Ohne Vitamin B5 bleiben uns die durch das Koenzym A mobilisierten Kräfte vorenthalten. Es kommt vorwiegend in Bierhefe, Eigelb, Leber, Niere und in frischem Gemüse vor.

Pantothensäure wird hauptsächlich in Muskelzellen gespeichert, um als Rohstoff für die Produktion des Koenzyms A zur Verfügung zu stehen. Auf diese Weise ist es bei starken körperlichen Belastungen schnell verfügbar.

Nebenwirkung Fettabbau

Pantothensäure ist nicht nur bei der Produktion des Koenzyms A von entscheidender Bedeutung, sondern beeinflusst das gesamte Stoffwechselgeschehen des Körpers. U. a. regt es in den Nebennierenrinden die Produktion bestimmter Stresshormone an und wird dadurch zum Schlankheitsvitamin schlechthin.

Biostoffe sind Kraftfutter für Ihre Nerven

Der eine ist ein »Nervenbündel«, der andere hat »Nerven aus Stahl« oder »überhaupt keine Nerven«. Welche Redewendung auch immer zutrifft, es steht fest: Die so genannten guten oder schlechten Nerven entscheiden über unser alltägliches Wohlbefinden.
Während alle anderen Körperzellen auch Fett zur Energiegewinnung verbrennen, verwerten Gehirn- und Nervenzellen ausschließlich Glukose, also die kleinste Einheit aller Kohlenhydrate, die wir zu uns nehmen. Glukose ist nämlich der Brennstoff, der am schnellsten über das Blut zu beziehen und auch am leichtesten zu »entzünden« ist. Ohne ausreichende Glukose im Blut schalten Gehirn und Nerven auf Sparflamme, arbeiten nur noch mit halber Kraft, damit die lebenswichtigen letzten Glukosereserven nicht aufgebraucht werden. Prompt ist man müde, gereizt, nervös oder fühlt sich depressiv und antriebslos.

Wenn Gehirn- und Nervenzellen gut arbeiten sollen, benötigen sie ausreichend Glukose, um daraus Energie zu gewinnen. Fehlt dieses Kohlenhydrat, sinkt unsere geistige Leistungsfähigkeit.

Wenn Glukose fehlt

Dauerstress, ungesunde Ernährung und meist auch eine angegriffene Bauchspeicheldrüse führen dazu, dass der stetige Glukosezustrom ins Blut beeinträchtigt wird, den Gehirn und Nerven Tag und Nacht benötigen. Dann funktioniert selbst bei optimaler Kost das Energiesystem nicht mehr richtig, denn entweder ist die Produktion und Ausschüttung von Insulin und Glukagon (die den Blutzuckerspiegel kontrollieren) aus dem Gleichgewicht geraten, oder aber die Nervenzellen nehmen die Glukose nicht auf, weil ein bestimmter Stoff fehlt, der für ihren Transport durch die Zellmembran ins Zellinnere verantwortlich ist. Dieser Stoff ist das Spurenelement Chrom, von dem wir in unserem gesamten Leben nicht mehr als etwa zwei Gramm brauchen. In einem halben Liter Blut sind nur ca. zwei milliardstel Gramm Chrom enthalten – eine verschwindend geringe Menge. Trotzdem spielt es eine derart wichtige Rolle bei der Glukoseversorgung. Nervenschwachen Menschen fehlt oft nichts anderes als Chrom.
Chrom ist das Kernstück eines erst vor kurzem entdeckten Moleküls mit der Bezeichnung »GTF« (Glukosetoleranzfaktor), welches das Hormon Insulin an Insulinrezeptoren auf der Zellmembran bindet. Erst

Der Dreiphasenplan für gesunde Nerven

- Glukose (Blutzucker) versorgt die Nerven mit Sauerstoff und Energie.
- Cholin und Kalzium beruhigen Gehirn- und Nervenzellen.
- Hormone wie Noradrenalin und Beta-Endorphin stimmen heiter und optimistisch, regen den Kreislauf an und fördern die Konzentration.

Nervenschwachen Menschen fehlt oft das wichtige Spurenelement Chrom, das bei der Gesunderhaltung unserer Zellen eine große Rolle spielt.

dadurch wird ermöglicht, dass die Glukosemoleküle aus dem Blut ins Innere der Gehirn- und Nervenzellen übertreten und dort verbrannt werden können.
Bei einem Mangel an Chrom aber sterben Insulinrezeptoren in der Schutzschicht der Zellen nach und nach ab – ein verhängnisvoller Vorgang, denn der überschüssige und nicht verwertbare Blutzucker wird jetzt von der Leber in Fett umgewandelt. Von Bedeutung ist in diesem Zusammenhang weiterhin, dass Chrom im Blut zusammen mit Eisen transportiert wird. Als Bestandteil des Blutfarbstoffs Hämoglobin liefert Eisen zusätzlich den für die Glukoseverbrennung notwendigen Sauerstoff in die Zellen.

Empfindliche Membranschicht

Eine störungsfreie Energiezufuhr bedeutet allerdings noch nicht, dass die Nervenzellen rundum gesund sind. Gefahr droht auch von einer kranken und angegriffenen Zellmembran, der so genannten Myelinschicht. Sie wehrt Krankheitserreger ab und besitzt Millionen winziger »Landeplätze« für Nährstoffe, Hormone und Enzyme.
Die Myelinschicht besteht zur Hälfte aus Cholesterin. Wie jedes andere Fett ist Cholesterin sehr empfindlich. Wenn es von freien Radikalen angegriffen wird, wird es ranzig wie Butter, die man Licht, Luft und Wärme aussetzt. Ranziges Cholesterin aber verhärtet, es verklebt die Zellmembran und bildet mit abgeschilfertem Eiweiß Verkrustungen. Folglich wird die Gehirn- oder Nervenzelle nicht mehr richtig versorgt, bestimmte Reize und Signale werden nur noch mühsam von Zelle zu Zelle durch das Nervensystem geleitet.

Der so genannte Flüssigkeitsgrad der Gehirn- oder Nervenzelle entscheidet also darüber, ob unsere Nerven strapazierfähig sind oder nicht. Ist die Membranschicht zäh verklebt, fühlen wir uns dumpf, stumpf, lustlos und doch unruhig. Wir schlafen schlecht, empfinden Angst, sind depressiv verstimmt und neigen zu Aggressionen. Typisch dafür ist die Katerstimmung nach einer durchzechten Nacht. Unter dem zerstörerischen Einfluss freier Radikale sind dann nämlich die Membranschichten unserer Nervenzellen besonders verklebt: Das Cholesterin muss wieder dünnflüssig gemacht werden; erst dann fühlen wir uns besser.

Das B-Vitamin Cholin macht Cholesterin dünnflüssig und ist für die Fettverwertung unerlässlich.

Cholin für Kopf und Magen

Der Stoff, der Cholesterin dünnflüssig und funktionsfähig macht, ist Cholin, ein B-Vitamin. Es ist Bestandteil von Lezithin und in hoher Konzentration in Leber, Eigelb, Bierhefe und in Keimen sowie Samen enthalten. Unsere Leber stellt Cholin aus den Eiweißbausteinen Methionin und Serin her, die wiederum in Fleisch, Eiern und Käse vorkommen. Cholin ist eine der bedeutendsten lipotropen Substanzen (= Stoffe, die für die Fettverwertung unerlässlich sind).

Ohne Cholin sammelt sich Fett in gesundheitsschädigenden Konzentrationen in der Leber an, eine Fettleber ist die Folge. Auch steigt die Cholesterinkonzentration im Blut. Cholin wirkt beruhigend im parasympathischen vegetativen Nervensystem und in den cholinergen Nervenzellen im Großhirn, die der Garant für Konzentrationsfähigkeit sind. Bei einem Mangel sterben Gehirnzellen in großen Mengen ab, der Zellmüll aus ranzigem Cholesterin und Eiweiß bildet so genannte Amyloide (Verkrustungen), es kommt zu Vergesslichkeit, schließlich zu schweren mentalen Störungen. Cholin bildet im Hirnstoffwechsel das Kernstück des Neurotransmitters Azetylcholin, der uns geistig rege, entspannt und ausgeglichen macht.

Bei Konzentrationsstörungen und verminderter geistiger Leistungsfähigkeit ist häufig Cholinmangel die Ursache.

Neben Cholin ist Kalzium das zweite hervorragend wirkende natürliche Beruhigungsmittel. Biologen stellten fest, dass Wildtiere nach einer Stressphase (wenn sie z. B. gehetzt wurden) instinktiv nach kalziumreichen Kräutern wie Dill, Salbei, Majoran, Thymian oder Rosmarin suchen. Die beruhigend wirkenden Neurotransmitter (Botenstoffe) fließen nämlich über Kalziumkanäle durchs Nervensystem, jene mikroskopisch winzigen Kanälchen, die Nerven- und Gehirnzellen

So beruhigen Sie Ihre Nerven

Sind Sie leicht reizbar, probieren Sie's aus: reichlich Cholin und Kalzium, dazu Vitamin C, welches das Kalzium im Stoffwechsel enorm aktiviert.

Schon nach drei Tagen erscheint Ihnen so manches, worüber Sie sich vorher schrecklich aufgeregt haben, viel weniger von Bedeutung.

Kalzium ist ein sehr wirksames, natürliches Beruhigungsmittel, wie auch die Beobachtung von Tieren in freier Wildbahn nach Stressphasen zeigt.

miteinander verbinden. Kalziumionen (geladene Teilchen) leiten dann Empfindungen und andere Signale störungsfrei über das empfindsame Netzwerk von Milliarden Zellen.

Nicht zuletzt kommt Cholin eine entscheidende Bedeutung bei der Tätigkeit der cholinergen Neuronen (Nervenzellen) des Vagusnervs zu. Der labyrinthartig verästelte und verzweigte Verdauungsnerv zieht sich durch den ganzen Magen. Bei hoher Cholinzufuhr wird er stimuliert, regt die Produktion von Magensäure an, und Eiweiß, Kalzium sowie Eisen können besser verwertet werden.

Gute Laune durch Hormone

Wenn die Nerven- und Gehirnzellen ausreichend mit Energie, also Nähr- und Biostoffen, versorgt sind, fehlen Ihnen noch die »Glücklichmacher«. Dies sind ganz andere Substanzen als Nähr- oder Biostoffe, Vitamine oder Mineralien. Die kleinen Moleküle, die uns froh, beschwingt und zuversichtlich stimmen, müssen von Gehirn oder Nerven selbst hergestellt werden: Hormone, Nervenpeptide und Neurotransmitter. Das ist auch der Grund dafür, dass man sie (bedauerlicherweise) nicht in Form von Tabletten in der Apotheke kaufen kann und nur noch schlucken muss.

Adrenalin ist nicht gleich Adrenalin

Die beiden wichtigsten Stoffe in diesem Zusammenhang sind Noradrenalin und Beta-Endorphin. Sie bestehen zu 100 Prozent aus Eiweiß, und zwar aus psychoaktiven Aminosäuren, wie z.B. Phenylalanin, Tyrosin, Methionin und Lysin, die vorwiegend in Fleisch, Fisch, Geflügel, Käse und Soja enthalten sind. Bei jeder Form von psychischem Stress

(Konflikte, Sorgen, Kummer, Schlafstörungen, depressive Verstimmungen, Trauer, Leistungsdruck, Angst usw.) werden sie als allererste vom Stoffwechsel beansprucht und verbraucht. Sie fehlen deshalb für die Produktion der stimmungsanregenden Substanzen. Stressgeplagte Menschen reagieren dann mit dem Ausstoß von Adrenalin aus dem Nebennierenmark. Das regt ihren Kreislauf an, macht sie wachsam und konzentriert. Die euphorisierende Wirkung des Noradrenalins fehlt diesem Stoff aber. Moderne Biochemiker unterscheiden deshalb zwischen Menschen, die in Stresssituationen lediglich erregt oder aufgeregt sind, und solchen, denen Stress Spaß macht, die ihn deshalb häufig sogar suchen.

Der Ausgangsstoff bei der Herstellung von Noradrenalin ist die Aminosäure Phenylalanin, die in Vesikeln (winzigen Bläschen) in Nerven- und Gehirnzellen eingelagert ist. Mit Hilfe von Vitamin C, Vitamin B6, Mangan, Magnesium und der Aminosäure Methionin produziert der Nervenstoffwechsel daraus im Bedarfsfall in Lichtgeschwindigkeit jede Menge Noradrenalinmoleküle. Beta-Endorphin macht uns euphorisch, es ist ein natürliches Rauschgift.

Neben Beta-Endorphin ist Noradrenalin das wichtigste euphorisierende Hormon; es wird im Nervenstoffwechsel mit Hilfe der Vitamine C und B6 sowie von Mangan, Magnesium und Methionin produziert.

Stress ist nicht gleich Stress. Während der eine unter einer Belastungssituation leidet und unglücklich ist, lebt der andere bei hohen Anforderungen erst richtig auf.

Eine ausgewogene Ernährung, die alle wichtigen Biostoffe enthält, macht nervenstark und erhöht die geistigen Kräfte.

Das Programm für gesunde und starke Nerven

- Der Glukosebedarf sollte grundsätzlich nur in Form komplexer Kohlenhydrate gedeckt werden (Gemüse, Salat, Kartoffeln, Vollkornprodukte, Obst). Sie werden im Darm langsam abgebaut und dem Blut als stetiger Blutzuckerstrom zugeführt, so dass Gehirn- und Nervenzellen kontinuierlich versorgt sind.
- Kaufen Sie in der Apotheke Bierhefe, und nehmen Sie sie gemäß der Packungsbeilage ein. In Bierhefe ist reichlich Chrom enthalten, das Ihren Blutzuckerspiegel auf hohem und ausgeglichenem Niveau hält. Bierhefe enthält auch viel Cholin.
- Mit Lezithin (in der Apotheke oder im Reformhaus erhältlich) liefern Sie Ihren Gehirn- und Nervenzellen ebenfalls eine zusätzliche Portion des ausgezeichneten Beruhigungsstoffs Cholin.
- Entspannen Sie Ihre Nerven darüber hinaus mit viel Kalzium. Täglich beispielsweise ein Liter Milch oder 200 Gramm Magerkäse sind ideal.
- Phenylalanin, eine Aminosäure und der Ausgangsstoff des stimmungsanregenden Noradrenalins, ist vor allem in Fleisch, Fisch und Geflügel enthalten. Abends vor dem Schlafengehen noch einen solchen Eiweißhappen pur ohne Brot essen, dazu frisch gepressten Zitronensaft trinken. Dadurch wird das Phenylalanin aus der Verkettung mit anderen Aminosäuren gelöst. Doch wer schlecht schläft, sollte auf Eiweiß abends verzichten und dafür lieber morgens 100 Gramm kalten Braten, mageren Schinken oder Putenfleisch mit Zitronensaft zu sich nehmen.
- Drei Kilometer Joggen täglich kurbelt die körpereigene Produktion des stimulierenden Beta-Endorphins an, ebenso Schwimmen, Rad fahren etc. Auch eine intensive künstlerische Beschäftigung über zwei Stunden (z. B. Zeichnen, Töpfern usw.) erfüllt diesen Zweck. Der Beta-Endorphinspiegel im Blut steigt und sorgt für psychische Stabilität.

Tipps für Frauen in und nach der Schwangerschaft

Wie gut eine werdende Mutter genährt ist, entscheidet über die Gesundheit des heranwachsenden Kindes genauso wie über ihre eigene. In seinen ersten sechs oder acht Lebenswochen, während derer die Mutter sich ihrer Schwangerschaft manchmal noch gar nicht bewusst ist, bezieht der Embryo seine Nährstoffe vorwiegend aus dem Gewebe oder aus den Sekreten der Gebärmutter. Erst danach ist der Fötus ständig über die Nabelschnur mit dem Blutkreislauf der Mutter verbunden. Er wird jetzt direkt durch die Kost ernährt, die die Mutter Tag für Tag zu sich nimmt.

Während der ersten drei Schwangerschaftsmonate ist der Nährstoffbedarf des heranwachsenden Fötus allerdings noch minimal, denn seine Gewichtszunahme beträgt kaum mehr als ein Gramm pro Tag. Hingegen wächst die Mutter umso mehr, Gebärmutter und Brüste werden größer, Plazenta (Mutterkuchen) und Fruchtwasser bilden sich, und das Blutvolumen nimmt zu.

Öfter kleinere Portionen zu essen, ist während der Schwangerschaft besser als drei große Hauptmahlzeiten. Wichtig ist weiterhin, dass die Lebensmittel eine hohe Nährstoffdichte aufweisen.

Lieber weniger, dafür öfter

In der ersten Phase der Schwangerschaft leiden viele Frauen unter Übelkeit. Dies ist nicht auf Magen- und Darmstörungen, sondern darauf zurückzuführen, dass der Stoffwechsel zwischen Mutter und Kind erst abgestimmt werden muss. Da empfiehlt es sich, öfter kleinere Portionen zu essen als die drei großen Hauptmahlzeiten am Tag. Im zweiten Drittel der Schwangerschaft speichert die Mutter zum Schutz des Kindes viel Fett. Das ist ein natürlicher Mechanismus, um eventuellen Mangelphasen vorzubeugen.

Im sechsten Monat nimmt das Kleine schon rund zehn Gramm pro Tag zu und wächst jetzt immer schneller. Rund die Hälfte seines Geburtsgewichts sammelt es in den beiden letzten Schwangerschaftsmonaten, weshalb die Ernährung in dieser Zeit besonders reich an wertvollen Nährstoffen sein sollte. Hinzu kommt, dass die Mutter durch das hohe Körpergewicht mehr Energie verbraucht und deshalb einen erhöhten Bedarf hat. Durch häufiges Ausruhen Energie einzusparen, ist keine Alternative. Man sollte weiterhin aktiv bleiben, um sich körperlich fit zu halten. Regelmäßiges Spazierengehen an der frischen Luft ist ausdrücklich zu empfehlen. Schwimmen ist der ideale Ausgleichssport für alle Schwangeren. Die beste Ernährung in der Schwangerschaft ist eine einfache Vollwertkost aus Milch, Käse, Eiern, Fleisch, Fisch, Geflügel, Gemüse, Salat und Vollkornprodukten. Dabei sollten Sie Ihren Nährstoffbedarf aus je einem Drittel eiweißreicher Nahrung wie Milch und Fleisch, einem Drittel Obst, Gemüse (ideal ist dunkelgrünes Blattgemüse wie Spinat oder Brokkoli) und Kartoffeln und einem Drittel Getreideprodukten aus Vollkornerzeugnissen decken. Sparen Sie auch an zusätzlichem Fett, und denken Sie daran: Je naturbelassener ein Lebensmittel ist, desto besser bleiben die wertvollen Vitamine und Mineralstoffe erhalten. Dünsten Sie Ihre Gerichte also lieber, anstatt sie zu kochen. Dabei möglichst wenig Kochsalz verwenden, denn es bindet Wasser im Gewebe und führt zu Ödemen (Wassereinlagerungen). Darüber hinaus empfiehlt sich Rohkost, da sie ein besonders wertvoller Vitamin- und Mineralstofflieferant ist.

Vor allem Obst und Gemüse reichern das Blut mit Vitaminen, Mineralien und Spurenelementen an, so dass es dem Baby an nichts fehlt.

Was häufig fehlt

An ganz bestimmten Biostoffen fehlt es meist trotz ausgewogener Mischkost, nämlich an Eisen, Kalzium, Zink und dem B-Vitamin Folsäure. Deshalb sollten ganz bestimmte Lebensmittel wie Milch oder Fleisch, die diese vier Nährstoffe in besonders hoher Konzentration enthalten, einen überdurchschnittlichen Anteil ausmachen. Dies bedeutet gleichzeitig eiweißreiche Ernährung – was in der Schwanger-

Der tägliche Speiseplan einer werdenden Mutter

- 1 Liter Milch
- 1/2 Pfund Fleisch, Fisch oder Geflügel (einmal pro Woche Leber)
- 4-mal täglich Obst oder Gemüse (davon 1-mal grünes Blattgemüse oder -salat)
- 3 Scheiben Vollkornbrot
- 1 Vollkornmüsli aus möglichst selbst gemahlenem Getreide (1/2 Tasse)
- Selbst gepresste Fruchtsäfte oder Gemüsesäfte aus dem Supermarkt

So kommt Ihr Baby gesund und gut ernährt zur Welt

- Grundsätzlich nur Lebensmittel mit hoher Nährstoffdichte zu sich nehmen, also vor allem nichts Süßes und keine Weißmehlprodukte.
- In der Küche nur jodiertes Speisesalz verwenden.
- Täglich 1-mal grünes Blattgemüse oder -salat essen (enthält viel Magnesium, Kupfer, Eisen, Mangan und Kalium, außerdem die Vitamine A, C, K und Folsäure).
- Täglich mindestens 1 Glas frisch gepressten Obstsaft trinken (am besten sind Zitrusfrüchte). Das darin enthaltene Vitamin C und Bioflavonoide erreichen den Kreislauf des heranwachsenden Babys innerhalb von Minuten und wirken aktiv an allen wichtigen Stoffwechselprozessen mit. Ebenfalls empfehlenswert ist Tomatensaft, den man auch einfach fertig kaufen kann.

Salz ist für den Fötus und die Mutter lebensnotwendig; dagegen sollte auf Alkohol unbedingt verzichtet werden.

schaft nur von Vorteil ist. Frauen, die sich vegetarisch ernähren, leiden möglicherweise unter einem Mangel an Vitamin B12 und an Eisen. Hinzu kommt, dass andere wichtige Spurenelemente, wie z. B. Zink, aus rein pflanzlicher Kost nur ungenügend aufgenommen werden. Ohne eine an Eisen reiche Kost kommt das Kind mit ungenügenden Eisenreserven zur Welt, und die Mutter leidet unter Symptomen von Anämie. Weiterhin ist größte Vorsicht beim Genuss von Alkohol geboten, der wie eine Droge wirkt und über den Blutkreislauf auch das Ungeborene schädigt.

Kraftnahrung Muttermilch

Ist das Kind erst mal auf der Welt, stellt sich die Frage: »Brust oder Fläschchen?« Muttermilch ist mit normaler Kuhmilch überhaupt nicht zu vergleichen. Sie enthält weniger Eiweiß, dafür mehr Laktose (Milchzucker) und Fett, das die Hälfte der Kalorien für die Energieerzeugung des Babys liefert. Kuhmilch enthält auch dreimal so viel an wichtigen Mineralstoffen wie Muttermilch (und sogar siebenmal mehr Phosphor). Dass Muttermilch ärmer an diesen Stoffen ist, hat jedoch seinen Grund: So werden die feinen Nieren des Babys durch den Ausscheidungsprozess weniger belastet. Nährstoffe werden im Darm des Kindes aus Muttermilch viel schneller aufgenommen als aus Kuhmilch. Muttermilch enthält außerdem Substanzen, die in industriell hergestellter Babynahrung selten oder überhaupt nicht vorhanden sind, z. B. Zellen und Antikörper aus dem Immunsystem der Mutter, die im Magen-Darm-Trakt des Kleinen die gewohnten Abwehraufgaben gegen spezielle Krankheitserreger wahrnehmen. Muttermilch enthält auch andere wichtige Bakterien, die – im Gegensatz zu den Bakterien in Babynahrung oder Kuhmilch – den Säuregehalt des Dünndarms erhöhen und auf diese Weise Krankheitserreger abtöten. Nicht zuletzt deshalb reagieren Babys auf Fertigkost oft mit Übelkeit oder Erbrechen, also vorwiegend allergisch. Noch eine wertvolle Substanz enthält die Muttermilch: Laktoferrin, das das für das Wachstum wichtige Eisen bindet und damit vor schädlichen Fremdbakterien schützt.

Für viele Mütter allerdings stellt sich die Frage »Fläschchen geben oder selbst stillen?« gar nicht. Grund kann eine Brustentzündung oder mangelnder Milchfluss sein, aber auch die Einnahme von Medikamenten, die ein Stillen verbieten. Es gibt auch Babys, die ganz einfach nicht saugen wollen oder können.

Muttermilch enthält wichtige Substanzen, die in industriell hergestellter Babynahrung kaum vorhanden sind. Sie stärken vor allem die Immunabwehr des Kindes.

Empfehlung von Stoffwechselexperten für die Kinderkost

Die neuesten Analysegeräte der Bioforscher in aller Welt kommen auch unseren Kindern zugute. Babys und natürlich auch die heranwachsenden Jungen und Mädchen profitieren nämlich ganz besonders von den Erkenntnissen der modernen Ernährungsphysiologen – vorausgesetzt, ihre Eltern richten sich danach. Bei näherer Beschäftigung mit dem Thema werden Sie schnell feststellen, dass so manche Regel für die ideale Kinderernährung inzwischen als überholt gilt.

Hinzu kommt ein Aspekt, den die US-Kinderneurologin Dr. Miriam Leibowitz folgendermaßen zusammenfasst: »Babys spüren in ihren ersten Lebenstagen und -wochen ganz genau, ob sie von ihrer Mutter allein gelassen werden oder nicht. Die Empfindung von Liebesentzug löst in ihnen eine Folter aus, die wir Erwachsenen gar nicht nachempfinden können. Dieser Stress führt zu einem extremen Ausstoß von Stress-

Wissenswertes zum Thema »Kind und Ernährung«

- Babys können schon im Alter von wenigen Tagen und Wochen Intelligenz essen (bzw. trinken), da diese vom in der Muttermilch in hoher Konzentration enthaltenen Cholin stark beeinflusst wird.
- Die bei Kindern so beliebten Hamburger sind aufgrund ihres hohen Nährstoffgehalts erstaunlich gesund.
- Falsche Ernährung macht Kinder aggressiv, da ein unausgeglichener Blutzuckerspiegel Folgen hat.

Liebesentzug löst beim Säugling einen Mehrbedarf an bestimmten Nährstoffen aus.

hormonen wie Kortisol und programmiert oft einen Extrabedarf an bestimmten Nährstoffen für das ganze Leben ein.« Wenn diese Kinder größer werden, verlangen und fordern sie ständig Aufmerksamkeit und Liebe. Wird ihnen das Bedürfnis nicht erfüllt, reagieren sie sehr häufig aggressiv und hysterisch, um in ihrer emotionalen Not zusätzliche Stresshormone zu produzieren.

Intelligenz und Ernährung

Das Gehirn eines neugeborenen Säuglings verfügt bereits über ein perfekt gewobenes Kommunikationsnetz von Milliarden Gehirnzellen und deren Fortsätzen, den Dendriten und Neuriten. Es ist von Anfang an enorm aufnahmebereit. Bei der Wahrnehmung der Mutter und dem ersten, noch instinktiven Spiel (beim Streicheln, Riechen, Berühren, Tasten) wird das Gehirn trainiert. Wird das Neugeborene aber allein und »ohne Ansprache« gelassen, sterben Dendriten und Neuriten massenhaft ab. Dasselbe geschieht, wenn das Gehirn aus der Hirnflüssigkeit und dem Blut nicht ausreichend Nährstoffe, insbesondere das B-Vitamin Cholin, bezieht.

Muttermilch enthält große Mengen Cholin, das für die Versorgung der Gehirn- und Nervenzellen des Neugeborenen von entscheidender Bedeutung ist.

Im Kolostrum (der Muttermilch der ersten Tage) entspricht die Cholinkonzentration der Versorgung des noch Ungeborenen im Bauch der Mutter. Sie ist viermal höher als in der Muttermilch, die dem Baby etwa vom vierten oder fünften Tag an zur Verfügung steht. Spätestens im letzten Drittel der Schwangerschaft, aber auch in den Tagen nach der

Muttermilch ist als Vollnahrung für das Neugeborene durch nichts zu ersetzen. Außerdem wird durch das Stillen eine besonders innige Verbindung zwischen Mutter und Kind hergestellt.

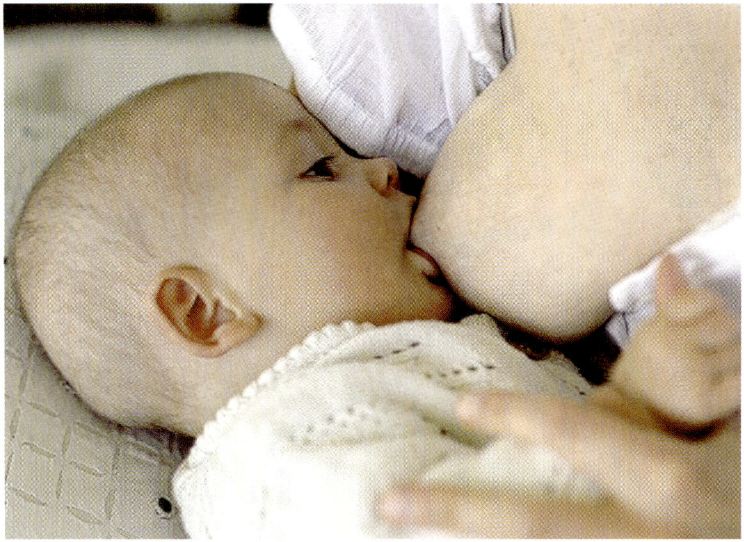

Entbindung spielt Cholin also eine bedeutende Rolle für die Gehirnentwicklung und Intelligenz sowie für die Liebesfähigkeit des Kindes. Die allerneueste Entdeckung von Biochemikern überrascht nicht: Die Milchdrüse der Mutter kann nicht nur dem Mutterblut Cholin entziehen und es speichern, sondern sie kann Cholinmoleküle auch selbst synthetisieren. Neugeborene haben – im Vergleich zu Erwachsenen – extrem hohe Cholinkonzentrationen im Blut (dies gilt übrigens auch für neugeborene Tiere). Ihre weitere Versorgung mit diesem Wirkstoff ist dadurch sichergestellt, dass die Muttermilch bis zu 60-mal mehr Cholin enthält, als im Blut konzentriert ist.

Das in der Muttermilch enthaltene Cholin spielt in den ersten Tagen nach der Entbindung eine große Rolle für die Entwicklung der Intelligenz des Kindes.

Am besten für Mutter und Kind ist das so genannte Phosphatidylcholin, das in Lezithin, Leber und Eigelb, außerdem in Butter, Rindfleisch und in schwächerer Konzentration in Blumenkohl enthalten ist. Diese chemische Variante von Cholin erreicht über Muttermilch und Blut sofort das feine Netz der Gehirnzellen des Babys. Ein Neugeborenes mit einem derart gut genährten Gehirn nimmt selbst die allerfeinsten Sinneseindrücke äußerst plastisch auf, was seine ersten Lernschritte begünstigt. Fehlt aber Cholin, dann sterben ganze Kolonien von Neuronen ab, und außerdem prägen sich nur die gröberen Sinneswahrnehmungen ins entstehende Bewusstsein ein.

Die Natur verlässt sich allerdings nicht darauf, dass Menschen genügend Cholin zur Gesundheit ihrer Gehirn- und Nervenzellen über die Nahrung aufnehmen. Der Stoffwechsel kann Cholin auch selbst herstellen, und zwar aus der Aminosäure Serin, wobei eine andere Aminosäure, das Methionin, ebenfalls beteiligt ist. Methionin ist in allen tierischen Nahrungsmitteln enthalten, Serin kommt in nahezu jedem Lebensmittel vor, besonders reichlich in Käse und in Eiern.

Kinder brauchen eine optimale Ernährung – mit Lebensmitteln aus dem Garten der Natur, reich an Eiweiß, Vitaminen, Mineralien und hochwertigen Fettsäuren.

Natur hat Vorrang

Diese wenigen Beispiele zeigen schon, wie unerlässlich es ist, dass sich werdende und junge Mütter ganz besonders gesund ernähren. Denn Kinder brauchen die besten unter den Eiweißen, Vitaminen, Mineralien und Fettsäuren. Die wertvollsten Lebensmittel kommen schon immer in unveränderter Form direkt aus der Natur, so wie beispielsweise Vollkornprodukte, Milch, Salat, Gemüse, Obst, Eier, Fisch oder Fleisch.

Das Füttern mit natürlichen Kostbarkeiten muss also Vorrang haben, zumal Kinder nach ihrem sechsten Lebensmonat bereits über einen Verdauungsapparat und einen Stoffwechsel verfügen, der ebenso gut mit dem Nahrungsbrei fertig wird wie der der Erwachsenen. Wenn Sie Ihre Kinder mit natürlichen Nahrungsmitteln großziehen, brauchen Sie sich um ihre Gesundheit nie Sorgen zu machen.

Der Nährstoffgehalt von Muttermilch

Die Muttermilch der ersten Tage hat deshalb eine so gelbliche Färbung, weil sie mit Vitamin A bzw. mit Karotinoiden, den wichtigen Immunhelfern für das Neugeborene, regelrecht vollgepumpt ist. Muttermilch enthält auch besonders viel Schutzvitamin C. Deshalb brauchen junge Mütter täglich 150 Milligramm zusätzlich an diesem Biostoff (eine Zitrone, zwei Kiwis oder drei Äpfel). Weiterhin macht der hohe Gehalt an Cholin, einem für das Gehirn wichtigen B-Vitamin, die Muttermilch besonders wertvoll.

Die Entwicklung eigener Trink- und Essgewohnheiten bringt Jungen und Mädchen oft in Konflikt mit ihren Eltern. Da gilt es, Ruhe zu bewahren und einen vernünftigen Kompromiss zu finden.

Etwa ab dem zehnten Lebensjahr akzeptieren Kinder nicht mehr alles, was auf den Tisch kommt, sondern werden wählerischer. Die Normen des friedlichen, gemeinsamen Mittag- oder Abendessens werden plötzlich infrage gestellt, und alles wird ein wenig komplizierter.

Pommes und Gummibärchen

Essen und Trinken können zum Mittel der Konfrontation mit den Eltern (und der Gesellschaft) werden. Viele Mädchen wollen auf einmal anders essen als die übrigen Familienmitglieder, sie legen jetzt die außergewöhnlichsten Essgewohnheiten an den Tag. Aus Angst, dick zu werden, verzichten sie auf Mahlzeiten ganz, dafür stopfen sie sich zwischen den Mahlzeiten mit süßen Riegeln, Schokolade oder Gummibärchen voll. Im Schulhof diskutieren sie darüber, welche Ernährung am ehesten schlank hält. Eine der Ursachen für das unausgeglichene Verhältnis zur eigenen Figur ist, dass Mädchen im Wachstum bis zu 20 Prozent Fett ansetzen, Jungen aber nur rund acht Prozent. Wenn Mädchen immer besorgter ihre runden Hüften mustern, beginnen sie oft zu fasten. Andererseits schießen Mädchen ab zehn, elf Jahren in die Höhe, Jungen mit einer Verzögerung von etwa einem Jahr. Weil sie dann aber enorm viel Energie verbrauchen, fehlen ihnen aufgrund des Fastens jetzt die wichtigen Vitamine und Mineralstoffe.

Fastfood ist besser als sein Ruf

Wissenschaftler haben jüngst den Nährstoffgehalt von Hamburgern und Pizza in wissenschaftlichen Studien untersucht. Das Ergebnis überrascht: Beim Hamburger stammen 17 Prozent der Kalorien aus Eiweiß (eine gute Quote), 44 Prozent aus Kohlenhydraten und 39 Prozent aus Fett (etwas zu viel). Abgesehen von den Vitaminen A, C, D und Folsäure sind im Hamburger alle wichtigen Nährstoffe enthalten. Noch günstiger fällt die Bilanz bei einer ganz normalen Pizza aus: 15 Prozent Eiweiß, 58 Prozent Kohlenhydrate und 27 Prozent Fett.

Junge Menschen bewegen sich häufiger und sind sportlich aktiver als ältere. Ihr Nahrungsbedarf ist dementsprechend größer.

Allerdings halten sich auch Jungen vor oder während der Pubertät kaum an einen »normalen« Essensrhythmus und entwickeln ebenso ihre Eigenwilligkeiten.

In der Anfangsphase löst ein zu niedriger Blutzuckerspiegel Konzentrations- und Leistungsschwächen sowie passives Verhalten aus.

Kühlschrank füllen – aber richtig

Wenn Teenager einmal pro Woche Fisch oder Leber bekommen, alle zwei Tage Möhren oder dunkelgrünes Blattgemüse und außerdem viel Salat und Obst, sind sie trotz Fastfood gut ernährt. Auf jeden Fall sind Hamburger und Pizza eine vernünftigere Mahlzeit als eine Bratwurst mit Pommes frites, deren Kalorienanteil bis zu 70 Prozent aus Fett besteht. Ernährungsexperten raten, zu Hause alle ungesunden Lebensmittel grundsätzlich aus Kühlschrank oder Regalen zu verbannen. Wenn die Jugendlichen dann vor Heißhunger die Vorräte plündern, finden sie eben nur Käse, Butter, Joghurt, Vollkornbrot, Eier, mageren Schinken, Obst, Nüsse, Milch und Obstsäfte.

Eltern wundern sich manchmal, dass ihre Kinder aggressiv sind, obwohl sie Liebe und Zuwendung erfahren. Ursache ist nach neuesten Erkenntnissen fast immer ein zu niedriger Blutzuckerspiegel. Hypoglykämie (so lautet die medizinische Bezeichnung) führt bei Jungen und Mädchen außerdem zu Konzentrationsschwäche und Unaufmerksamkeit in der Schule und damit zu schlechten Noten, außerdem zu Passivität und Pessimismus. Zusätzlich neigen hypoglykämische Jugendliche zu Diebstählen und anderen Straftaten.

Blutzuckermangel und die Folgen

Als Folgeerscheinung eines zu niedrigen Blutzuckerspiegels kommt es bei Jugendlichen oft zu aggressiven Reaktionen. Die so genannte Hypoglykämie ist fast immer das Ergebnis einer falschen Ernährung.

Die Ursache für einen zu niedrigen Blutzuckerspiegel konnte von US-Biochemikern geklärt werden: eine Ernährung, die vorwiegend aus Spaghetti, Weißbrot, Kuchen, Süßem und süßen Getränken besteht. Wenn ein 14-jähriges Mädchen einen großen Teller Spaghetti isst und dazu einen halben Liter süße Limonade trinkt, fällt sein Blutzuckerspiegel 80 Minuten später um bis zu zehn Milligramm pro Milliliter Blut ab. Die schnelllöslichen Kohlenhydrate (die Glukose) in dieser Nahrung schießen nämlich mit solch einer Geschwindigkeit aus dem Darm ins Blut, dass der Organismus Alarm schlägt. In einer Gegenreaktion presst die Bauchspeicheldrüse ihre allerletzten Insulinreserven in den Blutkreislauf. Dieses Hormon baut die Glukose (den Blutzucker) in rasantem Tempo ab.
Die Folge: Der Blutzuckerspiegel sinkt rapide, und Gehirn und Nerven sind mit Glukose, dem einzigen Brennstoff für ihre Energiezellen, unterversorgt. Die Gehirn- und Nervenzellen quellen auf, um durch einen größeren Umfang auch mehr Glukose aus dem Blut aufnehmen zu können. Die ersten Symptome dieses Prozesses sind Nervenschwäche, Konzentrationsmangel und Müdigkeit. Später kommt häufig Aggressivität hinzu. Diese besonders intensive Form von Stress entleert die Adrenalinspeicher im Nebennierenmark. Adrenalin wiederum öffnet in der Leber die Reserven an Glukose, die nun ins Blut schießt und innerhalb von Sekunden den Blutzuckerspiegel nach oben treibt. Gehirn- und Nervenzellen werden wieder ausreichend versorgt.

Rauschgift und Blutzuckerspiegel

Junge Rauschgifteinsteiger haben fast immer einen zu niedrigen Blutzuckerspiegel. Aufgrund dieser relativ neuen Erkenntnis haben Physiologen an US-Jugendstrafanstalten ihre Insassen genauer auf Hypoglykämie untersucht. Ihr Blutzuckerspiegel lag meistens zwischen 50 und 75 Milliliter Glukose pro 100 Milliliter Blut (ideal sind Werte zwischen 80 und 100). Barbara Reed, die Bewährungshelferin im Jugendgefängnis Cuyahoga Falls (Ohio), brachte die von ihr betreuten Jugendlichen mit viel Überzeugungskraft dazu, auf Mehlspeisen und Süßes zu verzichten. Das Ergebnis überzeugt: Zwei Jahre später hatte Cuyahoga Falls von allen Jugendstrafanstalten in ganz Ohio die wenigsten rückfälligen Jugendlichen.

In der Jugendstrafanstalt in San Louis Obispo County (Kalifornien) stellten Ernährungsexperten fest, dass pro Person bis zu 200 Kilogramm Zucker pro Jahr (in Form von Süßigkeiten, Getränken usw.) konsumiert werden. Dazu kommt eine Ernährung mit viel Weißmehlerzeugnissen und poliertem Reis, die hohe Anteile schnelllöslicher Glukosezucker enthalten. Die Wissenschaftler überzeugten die Jugendlichen davon, auf Mehl und Zucker zu verzichten. Die Jugendlichen wurden ausgeglichener, heiterer, und die Rückfallquote sank. Dr. Alexander Schauss, der angesehene Direktor am Institut für Biosoziale Forschung in Tacoma (Washington), war einer der Ersten, die dafür plädierten, Zucker und Nudeln aus dem Ernährungsplan im jugendlichen Strafvollzug zu streichen, nachdem er festgestellt hatte, dass der Durchschnittsverzehr an reinem Zucker pro Tag stolze 46 Teelöffel betrug.

Der Verzicht auf Mehlspeisen und Süßigkeiten trägt zur Ausgeglichenheit von Jugendlichen bei.

Besser auf Süßes verzichten

Der Neurologe Dr. Vernon Hammersmith bringt den Zusammenhang von seelischer Unausgeglichenheit und erhöhtem Blutzuckerspiegel folgendermaßen auf den Punkt: »Viele Eltern füttern Aggressivität in ihre Kinder hinein, mit Mehl- und Cremespeisen, Kuchen, Torten und süßen Getränken.« Sein Kollege J. A. Wacker ergänzt: »Wenn Kinder durch Fehlernährung hypoglykämisch werden, ist dies Ursache für späteres soziales Fehlverhalten, außerdem für mangelnde Urteilsfähigkeit bezüglich eigener Handlungen.« Dr. L. Smith schließlich empfiehlt allen Eltern: »Kein Zucker, kein Weißmehl, keine Desserts, kein süßer Kuchen, keine süßen Früchte.« Eine konkrete, von Dr. P. Airola, einem renommierten Stoffwechselexperten, vorgeschlagene Alternative könnte sein: »Sooft es geht, Avocados auf den Tisch. Diese Frucht enthält eine besondere Art von Glukose, nämlich Mannoheptulose. Sie stimuliert die Insulinabgabe aus der Bauchspeicheldrüse nicht, sondern unterdrückt sie eher.« Ohne Insulin wird die Glukose dem Blut nicht entzogen, so dass ausreichende Mengen zur Verfügung stehen, um Nerven und Gehirn gut zu versorgen.

Kinder brauchen keine spezielle Diät. Eine ausgewogene Ernährung mit reichlich Kohlenhydraten und Vitaminen ist für ihre Entwicklung am besten.

Die wichtigsten neuen Ernährungstipps für Kinder

- Der tägliche Speiseplan sollte möglichst hohe Anteile komplexer Kohlenhydrate enthalten, wie es beispielsweise bei Vollwertnudeln, Naturreis, Kartoffeln und Vollkornbrot der Fall ist. Die darin enthaltene Glukose wird im Darm nur allmählich gelöst und dem Blut (und damit auch den Nerven und dem Gehirn) in angenehm stetigem Strom zugeführt.
- Zucker, Süßigkeiten und alle süßen Getränke sind auf ein Minimum zu reduzieren.
- Ideal für den Blutzuckerspiegel ist täglich eine Portion Vollkornmüsli.
- Die Obstschale sollte den ganzen Tag über reich und verlockend gefüllt sein.
- Hamburger und Pizza müssen nicht unbedingt verboten werden. Sie sind zumindest wesentlich gesünder als z. B. Pommes frites, Chips oder Schokoriegel.
- Begeistern Sie Ihre Kinder für selbst gepresste Obst- oder Gemüsesäfte.
- Bierhefetabletten (in der Apotheke oder im Reformhaus erhältlich) helfen ebenfalls, den Blutzuckerspiegel zu regulieren, da sie Chrom und den so genannten Glukosetoleranzfaktor (siehe Seite 29f.) enthalten.
- Kinder brauchen genauso wie die Erwachsenen viel Cholin (siehe Seite 31f.) für Nerven, Gehirn und den Cholesterinstoffwechsel. Das fetthaltige B-Vitamin ist in Eigelb, Leber, Bierhefe sowie in Keimen, Nüssen und Samen enthalten. Bestimmte Stoffe, die zu seiner Herstellung nötig sind, finden sich vor allem in Fleisch, Eiern und Käse.
- Kinder brauchen Fett – aber das richtige, nämlich Fett, das hohe Anteile mehrfach ungesättigter Fettsäuren aufweist, wie sie in Pflanzenölen (am besten kaltgepresst), Weizenkeimen, Samen, Sonnenblumenkernen, aber auch in Kaltwasserfischen (Forellen, Makrelen, Heringen usw.) enthalten sind. Übergewicht wird vor allem durch ungesättigte Fettsäuren (Wurst, Käse) gefördert.

Das neue Programm für Jugend und Vitalität im Alter

Wenn Menschen älter werden und sich einfach nicht mehr gesund und »auf der Höhe« fühlen, dann hängt dies meistens mit drei Symptomen zusammen: Knochenbeschwerden, Kreislaufprobleme und Konzentrationsmängel. Dr. Helma S. Chen vom Los Angeles Medical Center drückt das so aus: »Wer im Alter geistig fit ist, solide Knochen und einen widerstandsfähigen Kreislauf hat, besitzt die besten Voraussetzungen für einen glücklichen Lebensabend.«

Viele Frauen verlieren nach den Wechseljahren jährlich bis zu eineinhalb Prozent ihrer Knochenmasse. Männern bereiten im Alter eher Herz und Kreislauf Sorgen. Beiden Geschlechtern gemeinsam ist das vermehrte Auftreten mentaler Beschwerden: Schlafstörungen, Nervenschwäche, vor allem aber Konzentrationsmangel und ein vermindertes Gedächtnis.

In Kalifornien setzen Biochemiker jetzt auf ein »Dreisterne-Ernährungsprogramm«, mit dem sie Knochen, Kreislauf und Gehirn innerhalb von drei Wochen verjüngen.

Knochenbeschwerden, Kreislaufprobleme und Konzentrationsmangel sind die häufigsten Symptome des Alterungsprozesses.

Der Mechanismus des Alterns

Mit modernen Analysegeräten lässt sich heute der Alterungsprozess ganz genau beobachten. Die Pumpkraft des Herzes sinkt alle zehn Jahre um rund acht Prozent, Fettablagerungen verengen die Arterien, der Blutdruck steigt, die Lungenkapazität nimmt bis zu 30 Prozent ab, die Nieren erreichen nur noch 60 Prozent ihrer Leistungskraft, den Knochen wird immer mehr Kalzium entzogen, Muskelgewebe wird abgebaut, und im Gehirn sterben zahlreiche Neuronen ab.

Das Erstaunliche dabei ist aber: Die meisten Menschen sehen tatenlos zu, obwohl es hochaktive Vitamine, Mineralien und andere Biostoffe gibt, die dem Alterungsprozess der Zellen entgegenwirken.

Pro und kontra Östrogen

Wenn Frauen in die Wechseljahre kommen, beginnt ihre Östrogenproduktion zu versiegen, die Knochen bekommen nicht mehr ausreichend Kalzium und werden deshalb immer poröser und schwächer.

Vor allem Östrogenmangel ist die Ursache für Knochenschwäche bei Frauen in den Wechseljahren.

Um den Abbau von Knochensubstanz zu verhindern, verschreiben Ärzte häufig Östrogen und raten zusätzlich zur Einnahme von Kalziumtabletten. Diese Therapien gelten heute als überholt. Das Schlucken von Kalziumtabletten kräftigt die Knochen in der Regel nicht, weil der Mineralstoff seinen Zielort nur unter bestimmten Bedingungen erreicht. Bei einem Mangel an Magensäure, der für Menschen im Alter typisch ist, sowie unzureichender Vitamin-C-Versorgung können Kalziumatome nur begrenzt in die Osteoblasten, die knochenbildenden Zellen, eingebaut werden.

Zusammenspiel von Östrogen, Kalzium und Vitaminen

Wenn man jungen, gesunden Frauen ein bestimmtes Nebenschilddrüsenhormon (Parathormon) spritzt, reagieren sie innerhalb von 24 Stunden mit der doppelten Umwandlungsleistung von Vitamin D in seine bioaktive (hormonelle) Form, die den Kalziumeinbau in die Knochen fördert. Dieselben Hormonspritzen erweisen sich bei Frauen, die nach den Wechseljahren unter Osteoporose leiden, jedoch als völlig wirkungslos.

Auch das Spritzen von Östrogenen, die die Nebenschilddrüsen und damit die Produktion des Parathormons stimulieren, führen bei Frauen nach den Wechseljahren leider lediglich zu einem geringfügigen und unbedeutenden Anstieg der kalziumspendenden bioaktiven Form von Vitamin D.

Das Hormon der Nebenschilddrüsen, das Parathormon, überwacht den Kalziumgehalt im Blut und sorgt bei Bedarf für Nachschub.

Das Kalziumbeschaffungsprogramm des Körpers

Wenn der Knochenaufbaustoff Kalzium im Blut fehlt, werden unsere Nebenschilddrüsen sofort aktiviert. Sie sorgen für die Umwandlung von Vitamin D in seine hormonelle, als bioaktiv bezeichnete Form. Dieses Hormon regt daraufhin die Resorption von mehr Kalzium aus dem Darm an. Das weibliche Sexualhormon Östrogen wiederum stimuliert die Nebenschilddrüsen und damit das gesamte »Kalziumbeschaffungsprogramm«.

Licht und Sonne erzeugen in der Haut das wichtige Vitamin D. Es sorgt für kräftige und stabile Knochen.

Bewegung, Vitamine und frische Luft

Der Biogerontologe Dr. Everett Smith von der University of Wisconsin (USA) empfiehlt allen älteren Frauen: »Dreimal 40 Minuten pro Woche kleinere Gewichte heben oder mit umgebundenen Wadengewichten joggen.« Wer vorher den Saft von zwei Zitronen trinkt, regt den Kalziumeinbau in die Knochen an. Auch Dr. Roy Talmage von der University of North Carolina School of Medicine ist nach der Durchführung einer Untersuchung an 500 Frauen vom Einfluss körperlicher Bewegung überzeugt: »Frauen, die zweimal pro Woche trainieren, haben kräftigere Knochen als solche, die nur einmal pro Woche üben. Und die wieder haben stärkere Knochen als Frauen, die überhaupt nicht trainieren.« Dr. Talmage analysierte das Sportverhalten von 100 Frauen ab 60 Jahren und stellte fest: »Diejenigen, die dreimal in der Woche Tennis spielten oder irgendeinen anderen Sport trieben, hatten noch 15 Jahre nach der Menopause keinerlei Knochenschwund.«

Sportliche Betätigung trägt entscheidend zur Kräftigung der Knochen bei und beugt Knochenschwund vor.

Da auch Vitamin D, das in der Haut durch Einwirkung von Licht oder Sonnenstrahlen entsteht, bei der Kalziumaufnahme eine wichtige Rolle spielt, empfehlen verschiedenste Stoffwechselexperten als weitere

So entsteht Arteriosklerose

Arteriosklerose ist eine Gefäßverengung. Sie entsteht dadurch, dass Cholesterin und andere Blutfette mit Kalzium und anderen Substanzen Verbindungen eingehen, die sich an der Gefäßwand festsetzen, immer härter werden und schließlich große Kristalle bilden. Das hemmt den Blutfluss und bringt die Gefahr von Herzrhythmusstörungen, Angina pectoris oder einem Herzinfarkt mit sich.

Maßnahme zur Förderung des Knochenaufbaus: »Mindestens einmal am Tag 20 Minuten lang in die Sonne oder an die frische Luft.« Die Produktion von Vitamin D findet im Gegensatz zu vielen anderen Vitaminen in der Haut und nicht im Darm statt, denn dort befindet sich der dazu notwendige Cholesterinstoff, der allerdings erst durch Sonnen- oder Lichtstrahlen aktiviert wird.

Reserpin und Beta-Blocker, die den Blutdruck senken sollen, haben gefährliche mögliche Nebenwirkungen: Potenzverlust, Muskelkrämpfe, Darmstörungen und Depressionen.

Den Blutdruck auf natürliche Weise senken

Herz- und Kreislaufprobleme, unter denen viele Männer ab dem 50. Lebensjahr leiden, haben meist zwei Ursachen: Arteriosklerose und mangelhafte Energie- und Sauerstoffversorgung des Herzes. Solange keine ernsthaften Herzschäden vorliegen, können die Betroffenen ihren Beschwerden mit gezielter Ernährung begegnen.

Da Bluthochdruck (Hypertonie) das auffallendste Symptom einer Arteriosklerose ist, verschreibt der Arzt allerdings meist Hypertonika, die den Blutdruck senken. Moderne Medikamente wie ACE-Hemmer (Angiotensin-Conversions-Enzym-Hemmer) oder Kalziumantagonisten wirken dabei zwar auf relativ natürliche Weise. Andere jedoch, wie Reserpin oder Beta-Blocker, haben massive Nebenwirkungen zur Folge: Potenzverlust, Muskelkrämpfe, Darmstörungen, Depressionen – die Auflistung aller Nebenwirkungen und Wechselwirkungen mit anderen Arzneimitteln wäre seitenlang. Außerdem bekämpfen diese Mittel lediglich das Symptom, nicht aber die Ursache der Hypertonie. Dabei kann man einer Arteriosklerose auch mit gesunden Lebensmitteln, Mineralstoffen und Vitaminen abhelfen, und dies, obwohl eine

Arteriosklerose oft erst erkannt wird, wenn das Gefäß bereits zu etwa 90 Prozent blockiert ist. Bei falscher Ernährung sammeln sich an den feinen Gefäßwänden zunächst massenhaft Blutplättchen, die die Innenwand der Ader verletzen und in die Gefäßwand hinein auswölben. An diesem »Hindernis« bilden sich dann zusätzlich Blutpfropfe aus Eiweiß, Fett und Kalzium. Vorbeugend gegen Arteriosklerose wirken Vitamin C und bestimmte Bioflavonoide (Pflanzenschutzstoffe) wie Rutin (vorwiegend in Buchweizen enthalten); sie sorgen dafür, dass die Gefäßinnenwände glatt bleiben, so dass sich keine Risse bilden und sich keine Fremdkörper daran binden können.

Vitamin B6 (Pyridoxin) verhindert die krankhafte Anhäufung von Blutplättchen und die Ansammlung des schädlichen Eiweißstoffs Homozystein. Homozystein befindet sich mit zunehmendem Alter bei ungesunder Ernährung in immer höheren Konzentrationen im Blut. Es wird in der Leber aus der für die körpereigene Bildung von Eiweißen unentbehrlichen Aminosäure Methionin hergestellt und über das Blut zu den Zellen transportiert. Dort wird das Homozystein wieder zu Methonin umgewandelt. Verbleiben zu große Mengen im Blut, greift es die Innenverkleidung der Arterien an und ist einer der besonders häufigen Verursacher von Arteriosklerose.

Bei Arteriosklerose hilft Natriumaskorbat, eine Form von Vitamin C, verengende Kristalle an den Gefäßinnenwänden aufzulösen.

Vitamine und Fettsäuren

Ist die Arteriosklerose erst einmal da, kann in vielen Fällen Natriumaskorbat (eine Form von Vitamin C) helfen, verengende Kristalle an den Gefäßinnenwänden aufzulösen. Das Geschwür aus abgestorbenen Blutplättchen und deren Ausscheidungsprodukten, das die Arterie nach innen auswölbt, kommt zum Stillstand und wird abgebaut, wenn man seine Kost zusätzlich mit viel so genannten Omega-3-Fettsäuren anreichert, die in Fisch und hochwertigen kaltgepressten Pflanzenölen enthalten sind. Diese Fettsäuren verhindern nämlich den Umbau einer anderen Fettsäure, der Arachidonsäure, zu Thromboxan – dem Stoff, der für die Auswölbung oder den Knoten in der Arterienwand verantwortlich ist.

Fleisch und Wurst sind die Hauptlieferanten der Arachidonsäure. Aber auch andere, erhitzte oder industriell veränderte Fette (in Pommes frites, allem Frittierten, Margarine usw.) begünstigen Arteriosklerose. Ein Esslöffel Leinsamenöl täglich baut dagegen zu hohe Blutfettwerte ab und wirkt damit einer Verengung der Gefäßinnenwände entgegen. Vitamin C (in frischem Obst), Vitamin E (in Pflanzenölen, Vollkorn, Nüssen), Zink (in Vollkorn), Bromelain (in Ananas) und Vitamin B6 (in Leber, Soja, Keimen, Nüssen) beschleunigen diesen Prozess. Magnesium (in grünem Blattgemüse) und das Koenzym Q10 (ein Arzneilebensmittel, in der Apotheke erhältlich) sowie L-Karnitin (ebenfalls in der Apotheke zu beziehen) kräftigen das Herz.

Die Vitamine B6, C und E, Zink und Bromelain wirken einer Verengung der Gefäßinnenwände entgegen.

Die geistigen Kräfte stärken

Was älteren und alten Menschen häufig ebenfalls zu schaffen macht, ist neben Problemen mit Knochen und Kreislauf das Nachlassen ihrer mentalen Kräfte. Vor allem das Gedächtnis wird schwächer; beispielsweise kann man nicht mehr so viele Telefonnummern wie früher auswendig oder vergisst bestimmte Dinge schneller.

Das Gehirn besteht aus rund 15 Milliarden Zellen und ihren verzweigten Fortsätzen, den Dendriten, die wie Antennen in einem Netzwerk arbeiten. Wenn wir älter werden, verlieren wir (bei mangelhafter Ernährung) immer mehr solcher Dendriten, und das Potenzial unseres Gehirns nimmt ab. Das Netzwerk der Gehirnzellen funktioniert allerdings ähnlich einem Computer nur dann, wenn es ausreichend mit Signalen gespeist wird.

Serotonin und Azetylcholin machen geistig frisch

Die lebendigen Signale, die in unserem Gehirn alle Gedanken, Träume, Sehnsüchte und Empfindungen transportieren, nennen Wissenschaftler Neurotransmitter. Die für unsere Konzentrationsfähigkeit besonders wichtigen Neurotransmitter sind Serotonin und Azetylcholin. Bei höchst konzentrierter Arbeit (in der Schule, am Schreibtisch, an der Handwerksmaschine, aber auch im Haushalt oder bei künstlerischer Tätigkeit) werden in den Milliarden Gehirnzellen in jeder Sekunde Billionen von Serotonin- und Azetylcholinmolekülen synthetisiert.

Rohstoffe zur Herstellung der Signalüberträger, Neurotransmitter genannt, sind die Aminosäure Tryptophan (für den Neurotransmitter Serotonin) und das B-Vitamin Cholin (für Azetylcholin). Beide Stoffe bezieht das Gehirn über die Blut-Hirn-Schranke. Wenn diese mentalen Frischmacher fehlen, werden wir vergesslich. Das kann von heute auf morgen oder von einer Stunde auf die andere passieren.

Die mentalen Frischmacher

Wenn Tryptophan und Cholin tage-, wochen- oder gar monatelang in der Nahrung fehlen oder nur in geringen Mengen vorhanden sind, lässt das Gehirn jeden Tag ein paar Millionen Dendriten absterben, damit wenigstens die verbleibenden ausreichend versorgt werden können und beschäftigt bleiben. Diese Entwicklung führt schließlich zur Alzheimerkrankheit, bei der toter Eiweiß- und Cholesterinmüll so genannte Amyloide bildet: Verkrustungen als Folge irreparabler Schäden. Interessant ist in diesem Zusammenhang, was der US-Neurologe Dr. Charles F. Shank vom New York Medical Center sagt: »An der Alzheimerkrankheit leiden schon die meisten 30-Jährigen in der westlichen zivilisierten Welt, wenn auch erst im Anfangsstadium. Die katastrophale Kost führt bereits früh zum Erlöschen breiter Zellbereiche im Gehirn.«

Schlechte Ernährung führt bereits früh zum Absterben von Dendriten und damit zum Gehirnschwund. Sind diese Schäden irreparabel geworden, kann es auch zur gefürchteten Alzheimerkrankheit kommen.

Cholin – entscheidend für geistige Fitness

Cholin ist die Stoffwechselvorstufe von Azetylcholin. Ausreichend Cholin bedeutet auch ausreichend Azetylcholin für Gehirnzellen, und die Alzheimerkrankheit oder ähnliche Formen von Demenz (geistiger Verfall) können verhindert werden. Reichlich Cholin in der Nahrung ist in der Lage, das Gehirn und vor allem das Gedächtnis überraschend schnell aufzufrischen. In einer wissenschaftlichen Studie haben US-Neurophysiologen einer Gruppe von Testpersonen Cholin verabreicht. Eine Kontrollgruppe hingegen erhielt lediglich ein Plazebo, ein Scheinmedikament, das nur optisch den Cholintabletten der anderen Gruppe glich. 90 Minuten nach Einnahme machten die Wissenschaftler einen Gedächtnistest. Dabei stellte sich heraus, dass diejenigen Probanden, die Cholin erhalten hatten, eine ganze Reihe vorgegebener, zusammenhangloser Wörter wie »Eisenbahn« oder »Hut« viel besser aus dem Gedächtnis wiedergeben konnten. Noch besser im Vergleich mit der Plazebogruppe schnitten sie ab, wenn lange Ketten abstrakter Wörter

Wer lezithinreiche Nahrung bevorzugt, fördert Konzentration und Gedächtnis. Besonders vor Prüfungen kann dies sehr hilfreich sein.

wie »Wahrheit« oder »Recht« aus dem Gedächtnis wiederholt werden sollten. Wer nicht nur mit der Nahrung, sondern zusätzlich Cholin einnimmt, hilft also seiner Konzentrationsfähigkeit und seinem Gedächtnis gut auf die Sprünge.

Der geistige Frischmacher Cholin ist in Lezithin, Leber, Bierhefe und Weizenkeimen enthalten.

Lezithin fürs Gehirn

Wenn Menschen älter werden, sterben nicht nur Dendriten ab, sondern es schwindet auch die Fähigkeit, Azetylcholin im eigenen Hirnstoffwechsel herzustellen. Noch gravierender wirkt sich aus, dass das Enzym, das Azetylcholin abbaut, im Gehirn immer mehr angehäuft wird. Hinzu kommt weiterhin, dass sich die Rezeptoren (sozusagen Landeplätze) für Azetylcholin auf Gehirnzellen im Alter zurückbilden.

Das für die Herstellung von Azetylcholin unabdingbare Cholin ist Bestandteil von Lezithin. Lezithin wird für die Fettverwertung benötigt, hohe Konzentrationen senken den Cholesterinspiegel. Es kommt vor allem in Milchprodukten und Soja vor, ist aber auch in Eidotter, Leber, Bierhefe und Weizenkeimen enthalten. Weil Lezithin für das Gehirn und das gesamte Nervensystem von entscheidender Bedeutung ist, stellt unser Stoffwechsel es außerdem aus den Aminosäuren Methionin und Serin selbst her. Dazu werden allerdings die Vitamine B12 und Folsäure benötigt. Alle diese Nährstoffe finden sich in Fleisch, Fisch,

Geflügel, Milchprodukten und grünem Blattgemüse bzw. -salat. Die Leistungsfähigkeit Ihres Gedächtnisses können Sie also in entscheidendem Maß durch eine gezielte Ernährung beeinflussen.

Entspannung für das Gehirn

Zur Entspannung des Gehirns, die ebenfalls für eine gute Konzentration notwendig ist, wird der Neurotransmitter Serotonin benötigt. Wenn wir aufgeregt sind, flößt uns diese Substanz Ruhe ein. Serotonin entsteht im Gehirn unmittelbar aus der Aminosäure Tryptophan. Nach einer eiweißreichen Mahlzeit werden jedoch andere Eiweißbausteine bevorzugt vom Gehirn aufgenommen, so dass das Tryptophan zunächst zurückbleibt.

Der Botenstoff Serotonin beruhigt unsere Nerven und entspannt die Gehirnzellen.

Die Tryptophanaufnahme wird vor allem durch Kohlenhydrate begünstigt. Eine kleine Portion Nudeln, eine Scheibe Brot oder sogar der sonst zu Recht verpönte Zucker (ca. ein gehäufter Esslöffel oder zwei Esslöffel Honig) bremst die anderen Aminosäuren und erleichtert Tryptophan den Zugang ins Gehirn.

So bleiben Sie jugendlich fit und vital

- Helfen Sie Ihren Knochenaufbau mit Vitamin C, Vitamin D und Bewegung: täglich den Saft von 4 Zitronen trinken, mindestens 20 Minuten lang an die Sonne oder an die frische Luft gehen und möglichst viel Sport treiben.
- Unterstützen Sie Ihren Kreislauf und Ihr Herz mit Natriumaskorbat, Leinsamenöl (oder Lebertran), L-Karnitin und Koenzym Q10. Außerdem sollten Sie viel Vollkornprodukte, grünes Blattgemüse, Nüsse, Samen, Knoblauch, Zwiebeln und schwarzen Pfeffer essen.
- Steigern Sie die Entspannungsfähigkeit Ihrer Gehirnzellen mit Lezithin. Eine gesunde Mischkost mit einer kohlenhydratreichen Mahlzeit abends (Brot, Nudeln, Reis, Kartoffeln, wenig Fleisch, Fisch oder Geflügel) lässt Sie besser einschlafen. Sie wachen morgens entspannter auf.

Jetzt kann das Gehirn aus Tryptophan Serotonin herstellen, das angenehm beruhigend wirkt. Abends wird Serotonin in die Zirbeldrüse, die sich an der Gehirnbasis befindet, transportiert. In der Zirbeldrüse entsteht aus Serotonin das Schlafhormon Melatonin. In ihrer molekularen Struktur ähneln sich Tryptophan, Serotonin und Melatonin übrigens nahezu wie Drillinge.

Kohlenhydrate fördern die Aufnahme von Tryptophan aus der Nahrung sowie die Produktion von Serotonin und Melatonin.

Allergien und Immunsystem – unangreifbar werden

Es ist kaum vorstellbar, wie viele gesundheitsschädigende Substanzen in unserem Organismus zirkulieren. Wir atmen sie mit der Luft ein, nehmen sie über die Haut, über das Sonnenlicht und mit der Nahrung auf, sie entstehen sogar in unserem eigenen Stoffwechsel: Viren, Bakterien, Pilze, Gift- und Schadstoffe, freie Radikale, toxische (giftige) Schlacken und Abfallprodukte, Nikotin, Alkohol, Kaffee, Farb- und Konservierungsstoffe etc. Sie bestehen aus schädlichen Molekülen und produzieren weitere Schadstoffe, die die Gesundheit in allen Bereichen des Organismus angreifen: in der Haut, im Gehirn, im Magen-Darm-Trakt und in zahlreichen anderen Organen, im Blut – und dies unablässig, Tag und Nacht.

Der Körper versucht auf verschiedenste Arten, dagegen anzukämpfen. Wir bekommen beispielsweise Kopfweh, Durchfall, Herzjagen, werden müde und vergesslich, verlieren Libido, Vitalität und Konzentrationsfähigkeit, unsere Haut wird welk, das Haar dünn und grau, der Blick stumpf und glanzlos. Häufig sind dies allergische Reaktionen, um Fremdkörper abzuwehren.

Ausbreiten können sich die Schadstoffe vor allem, wenn wir uns schlecht ernähren. Einzig und allein das Immunsystem ist in der Lage, dem gegenzusteuern – das allerdings nur, wenn es nicht selbst bereits angegriffen ist.

Schadstoffe nehmen wir über Atmung, Haut und Nahrung auf, oder sie werden vom Körper selbst produziert.

Die Rolle des Lymphsystems

Die Milz, die etwa 200 Gramm wiegt und in der linken unteren Brustkorbhälfte eingebettet liegt, spielt eine entscheidende Rolle im Immunsystem. Sie produziert Lymphozyten (weiße Blutkörperchen), die Bakterien, Gift- und Schadstoffe vernichten. Weiterhin dient sie als Blutreservoir unseres Körpers. Sie entleert ihre Speicher, wenn wir z. B. bei einer Verletzung Blut verlieren.

Auch die Thymusdrüse ist von großer Bedeutung bei der Immunabwehr. Sie liegt in Form zweier rötlich grauer Gebilde wie ein Tuch zwischen Schilddrüse und Herz. In der Thymusdrüse werden weiße Blutkörperchen (beispielsweise die T-Lymphozyten) und spezielle Hormone produziert, die die Abwehr gegen Bakterien, Viren und andere Krankheitserreger steuern. So kommt der Thymusdrüse die ausgesprochen wichtige Funktion der Steuerungszentrale des Lymph- und damit auch des Immunsystems zu.

Milz und Thymusdrüse produzieren Lymphozyten, die die Krankheitserreger abwehren. Außerdem ist die Thymusdrüse gleichsam die Zentrale des gesamten Lymphsystems.

Rund ein Sechstel unseres gesamten Körpervolumens besteht aus den Zwischenräumen (Interstitium) der Körperzellen. Die Flüssigkeit in diesen Zwischenzellräumen wird als interstitiale Flüssigkeit bezeichnet. Sie fließt in die Gefäße des Lymphsystems ein. Die Lymphgefäße transportieren Abfallprodukte des Zellstoffwechsels und führen die Lymphflüssigkeit an Lymphknoten durch Filter, in denen große Abwehrzellen (beispielsweise die Makrophagen) die angeschwemmten Mikroorganismen vernichten.

Die Lymphknoten enthalten auch B-Lymphozyten, die die Produktion von Antikörpern anregen – für den Fall, dass der Organismus von Viren, Bakterien, Pilzen und anderen Krankheitserregern in Mitleidenschaft gezogen wird. Ein leistungs- und funktionsfähiges Lymphsystem ist die Grundvoraussetzung für unsere Gesundheit. Durch viel

Welche Rolle das Immunsystem spielt

Das Immunsystem funktioniert wie eine Schaltzentrale, die Giftstoffe und Krankheitserreger im ganzen Organismus aufspürt und direkt in den Körperzellen oder im Blut sofort unschädlich macht. Um diese Aufgabe zu erfüllen, ist ein komplexes Zusammenspiel von Milz und Thymusdrüse, die weiße Blutkörperchen produzieren, und zahlreichen anderen Organen und Substanzen notwendig.

Bewegung und eine spezielle Zwerchfellatmung können wir es ebenso in Schwung bringen wie unseren Blutkreislauf. Ist das Lymphsystem aus irgendeinem Grund geschwächt, neigt man zu Infektionen – auch ernsthaftere Erkrankungen können die Folge sein.

Verschiedene Organe und molekulare Substanzen bilden in unserem Körper eine unendlich fein und weit reichend vernetzte Einheit, die für unsere Gesundheit verantwortlich ist. Solange das Immunsystem gut genährt wird, brauchen wir uns selbst vor schweren Krankheiten nicht zu fürchten.

Was das Immunsystem braucht

Damit unsere weißen Blutkörperchen ihre Abwehrfunktion erfüllen können, sind nahezu alle in einer ausgewogenen Ernährung vorkommenden Mineralien und Vitamine in ausreichender Konzentration erforderlich. Besonders wichtig aber sind die Vitamine A, B6 und C sowie das Spurenelement Zink.

Gesunde Abwehrzellen enthalten in hohen Konzentrationen Vitamin C; dadurch sind sie für den Kampf gegen Bakterien, Viren und freie Radikale gerüstet. Freie Radikale sind Substanzen mit einem ungesättigten Elektron, die andere Moleküle vernichten, indem sie ihnen ein Elektron entreißen und so die Zellbalance stören. Vitamin C ist neben den Vitaminen A und E sowie Selen eines der wichtigsten und wirkungsvollsten so genannten Antioxidanzien. Selbst in Harnröhre und Blase setzt Vitamin C seine bakterientötenden Kräfte ein: Es verhindert das Eindringen von Keimen über die Schleimhäute.

Zink kräftigt die Thymusdrüse und steigert die Anzahl der Abwehrzellen beträchtlich. Es bremst das Wachstum vieler Virenarten und hindert diese Krankheitserreger somit an ihrer Verbreitung. Diese wertvollen Biostoffe sind auch für die Funktionsfähigkeit der Thymusdrüse und ihrer Hormone unerlässlich.

Aktuelle Erkenntnisse über die Immunabwehr

Mit Hilfe hervorragender neuer Analysegeräte erforschten Wissenschaftler weitere für das Immunsystem wichtige Stoffe: so genannte Mediatoren, körpereigene Reizstoffe und Gewebehormone, und Immunsubstanzen, wie z. B. Immunglobuline oder Zytokine (zu diesen gehören Interferon oder Interleukin). Bei einer schweren Infektion (z. B. einer Grippe) werden pro Stunde bis zu vier Billionen Interferonglykoproteine hergestellt, um die Viren zu bekämpfen.

Interferone belasten allerdings die Nervenleitbahnen und führen so zu typischen Begleiterscheinungen einer Infektion wie Gliederschmerzen, Benommenheit, Gereiztheit usw.

Wie Ihr Immunsystem kerngesund bleibt

- Senken Sie Ihre Cholesterin- und Blutfettwerte durch so genannte lipotrope Substanzen wie Cholin (in Lezithin, Bierhefe) oder hochwertige, mehrfach ungesättigte Fettsäuren (in Fisch, Lebertran, Weizenkeimen, Samen, kaltgepressten Pflanzenölen). Die im Blut zirkulierenden gesättigten Fettsäuren, Triglyzeride, Gallensäuren oder Cholesterinmoleküle hindern Lymphozyten daran, sich zu vermehren (oder versperren ihnen den Weg zu Entzündungs- und Infektionsherden) und Antikörper gegen Krankheitserreger zu produzieren.
- Versorgen Sie Ihren Körper mit mehr Vitamin A bzw. Karotinoiden (Vorstufen von Vitamin A). Die im Organismus am weitesten verbreiteten Karotinoide (Lykopin, Beta-Karotin) erhöhen die Abwehrkraft von Immunsubstanzen wie Interferonen oder Phagozyten (Fresszellen). Enthalten sind Karotinoide und Vitamin A in Leber sowie gelbem und dunkelgrünem Gemüse.
- Essen Sie mindestens dreimal am Tag frisches Obst (besonders Südfrüchte, Kiwis). Sie liefern die nötigen Vitamin-C-Moleküle, mit denen sich unsere weißen Blutkörperchen für den Kampf gegen Bakterien, Viren und andere schädliche Mikroorganismen wappnen. Außerdem wird ihre Anzahl bis um das Zwölffache erhöht. Das Fruchtfleisch sollte man immer mitessen. Die darin enthaltenen Bioflavonoide (Pflanzenschutzstoffe) schützen Vitamin C vor vorzeitiger Oxidation und machen es noch wirkungsvoller.
- Achten Sie auf eine ausreichende Zufuhr des wertvollen Spurenelements Zink. Ein Vollkornmüsli (eine halbe Tasse) aus möglichst selbst gemahlenem Getreide (Weizen, Roggen, Hafer, Gerste, Dinkel) deckt den täglichen Bedarf. Zink ist vor allem für Kinder und für ältere Menschen wichtig. Es kräftigt die Thymusdrüse und steigert die Anzahl der Abwehrzellen beträchtlich.

Verzichten Sie auf Süßigkeiten und süße Getränke. Zucker schwächt das Immunsystem: Zwei Stunden nach der Einnahme von 100 Gramm Zucker sinkt die Leistungsfähigkeit bestimmter weißer Blutkörperchen, der Neutrophilen, um die Hälfte. Neutrophile machen etwa 60 bis 70 Prozent aller weißen Blutkörperchen in unserem Organismus aus.

Biostoffe für den Körper

Das Räderwerk in unserem Inneren

In einem Krankenhaus im US-Bundesstaat Oregon haben Biochemiker Patienten folgende Frage gestellt: »Was glauben Sie, über wie viele Körperzellen Sie verfügen?« Die Antworten lauteten fast alle: »Ein paar hunderttausend oder ein paar Millionen.« Ein Patient antwortete gar: »Mindestens 3000.«
In Wirklichkeit haben wir Menschen rund 70 Billionen Körperzellen. In Ziffern ausgedrückt: 70 000 000 000 000. Und jede einzelne will gut genährt sein – und dies nicht nur einmal am Tag. Die Körperzellen benötigen 24 Stunden am Tag rund 100 verschiedene Nährstoffe, die sie dem Blut entnehmen.

Jede unserer 70 Billionen Körperzellen will gut genährt sein – und dies nicht nur einmal am Tag.

Die Muskeln

Ein 70 Kilogramm schwerer, normal durchtrainierter Mann mittleren Alters verfügt über ca. 29 Kilogramm Muskeln. Zu 20 bis 30 Prozent besteht diese Muskelmasse aus Eiweiß (Proteinen), speziell aus den Gewebeproteinen Aktin und Myosin. Weitere, zähe Bindegewebeproteine liefern eine Art Zellleim dazu, der Muskeln dauerhaft belastbar macht. Damit Muskelfasern und -pakete überhaupt entstehen können, werden eine ganze Reihe von Nährstoffen benötigt, insbesondere Vitamin C für den Aufbau von Bindegewebe und Vitamin B6 (Pyridoxin) für den Eiweißstoffwechsel. Letzteres ist zur Proteinumwandlung unerlässlich.

Muskelenergie wird vor allem aus Kohlenhydraten und Fetten gewonnen.

Quelle der Muskelkraft

Ihre Energie beziehen unsere Muskeln nicht aus Eiweiß, sondern vorwiegend aus Kohlenhydraten oder aus Fett. Dabei unterscheiden Wissenschaftler zwischen weißen und roten Muskeln. Die weißen Muskeln enthalten weniger Blutgefäße und deshalb weniger Myoglobin (roter Muskelfarbstoff), außerdem speichern sie weniger Fett oder Glykogen (Kohlenhydratreserven). Weiße Muskeln können die benötigte Ener-

Wenn ein Baby zur Welt kommt, besteht es zu 82 Prozent aus Wasser. Nach und nach bauen sich Muskeln auf, die verhältnismäßig wenig Wasser enthalten. Ein erwachsener Mann besteht noch zu rund 60 Prozent aus Wasser, eine Frau zu 50 Prozent (der weibliche Körper enthält mehr Fett als der männliche).

Die Bestandteile unseres Körpers

- Rund 40 Prozent unseres Körpergewichts machen die Muskeln aus. Es gibt zwei verschiedene Arten von Muskeln. Die quergestreiften oder willkürlichen Muskeln können wir mit unserem Willen beeinflussen. Die glatten oder unwillkürlichen Muskeln hingegen entziehen sich unserer Steuerung.
- Das Skelett besteht aus ca. 215 einzelnen Knochen, die beim Erwachsenen (in »ausgetrocknetem« Zustand) ein Gewicht von rund fünf Kilogramm ausmachen. Es hält uns aufrecht und schützt Gehirn und Organe.
- Unser Blut macht etwa acht Prozent unserer Körpersubstanz aus; beim Erwachsenen mit 70 Kilogramm Körpergewicht sind dies etwa fünfeinhalb Liter. Das Blut besteht aus Plasma, aus roten und weißen Blutkörperchen sowie den Blutplättchen.
- Die Haut macht beim Erwachsenen eine Fläche von etwa zwei Quadratmetern aus und wiegt rund drei Kilogramm. Sie besteht aus Blutgefäßen, Nerven, Haarwurzeln, Schweißdrüsen, Haaren und Talgdrüsen, die bei näherer Betrachtung ein wohl geordnetes Gebilde darstellen.
- Die wichtigsten inneren Organe sind Herz, Leber, Lunge und Nieren. Sie sind in ihrer Arbeit genau aufeinander abgestimmt, obwohl sie völlig unterschiedliche Funktionen erfüllen.
- Das Komplexeste in unserem Körper sind Gehirn und Nervensystem. Biochemiker behaupten: Selbst wenn sich sämtliche Wissenschaftler der Welt 1000 Jahre lang gemeinsam der Aufgabe widmen würden, ein menschliches Gehirn nachzubauen, würden sie daran scheitern.
- Obwohl jede einzelne unserer Körperzellen winzig klein ist, besteht sie doch aus mindestens einer halben Million Einzelteilen. In den komplex und vielschichtig aufgebauten Zellen laufen verschiedenste Stoffwechselvorgänge gleichzeitig ab.

gie allerdings viel schneller erzeugen als rote. Sie werden immer dann besonders beansprucht, wenn rasch und dynamisch Kraft aufgebracht werden soll (z. B. beim Sprinten). Rotes Muskelgewebe hingegen enthält viel Myoglobin, das Sauerstoff binden kann. Es speichert und verwertet außerdem Fett und Glykogen. Diese Muskeln sind also für Dauerbelastungen wichtig.

Damit Muskelfasern und -pakete überhaupt entstehen können, müssen wir unserem Körper vor allem die Vitamine C und B6 über die Nahrung zuführen.

Rote Muskeln für die Ausdauer

Truthahnfleisch ist bekanntlich hell. Seine Muskeln ermöglichen dem Tier eine rasche, kraftvolle Flucht (wenn es z. B. von einem Fuchs gejagt wird). Diese weißen Muskeln sind schnell erschöpft. Das Brustfleisch einer Flugente hingegen ist dunkel, besteht aus roten Muskeln. Sie ermöglichen dem Tier einen Flug über längere Distanzen, weil die Muskelzellen energiereiches Fett sowie viele Kohlenhydrate für die Energiegewinnung liefern. Außerdem stellt das in größeren Mengen als in weißen Muskeln enthaltene Myoglobin seinen gespeicherten Sauerstoff zur Verfügung, ohne den Energie nicht freigesetzt werden kann. Dementsprechend haben Langstreckenschwimmer oder Marathonläufer zu 80 oder gar 90 Prozent rote Muskeln, 100-Meter-Sprinter hingegen zu 70 Prozent weiße Muskeln. Durch entsprechendes Training kann man die Muskelstruktur also entscheidend verändern.

Ob Sprintkraft oder Ausdauer gefordert wird – durch ein spezielles Training kann der Sportler seine Muskelstruktur dem Bedarf entsprechend verändern.

Damit unsere Muskeln immer leistungsfähig sind, brauchen sie viel Energiebrennstoff und Sauerstoff. Schlechte Ernährung im Alltag führt schnell zu körperlicher Erschöpfung, denn z. B. aus dem Fett von Pommes frites können die Muskeln kaum Energie gewinnen.
Sie brauchen einen stetigen Zustrom von Glukose (kleinste Einheit der Kohlenhydrate) über das Blut, um daraus Energie oder Glykogenreserven gewinnen zu können. Wenn Muskeln sehr viel leisten müssen, brauchen sie entsprechend mehr Brennstoff. Den höchsten »Heizwert« liefern ihnen so genannte langkettige Fettsäuren, wie sie beispielsweise in Fleisch oder in Butter enthalten sind.

Langkettige Fettsäuren, die z. B. in Fleisch oder Butter enthalten sind, liefern unseren Muskeln den ergiebigsten Brennstoff für ihre Arbeit.

Auf die richtige Mischung kommt es an

Nahrungsmittel wie Fleisch und Butter können ihre Wirkung allerdings nur dann entfalten, wenn sie gemeinsam mit anderen, sehr nährstoffreichen Lebensmitteln gegessen werden, z. B. mit Obst, Salat, Rohkost oder Gemüse. Diese liefern nämlich erst die Biostoffe und Enzyme, die für die Verwertung und den Transport der Fettsäuren notwendig sind. Denn das Zirkulieren von Glukose, Eiweiß und Fettsäuren im Blut allein bedeutet noch nicht, dass sie auch tatsächlich in die Muskeln bzw. deren Brennzellen (Mitochondrien) hineingelangen.
Damit beispielsweise Glukose ins Zellinnere gelangen kann, wird das Spurenelement Chrom im Verbund mit Insulin (Hormon der Bauchspeicheldrüse) benötigt.

Notwendig für unsere Muskeln – Karnitin

Fettsäuren brauchen Karnitin, einen vitaminähnlichen Stoff, um in die Mitochondrien der Muskelzellen gelangen zu können. Das Karnitin an der Zellmembran, der Schutzschicht der Zellen, nimmt die Fettmoleküle aus dem Blut auf und schleust sie zur Verbrennung in die Mitochondrien. Danach kehrt es wieder zu seinem »Angelplatz« auf der Membran zurück.
Das Karnitinmolekül ist klein, besteht aus nur 16 Atomen und ist vorwiegend in Muskelfleisch (besonders vom Lamm) enthalten. Wir können es in unserem Stoffwechsel auch selbst herstellen, und zwar aus den Aminosäuren Lysin und Myosin, die ebenfalls hauptsächlich in tierischer Nahrung enthalten sind. Damit Karnitin in der Leber synthetisiert werden kann, wird Vitamin C gebraucht. Darüber hinaus sind zur

Freisetzung des für die Karnitinherstellung erforderlichen Methionins aus der aufgenommenen Nahrung Folsäure und die Vitamine B6 und B12 erforderlich.

Ein Hormon setzt die Verbrennung in Gang

Damit die Fettverbrennung in den Muskelzellen überhaupt erst richtig in Gang gesetzt werden kann, ist das Schilddrüsenhormon Thyroxin unabdingbar. Es besteht zu zwei Dritteln aus dem Spurenelement Jod und zu einem Drittel aus der Aminosäure Tyrosin (vorwiegend enthalten in Fleisch, Fisch, Geflügel und in Magerkäse).

Da Thyroxin ein sehr einfach aufgebautes Molekül ist, kann es besonders leicht von freien Radikalen angegriffen werden. Freie Radikale sind aggressive Moleküle, die aus Giftstoffen, bei zu starker Sonnenbestrahlung oder in Folge eines unausgeglichenen Stoffwechsels entstehen. Um den Weg von der Schilddrüse übers Blut zu den Körperzellen unbeschadet zu bewältigen, benötigt das Thyroxin den Schutz des Immunvitamins C. Frisches Obst ist also in mehrfacher Hinsicht ein ausgesprochenes Muskelnahrungsmittel.

Das Schilddrüsenhormon Thyroxin, das die Energieverbrennung in Gang bringt, benötigt den Schutz vor freien Radikalen durch Vitamin C.

Das Wichtigste über unsere Muskeln

- Sie bestehen zu einem hohen Anteil aus Eiweiß und dienen sogar als Eiweißspeicher für den gesamten Organismus. Für ihren Aufbau brauchen sie ausreichend Eiweiß und für ihre Energieentfaltung komplexe Kohlenhydrate (z. B. aus Vollkorn, Gemüse, Kartoffeln, Naturreis).
- Man unterscheidet weiße (blutgefäßarme) Muskeln zur schnellen Energieerzeugung und rote (blutgefäßreiche) für die Ausdauerleistung.
- Besonders aktiven Muskeln (z. B. Herzmuskeln) reichen die schnell brennbaren Kohlenhydrate nicht. Sie brauchen die schwerer aufspaltbaren Fettmoleküle zur kontinuierlichen Energieentfachung. Damit viel Energie entstehen kann, werden außerdem reichlich Vitamin C, Chrom, Karnitin und Jod benötigt.

Das Skelett

Jeder Mensch hat ca. 215 Knochen, die gemeinsam das Skelett bilden. Es ist nicht nur das Stützgerüst des Körpers, sondern schützt die inneren Organe und bildet ein Reservoir für den Mineralstoffwechsel unseres Körpers. Im Knochenmark werden verschiedene Blutzellen gebildet, insbesondere die Zellen der Immunabwehr.

Die Knochen verändern sich in ihrer Festigkeit unablässig, je nachdem, welche Biostoffe sie zur Verfügung gestellt bekommen und wie sehr sie belastet werden. Wir können z. B., nachdem wir schwere Einkaufstüten nach Hause getragen haben, viel kräftigere Knochen haben als noch eine Stunde zuvor. Selbst wenn sie aus Mangel an Nährstoffen wie Kalzium und Phosphor schon porös sind, kann die Knochenmatrix über eine Umstellung der Ernährung und auch durch Bewegung bald wieder zu einer festen, elastischen Masse zusammengefügt werden.

Die Festigkeit unserer Knochen kann sich in kürzester Zeit verändern – eine Chance, um sie mit geeigneten Biostoffen und Bewegung wieder zu kräftigen.

Die Struktur der Knochen

Die Knochen des menschlichen Körpers bestehen aus einer dicken, stabilen Außenschicht und einer schwammartigen inneren Masse. Die Außenschicht ist aus zahllosen winzig kleinen zylindrischen Lamellen aufgebaut. In dieser Schicht sitzen die wichtigen Osteozyten, die eigentlichen Knochenzellen. Jede dieser Zellen befindet sich in einer eigenen Kammer, die über feinste Äderchen mit dem Blutgefäßsystem verbunden ist. Über diese Äderchen bezieht die Zelle ihre Nährstoffe und gibt gleichzeitig Abfallstoffe, verbrauchte Stoffwechselprodukte und Gase wieder ans Blut ab. Untereinander sind die Osteozyten über dieses Kanalsystem verbunden.

Der Stoffwechsel innerhalb des Knochengerüsts ist ein komplexer Prozess, der durch unsere Ernährung wesentlich beeinflusst wird.

Wenn die Knochenzellen ausreichend mit Nährstoffen versorgt werden, erneuern sie kontinuierlich abgebaute Skelettstellen. Bei Mangel an bestimmten Substanzen kann das Knochengerüst schnell so schwach werden, dass wir uns bereits bei einem einfachen Umknicken des Fußes den Knöchel brechen können.

Wechselspiel von Auf- und Abbau

Die Gesundheit des Skeletts wird von zwei Zelltypen gewährleistet: den Osteoblasten (Aufbauzellen) und den Osteoklasten (Fresszellen). Von den Osteoblasten wird die mineralstoffreiche Knochengrundsubstanz abgeschieden und dann über verschiedene Zwischenstufen zur belastbaren Knochenstruktur umgebaut. Die Osteoklasten besitzen als deren Gegenspieler die Fähigkeit, Knochen wieder aufzulösen. Dabei handelt es sich jedoch zunächst nicht um eine Verfallserscheinung, sondern um eine Notwendigkeit, beispielsweise bei der Heilung von Knochenbrüchen, im Wachstum und während Umbau- und Regenerierungsprozessen etc.

Die Tätigkeit der Aufbau- und Fresszellen wird durch Hormone gesteuert, die entscheidende Mineralisierung der Knochen vorwiegend mit den Mineralstoffen Kalzium und Phosphor bewältigt.

Das funktioniert natürlich nur, wenn sich genügend Kalzium im Darm befindet. Bei der in den westlichen Wohlstandsgesellschaften üblichen Ernährung ist dies jedoch häufig nicht gewährleistet. Wer sich am liebsten von Fertiggerichten, Bratwürsten vom Imbissstand und Knabbergebäck ernährt, nimmt viel zu wenig Kalzium auf.

Da das Funktionieren zahlreicher Stoffwechselvorgänge im Organismus aber davon abhängt, dass der Kalziumspiegel im Blut konstant gehalten wird – also immer eine gewisse Menge Kalzium zur Verfügung

Werden unsere Knochenzellen ausreichend mit Nährstoffen versorgt, bemühen sie sich unermüdlich um die Erneuerung oder Reparatur »morscher« Skelettstellen.

Für unsere Knochen unentbehrlich – Kalzium

Ein Prozent des in unserem Körper insgesamt enthaltenen Kalziums zirkuliert im Blut, da Kalzium permanent für lebenswichtige Stoffwechselvorgänge benötigt wird, so z. B. bei der Weiterleitung von Nervensignalen. Bestimmte Hormone der Nebenschilddrüsen sorgen dafür, dass immer ausreichend Kalzium im Blut vorhanden ist. Wenn die Kalziumkonzentration sinkt, lösen sie eine erhöhte Produktion von Kalziferol in den Nieren aus.

Kalziferol ist die aktive Form von Vitamin D, das in unserer Haut durch Sonnen- oder Lichteinstrahlung erzeugt wird und für den Kalziumhaushalt absolut unerlässlich ist. Die Nieren wandeln Vitamin D in Kalziferol um, das dann schließlich die Kalziumresorption aus dem Nahrungsbrei im Darm ankurbelt.

steht –, wird bei einem Mangel den Knochen Kalzium entzogen und ins Blut geleitet. In der Folge werden die Knochen schließlich porös oder sogar brüchig.

Kalzium und Phosphor – beide werden gebraucht

Wer bei Kalziummangel anfängt, Kalziumtabletten aus der Apotheke zu schlucken, macht alles nur noch schlimmer. Kalzium und Phosphor müssen nämlich in einem bestimmten natürlichen Verhältnis aus der Nahrung aufgenommen werden, damit aus den beiden Mineralstoffen die Knochensubstanz Hydroxylapatit hergestellt werden kann. 85 Prozent des gesamten Phosphors in unserem Körper werden dafür benötigt. Deshalb sollten wir Kalzium stets aus natürlichen Lebensmitteln wie Milch oder Käse zu uns nehmen. Weiterhin wird Vitamin C benötigt, denn es aktiviert den Einbau von Kalzium in Knochen und Zähne. An diesem Zusammenspiel von Vitamin C und Kalzium ist wiederum Vitamin K (enthalten in Kohl, grünem Blattgemüse und Blattsalat) beteiligt.

Um den Kalziumspiegel im Blut konstant zu halten, entzieht unser Körper bei zu geringer Zufuhr den Knochen Kalzium, so dass sie dünner und poröser werden.

Darüber hinaus ist schließlich das seltene Spurenelement Bor (enthalten in Früchten, Gemüse und Nüssen) am Kalziumhaushalt und damit am Knochenaufbau beteiligt. Es verhindert die Kalziumausscheidung über den Urin und stabilisiert auf diese Weise die Kalziumkonzentration im Blut.

Wer von Knochenabbau besonders betroffen ist

Junge Menschen haben meistens keine Probleme mit ihren Knochen, da sie sich in der Regel ausreichend bewegen. Bei körperlicher Betätigung wird nämlich der Zug der an den Knochen anhaftenden Sehnen von den Osteoblasten als Signal verstanden, ihre Aufbautätigkeit im Knochen zu aktivieren.

Beschwerden wie Osteoporose treten vor allem bei Frauen in und nach den Wechseljahren auf. Bei dieser Krankheit ist das Gleichgewicht zwischen Auf- und Abbauzellen gestört, die Osteoklasten (Abbauzellen) überwiegen, die Knochenmasse wird allmählich weniger. Die Betroffenen verlieren jährlich bis zu eineinhalb Prozent ihrer Knochenmasse und leben nicht selten in ständiger Sorge vor einem Knochenbruch. Ärzte verschreiben oft Membranpflaster oder Tabletten mit Östrogen, wodurch die automatisch einsetzende Ersatzproduktion von Östrogen

Warum Knochenmasse abgebaut wird

- Frauen in und nach dem Klimakterium produzieren immer weniger Östrogen. Dieses Hormon hemmt den über die Nebenschilddrüsen stimulierten Abbau von Knochenmasse und kurbelt die Kalziumaufnahme aus der Nahrung im Darm an. Östrogen erhöht auch die Produktion des Schilddrüsenhormons Kalzitonin, das darüber wacht, dass den Knochen nicht zu viel Kalzium entzogen wird. Die von Knochenabbau betroffenen Frauen scheiden morgens oft enorm viel Kalzium mit dem Urin aus. Dieser Kalziumverlust wird meistens nicht mehr ausgeglichen.
- Bei Frauen in den Wechseljahren konnten auch zu hohe Konzentrationen an Interleukin im Blut festgestellt werden: ein körpereigenes Hormon, das nach neuen wissenschaftlichen Erkenntnissen im Prozess des Knochenaufbaus eine entscheidende Funktion erfüllt.
- Ältere Frauen produzieren in ihrer Haut nicht mehr ausreichend Vitamin D. Sie können Vitamin D auch nicht mehr so einfach in seine aktive Form Kalziferol umwandeln. Außerdem scheiden sie zu viel Prolin aus, jene Aminosäure, die der Rohstoff für den Bau von Kollagen und Knochensubstanz ist.
- Verhängnisvoll auf den Knochenaufbau wirkt sich der zunehmende Mangel an Bewegung aus. Jede Art körperlicher Betätigung führt dazu, dass die Osteoblasten (knochenbildende Zellen) aktiviert werden.
- Häufig ist Fehlernährung die Ursache für den Abbau von Knochenmasse. Sie führt zu Eiweißmangel und einer Unterfunktion der Nebennieren, die nach den Wechseljahren als Ersatzdrüse für die Herstellung von Östrogen dienen. Weil Östrogen vornehmlich aus Cholesterin gebildet wird, empfehlen Biochemiker die Einnahme des B-Vitamins Cholin (in Vollkorn, Samen, Lezithin, Bierhefe), das Cholesterin im Stoffwechsel erst verwertbar macht.

Die nachlassende Östrogenproduktion in den Wechseljahren ist für viele Frauen ein ernsthaftes Problem. Die Folge ist oft ein Abbau von Knochenmasse – die gefürchtete Osteoporose. Durch gesunde Ernährung lässt sich dieser Prozess eindämmen.

Lebensmittel mit hoher Nährstoffdichte wie Käse, Vollkornprodukte, Obst, Salat, Gemüse, Kartoffeln und Nüsse stellen die für gesunde Knochen notwendigen Substanzen bereit.

in den Nebennieren gestört wird. Auch führen solche Maßnahmen meistens nicht zu einem nennenswerten Anstieg von Vitamin D und nur zu geringfügiger Aktivierung des Kalziumstoffwechsels.

Bewegung und gute Ernährung

Wer etwas für seine Knochen tun will, sollte auf eine Kost mit möglichst hoher Nährstoffdichte achten (Käse, Vollkornprodukte, Obst, Salat, Gemüse, Kartoffeln, Nüsse, Samen usw.). Täglich mindestens 30 Minuten lang an die Sonne oder ans Tageslicht gehen, ist nahezu unabdingbar. Denn unter Licht- und Sonneneinwirkung kann die Haut viel Vitamin D produzieren, wodurch der Knochenaufbaustoff Kalzium viel leichter aus dem Darm aufgenommen und verwertet wird.

Regelmäßige körperliche Belastung ist zur Ankurbelung der Tätigkeit der Osteoblasten (Aufbauzellen) der Knochen ebenso wichtig: Das Heben von kleinen Gewichten, Joggen mit Fuß- oder Handhanteln oder Gymnastik, Radfahren, Schwimmen und Tanzen sind nur einige der möglichen Betätigungen, denen Sie nebenbei so oft wie möglich nachgehen sollten. Frauen, die auf physiologisch richtige Ernährung, ausreichend Sonne und auf tägliche Belastung des Knochengerüsts achten, können mit 75 Jahren noch nahezu dieselben festen Knochen haben wie mit 35 Jahren.

Die richtige Mischung macht´s: regelmäßiger Sport und eine nährstoff- und vitaminreiche Ernährung tut Ihren Knochen gut.

Das Wichtigste über unsere Knochen

Die Knochen bestehen vorwiegend aus Kalzium und Phosphor und brauchen neben diesen Biostoffen viel Vitamin C (in frischem Obst), Vitamin K (in Kohl, grünem Blattgemüse und -salat), Bor (in Früchten, Gemüse, Nüssen), Zink (in Vollkornprodukten) sowie Eiweiß (in gesunder Mischkost). Cholin (in Vollkorn, Samen, Lezithin, Bierhefe) hilft bei der Produktion und Verwertung von Östrogen, einem Hormon, das den Knochenaufbau fördert. Die UV-Strahlen des Sonnen- bzw. Tageslichts und die Belastung des Skeletts durch Gymnastik oder Sport können zusätzlich dazu beitragen, dass Knochen innerhalb von kurzer Zeit »jünger« werden. Unser Knochengerüst hat einen stetigen Kalziumumsatz, es beansprucht das Mineral für neue Knochenzellen und gibt verbrauchtes Kalzium ins Blut ab. Je nach Kalziumangebot ändert sich die Festigkeit unserer Knochen von Stunde zu Stunde, in Unterschenkeln, Füßen, Wirbelsäule und anderen Bereichen des Körpers.

Ein ausgewogenes Nährstoffangebot und tägliche Bewegung sorgen bis ins hohe Alter für gesunde, stabile Knochen.

Das Blut

Das Blut besteht zu etwa 40 bis 50 Prozent aus »festen« (zellulären oder korpuskulären) Bestandteilen (rote und weiße Blutkörperchen und Blutplättchen). Der Rest ist eine gelbliche Flüssigkeit, die als Plasma bezeichnet wird. Dieses Plasma ist Wasser, in dem zahlreiche aufgelöste Substanzen schwimmen: Sauerstoff, Kohlendioxid oder Stickstoffgase. Das Plasma befördert im Blutkreislauf auch alle Nährstoffmoleküle und -ionen zu den Körperzellen. Jede einzelne ist an das Versorgungssystem des Bluts angeschlossen. Nur eine feine Kapillarschicht trennt das fließende, nährstoffbefördernde Blutplasma von der Membran (der Schutzschicht) der Körperzelle, so dass z. B. ein Vitamin-B-Molekül oder ein Eisenion (Teil eines Eisenatoms) problemlos durchdringen kann, um sie zu versorgen.

Blutplasma – die Nährstoffstraße

Das Blutplasma befördert in unserem Kreislauf alle Nährstoffmoleküle und -ionen zu den Körperzellen.

Im Blutplasma zirkulieren kleine organische Moleküle wie Glukose (die kleinste Einheit der Kohlenhydrate), Aminosäuren (die kleinen Eiweißbausteine), Nukleinsäuren (sie werden in den Zellkern eingebaut und enthalten unsere Erbinformationen), bestimmte Fettstoffe, Cholesterin und Vitamine. Das Plasma transportiert alle diese wertvollen Biostoffe zu den Körperzellen und nimmt gleichzeitig die Abfallprodukte aus den Stoffwechselvorgängen auf: z. B. Milchsäure, Harnsäure oder Ammoniak. Dieser Stoffwechselmüll wird dann mit dem Urin ausgeschieden.

Die häufigsten Blutkörperchen sind die so genannten Erythrozyten, die roten Blutkörperchen. In einem Mikroliter Blut schwimmen etwa fünf Millionen dieser Blutzellen, in unserem gesamten Kreislauf sind es rund 25 000 Milliarden. Sie sind so groß, dass sie nur durch grobmaschige Gefäße dringen können. Bei Bedarf aber – wenn sie beispielsweise durch die feinen Haargefäße gleiten müssen – werden sie lang, dünn oder auch flach.

Hergestellt werden die kleinen roten Zellen im Knochenmark. Sie enthalten das Hämoglobin, den roten Blutfarbstoff, der Sauerstoff binden kann und zu den Körperzellen transportiert. Ein einziges rotes Blutkörperchen ist in der Lage, etwa 300 Millionen Hämoglobinmoleküle fortzubewegen.

25 Milliarden Neutrophile kreisen als Immunpolizisten ständig in unserem Blut, um im Bedarfsfall in die Körperzellen einzudringen und Krankheitserreger zu vernichten.

Leukozyten – die Wächter des Immunsystems

Nicht weniger wichtig sind die weißen Blutkörperchen, die Leukozyten. Die am häufigsten in unserem Körper vorkommenden Leukozyten sind die so genannten Neutrophile (neutrophile Granulozyten). Bis zu drei Viertel aller zirkulierenden weißen Blutkörperchen sind solche Neutrophile. Sie leben oft nur wenige Tage, müssen demnach immer wieder ersetzt werden. Ein erwachsener Mensch produziert pro Tag etwa 120 Milliarden Neutrophile. Rund 25 Milliarden kreisen als »ständige Einsatztruppe« im Blut, weitere 25 Milliarden warten in den Gefäßwänden, den feinsten Kapillaren, auf einen eventuellen Einsatz gegen Krankheitserreger. Die Neutrophile dringen bei Bedarf rasch aus dem Blut in die Körperzellen ein, um gesundheitsschädigende Mikroorganismen zu vernichten. Wenn der Angriff von Viren, Bakterien oder anderen Krankheitserregern lokal erfolgt (also an irgendeinem speziellen Punkt des Körpers), strömen Neutrophile nicht nur aus der Nach-

barschaft, sondern auch aus den entlegensten Bereichen des Körpers herbei, um die Abwehr zu unterstützen. Da Viren oder andere Schad- und Giftstoffe meist in großen Mengen auftreten und sie sich zusätzlich in allerkürzester Zeit explosiv vermehren können, ist das Immunsystem mit einem ganz bestimmten Mechanismus ausgestattet: Für jedes im Blut zirkulierende weiße Blutkörperchen stehen 100 weitere im Knochenmark in Reserve. Bei einem plötzlichen Virenbefall, einer Infektion beispielsweise, können innerhalb von einer Stunde 500 Milliarden Neutrophile mobilisiert werden.
Auch sterben in jeder Sekunde rund zwei Millionen weiße oder rote Blutkörperchen, und ebenso viele entstehen im fettigen Knochenmarkgewebe neu.

Bei Verletzungen wird über mehrere Stoffwechselstufen der Gerinnungsstoff Fibrin gebildet, der die Wunde wieder verschließen hilft.

Thrombozyten zur Wundheilung

Die dritte wichtige Gruppe von Blutkörperchen sind die Blutplättchen (Thrombozyten genannt). In jedem Mikroliter Blut schwimmen etwa 300 000 dieser farblosen, für die Blutgerinnung verantwortlichen Zellen. Sie leben nur eine gute Woche lang und müssen dementsprechend ebenfalls immer wieder erneuert werden. Wenn Menschen zu wenige

Das Wichtigste über unser Blut

- Das Blut fließt durch die Arterien vom Herz weg und durch die Venen zum Herz zurück. In der Lunge wird es mit Sauerstoff angereichert; deshalb ist arterielles Blut hellrot, venöses, sauerstoffarmes Blut hingegen dunkel. Blut besteht aus flüssigem Plasma und festen Bestandteilen, den roten und weißen Blutkörperchen sowie den Blutplättchen.
- Die roten Blutkörperchen transportieren den Sauerstoff, die weißen dienen dem Immunsystem, und die Blutplättchen sind für die Blutgerinnung verantwortlich. Hauptaufgabe des Bluts ist es, unsere Körperzellen mit etwa 100 lebensnotwendigen Nährstoffen zu versorgen (mit Vitaminen, Mineralien, Eiweiß, Glukose, Fettsäuren usw.).

Die Thrombozyten (Blutplättchen) sorgen für die lebenswichtige Blutgerinnung nach Verletzungen.

Blutplättchen im Blut haben – vielleicht nur in einer Konzentration von 60 000 bis 100 000 pro Mikroliter –, hören selbst Bagatellverletzungen wie kleine Wunden oder Schnitte lange nicht auf zu bluten, weil das Blut nicht wie gewohnt gerinnt.

Wenn wir uns mit einem Messer in den Finger ritzen, strömen sofort unzählige Blutplättchen in das Gewebe der kleinen Wundränder. Kaum haben die Blutplättchen Berührung mit dem zerstörten Bindegewebe, entlassen sie Millionen Botenstoffe: Serotonin befiehlt den mikroskopisch kleinen Muskeln, sich zusammenzuziehen und den Blutstrom abzuschnüren. Das Enzym Thromboplastin setzt gleichzeitig eine Fülle von Stoffwechselreaktionen in Gang. Mit Hilfe von Vitamin K, dem Spurenelement Mangan und Kalziumionen werden mit hoher Geschwindigkeit Proteine über mehrere Stoffwechselstufen in den Gerinnungsstoff Fibrin umgebaut. Diese Substanz legt sich wie ein dichtes Netz über die Wunde und presst dabei unzählige Blutplättchen zu Klumpen zusammen, die sich immer mehr verdicken, bis schließlich kein Blut mehr aus der Wunde austreten kann und sie fest verschlossen ist.

Unsere Venen können bis zu 70 Prozent der gesamten im Körper zirkulierenden Blutmenge aufnehmen und dienen als Blutspeicher für Notfälle.

Der Blutkreislauf

Von den Organen und Körperzellen wird das sauerstoff- und nährstoffarme Blut über die Venen in die rechte Herzhälfte gepumpt. Von dort gelangt es in die Lungenschlagader, die es zur Lunge transportiert. Hier findet der so genannte Gasaustausch statt. Kohlendioxid aus dem Körper wird abgegeben und Sauerstoff aus der Atemluft aufgenommen. Die Lungenvene, die sauerstoffreiches Blut mit sich führt, mündet in die linke Herzhälfte, wo die große Hauptschlagader entspringt. Diese wiederum verzweigt sich in verschiedene Arterien, die das Blut in Richtung einzelner Organe führen. Nach immer weiteren Verzweigungen der verschiedenen Arterien durchzieht ein komplexes Versorgungsnetz den ganzen Körper. Über die Kapillaren (haarfeine und dünnwandige Blutgefäße) findet schließlich der Nährstoff- und Sauerstoffaustausch mit den einzelnen Zellen statt.

Der Blutfluss erfolgt in den Arterien und Venen mit ganz unterschiedlicher Geschwindigkeit. In den großen Hauptadern, nahe dem Herz etwa, ist die Blutgeschwindigkeit am größten. So fließt das Blut mit einer Geschwindigkeit von rund 330 Millimeter pro Sekunde durch

die Halsschlagader (unsere größte Ader), hingegen durch die feinsten Haargefäße nur mit rund einem Millimeter pro Sekunde – ähnlich einem in viele Rinnsale verzweigten Bach. Dadurch haben die Körperzellen ausreichend Zeit, sich ihre Nährstoffe aus dem nur langsam dahintreibenden Blut zu holen und ihren Abfall abzugeben.
Die winzig kleinen Blutgefäße – die Kapillaren – sind zusammen 100 000 Kilometer lang, sie können das 1,4fache des gesamten Blutvolumens von rund fünf Liter aufnehmen. Zwischen 30 und 50 Prozent aller Kapillaren sind jedoch immer für den Blutfluss geöffnet. Sie fungieren gleichsam als Minischleusen oder -ventile. Gesteuert wird dieses fein abgestimmte Schleusensystem über Hormone.
Die Arterien sind dagegen wesentlich kräftiger und mit mehr Muskeln ausgestattet als die Venen. Venen können bis zu 70 Prozent der gesamten Blutmenge aufnehmen, sie dienen als Blutspeicher für Notfälle. Bei einer Verletzung mit Blutverlust geben sie gespeichertes Blut an den Blutkreislauf ab. Wenn Frauen schwanger werden, müssen ihre Venen auch Blut für das heranwachsende Baby speichern. Aus all diesen Gründen sind Venenwände sehr dehnbar, aber auch entsprechend verletzlich.

Wenn der Blutstrom gestört ist, sammelt sich das Blut in bestimmten Venenbereichen. So entstehen Krampfadern und in deren Folge Ödeme.

Gesunde Venen durch Biostoffe

Der zum Herz durch die Venen zurückfließende Blutstrom wird durch Ventile kontrolliert. Bei vielen Menschen, die sich schlecht ernähren oder nicht genug bewegen, funktionieren diese Schleusen nicht mehr richtig. Blut staut sich und sammelt sich in Taschen oder Knötchen – so bilden sich Krampfadern. Weil die Venenwände dadurch stark gedehnt werden, werden sie poröser, und Wasser oder auch Blut tritt ins angrenzende Gewebe aus – so entstehen dann letztendlich Ödeme.
Der Organismus schlägt schließlich Alarm, weil er größere, lebensgefährliche Blutaustritte befürchtet. Er schickt große Mengen von Blutplättchen und Fibrin in und an die Venenwände, damit Risse in eventuell aufplatzenden Adern rasch geschlossen werden können. Das Fibrin bildet – gewissermaßen als unangenehme Begleiterscheinung – zusammen mit ranzig-alten Fettablagerungen die unangenehmen, klumpenartigen Verhärtungen unter der Haut, denen nur schwer beizukommen ist.

Notwendig für unser Blut – Vitamin C, Zink, Bioflavonoide

Damit unser Blut ungehindert fließen und seine Aufgaben erfüllen kann, müssen wir an die Gesundheit unserer Gefäße bzw. Gefäßwände denken. Sie bestehen aus drei Schichten: der inneren Endothelschicht, weichen Muskeln und Bindegewebe. Die kleinen Kapillaren (manche sind nur einen Millimeter lang und drei tausendstel Millimeter dick) bestehen meist nur aus der Endothelschicht. Damit das Bindegewebe der Venen gekräftigt wird, brauchen wir Vitamin C und viel von dem seltenen Spurenelement Zink. Weil bestimmte Bioflavonoide (Pflanzenschutzstoffe), wie z. B. Rutin, die Vitamin-C-Moleküle selbst im Gefäßbereich vor Oxidation und Zerstörung schützen, sollten wir lieber das ganze frische Obst (mit all seinen Bioflavonoiden) essen, anstatt nur den Saft zu trinken. Besonders reich an Bioflavonoiden sind blaue und rote Beeren sowie Buchweizen.

Die Haut verdankt ihre Gesundheit und Schönheit nicht der äußerlichen Anwendung von Kosmetika, sondern einem gut funktionierenden Stoffwechsel.

Die Haut

Mit etwa zwei Quadratmeter Fläche bildet die Haut das größte Organ des menschlichen Körpers. Sie umhüllt ihn vollständig und hat bei Erwachsenen ein Gewicht von bis zu zwei Kilogramm. Als Grenzschicht zur Umwelt sind ihre Aufgaben und Funktionen besonders vielfältig. Die Haut befindet sich durch innere und äußere Einflüsse in einem permanenten Änderungsprozess.

Viele Frauen sind – vor allem wenn sie älter werden – mit ihrer Haut überhaupt nicht zufrieden. Sie bearbeiten sie mit Feuchtigkeitscremes, Reinigungswässerchen, dicken Schönheitsmasken, Make-up und vielen anderen Kosmetika. Dabei rühren Schönheit und eine gesunde Haut immer vom Stoffwechsel her, kommen also von innen heraus. Und obendrein ist es sehr einfach, seine verbrauchte und mit Kosmetika ruinierte Haut wieder zu verjüngen. Die Schönheit unserer Haut beginnt im Darm. Wenn er mangels gesunder Kost nur über wenig Darmbakterien und Verdauungsenzyme verfügt, bleiben nach jedem Essen bis zu 600 Billionen Nährstoffbausteine, also Fett, Eiweiß und Kohlenhydrate, unverdaut. Diese bilden schließlich eine gärende Masse, eine »Brutstätte« für freie Radikale und so genannte Polyamine (unverdaute Eiweißmoleküle), die durch die Darmschleimhaut ins Blut dringen und in die Haut gelangen, wo sie Ekzeme, Akne, Geschwüre oder andere Hautkrankheiten hervorrufen. In Wirklichkeit geschieht da nichts anderes, als dass der Organismus versucht, Giftstoffe über die Haut auszuscheiden, damit sie die Gesundheit nicht gefährden. Es ist deshalb oft sinnlos, Hautprobleme mit Cremes zu behandeln, während eine einzige Mahlzeit viel eher Linderung bringen könnte.

Da unsere Haut nur spärlich mit Blut versorgt wird, muss es stets üppig mit allen Nährstoffen angefüllt sein.

Biostoffe – das A und O für gesunde Haut

Ein Stück Gesichtshaut von der Größe einer Briefmarke enthält etwa drei Millionen Zellen, vier Meter Blutgefäße, vier Meter Nerven, 100 Schweißdrüsen, 18 Öldrüsen, 25 Nervenenden und viele weitere Bestandteile, die geordnet und abgestimmt zusammenwirken – aber natürlich nur dann, wenn die Versorgung stimmt. Das ist bei der Haut allerdings besonders schwer. Während dem Gehirn über die große Aorta (Halsschlagader) täglich rund 1000 Liter Blut zufließen, erhält die

Die Haut ist nicht nur der Spiegel der Seele; sie sagt auch viel über unsere innere Gesundheit aus.

Haut nur sehr wenig Blut. Da die Haut aber ebenso Vitamine, Spurenelemente und sonstige Biostoffe verlangt wie andere Organe auch, muss sie ihren Bedarf aus dem kärglichen Blutangebot decken, das ihr zur Verfügung steht. Für unsere Haut ist es deshalb besonders wichtig, dass das Blut stets üppig mit allen für ihr Funktionieren wichtigen Nährstoffen angefüllt ist.

Das Kollagen der Haut besteht vorwiegend aus den Aminosäuren Prolin und Zystein, die mit Hilfe von Zink sowie den Vitaminen B6 und C zu einem enorm festen und dabei elastischen Gewebe verschweißt werden. Die Proteinmoleküle, die dabei verknüpft werden, bestehen aus mehr als 16000 Atomen. Zusätzlich verstärkt wird dieses robuste Gewebe durch Elastinfasern. Aus vier Molekülen der Aminosäure Lysin entsteht unter Mitwirkung des Spurenelements Kupfer eine mikroskopisch feine Elastinfaser, die härter als Stahl ist.

Vitamine und Spurenelemente sorgen dafür, dass die Haut gesund und widerstandsfähig bleibt.

Die notwendigsten Nährstoffe für unsere Haut

- Ballaststoffe (in Obst, Salat, Rohkost, Gemüse) sorgen für eine kerngesunde Darmflora; sie wirken damit auch reinigend auf die Haut.
- Wenn wir sehr intensiver Sonnenbestrahlung eine Weile fernbleiben, sammelt sich wieder Wasser in trockener Haut an.
- Ungesättigte Fettsäuren, z. B. in kaltgepressten Pflanzenölen oder in Fisch, tragen ebenso zu einer geschmeidig-weichen Haut bei wie die schwefelhaltige Aminosäure Zystein, die vor allem in Eiern, Vollkornprodukten, Milch und Käse enthalten ist.
- Eiweißspaltende Enzyme, z. B. Bromelain in Ananas, bauen das verkrustete Falteneiweiß unter der Haut nach und nach ab.
- Vitamin C (in frischem Obst) hilft beim Neuaufbau von Hautkollagen. Dazu wird allerdings auch viel Zink benötigt, ein wertvolles und seltenes Spurenelement, das reichlich in Vollkornprodukten, aber auch in Bierhefe, Melasse und Weizenkleie enthalten ist.

Das Wichtigste über unsere Haut

Die Haut besteht aus drei Schichten: der Oberhaut (Epidermis), die ihrerseits wiederum aus mehreren Schichten aufgebaut ist, der Lederhaut (Korium), die aus Bindegewebe besteht und reich an Blutgefäßen, Nervenenden sowie Haar- und Talgdrüsen ist, und dem Unterhautgewebe (Subkutis) mit seinen zahlreichen Fettzellen. Die Haut schützt uns vor Krankheitserregern (Bakterien, Viren, Mikroorganismen) und sorgt für eine möglichst gleichbleibende Körpertemperatur. Bei Hitze pumpen unzählige kleine Drüsen Schweiß auf die Hautoberfläche. Der Schweiß verdampft, und wir haben das Gefühl von Kühlung. Versorgt wird die Haut niemals von außen, sondern stets von innen, über das Blut. Weil sie (speziell in der Epidermis) nur ungenügend mit Blut versorgt wird, ist sie ganz besonders auf gesunde Kost angewiesen. Sie leidet vor allem bei zu starker UV-Strahlung (Sonne, Sonnenbank).

Kollagenfasern sind auch in der Lage, Wasser zu binden, und sind aus diesem Grund für den Feuchtigkeitsgehalt und den Spannungszustand der Haut von entscheidender Bedeutung.

Nikotingenuss entzieht unserem Immunsystem Vitamin C, welches dann beim Neuaufbau von Hautbindegewebe fehlt, so dass sich Fältchen bilden.

Schönheit kommt von innen

Wenn wir die Schönheit unserer Haut einem gesunden Stoffwechsel überlassen, werden wir uns ein Leben lang über unser eigenes Spiegelbild freuen – sofern wir nicht »sündigen«. Denn jede Zigarette beispielsweise raubt unserem Immunsystem 25 Milligramm Vitamin C. Dieses Vitamin fehlt dann beim Neuaufbau von Hautbindegewebe. Deshalb bilden sich bei starken Rauchern oft kleine Fältchen über der Oberlippe, weil das Kollagen seine Elastizität einbüßt. Das Cholesterin in unseren Hautzellen wird ranzig, bildet zusammen mit Eiweißrückständen harte, längliche Verkrustungen unter der Haut. Nach und nach bilden sich immer mehr Falten.

Starke Sonnenbestrahlung schädigt unsere Haut: Die UV-Strahlen zerstören den Wasserschutzfilm und vernichten Hautzellen.

Um wenigstens ein wenig Jugend zurückzuerlangen, legen wir uns in die Sonne oder auf die Sonnenbank. Die in unsere Haut eindringenden UV-Strahlen zerstören jedoch den Wasserschutzfilm, oxidieren die feinen Fettsäuremoleküle in der Schutzschicht der Hautzellen. Die Sonne schenkt der Natur, allen Pflanzen, Tieren und Menschen somit nicht nur Leben, sondern sie kann es ihnen auch nehmen. Sonnenstrahlen wirken besonders dann zerstörerisch, wenn die Hautzellen aus anderen Gründen bereits angegriffen sind. Auch Cremes helfen dann nicht mehr, die Angriffe von Bakterien, Viren, Pilzen und anderen krankheitserregenden Mikroorganismen abzuwehren. Sie können durch die zerstörte Schutzschicht der Epidermis (Oberhaut) in tiefer liegende Hautbezirke vordringen. Es kommt zu Entzündungen, Rötungen, Schwellungen und Geschwüren. Die Haut wird trocken, welk und grau. Vor dem Spiegel haben wir den Eindruck, als hätte uns ein grausamer Zeitraffer Jahre unseres Lebens gestohlen.

Die inneren Organe

Unsere inneren Organe erfüllen zwar ganz unterschiedliche Aufgaben, sind aber untereinander in vielfältiger Weise verbunden.

Die verschiedenen inneren Organe des Körpers arbeiten zwar auf den ersten Blick weitgehend selbstständig, sie sind aber dennoch untereinander fest vernetzt. Sie erfüllen ganz unterschiedliche Aufgaben und Funktionen, jeweils mit der ihnen eigenen Feinabstimmung.

Das Herz

Das Herz bildet ein Vierkammersystem, das zwei Kreislaufsysteme unterhält: Die linke Herzhälfte saugt sauerstoffreiches Blut aus der Lunge, pumpt es in die Arterien und von dort über ein weit verzweigtes Gefäßsystem in die Organe und einzelnen Körperzellen; die rechte Herzhälfte sammelt das über die Venen zurückfließende, mit Stoffwechselabbauprodukten angereicherte Blut und gibt es an die Lunge ab, wo es wieder mit dem von den Zellen dringend benötigten Sauerstoff angereichert wird. Herzventile sorgen dafür, dass das Blut dem richtigen Kreislaufsystem zugeführt wird.

Das Herz besteht aus äußerst kräftigem Muskelgewebe; es ist der aktivste Muskel im Körper überhaupt und deshalb besonders auf einen ungehinderten Blutfluss angewiesen, um ausreichend Nährstoffe und Sauerstoff zur kontinuierlichen Energiegewinnung zur Verfügung zu haben. Die Herzmuskelzellen benötigen wesentlich mehr Sauerstoff als die anderen Körperzellen, so dass sie überproportional viele Mitochondrien (Brennzellen) besitzen. Bei lange andauerndem Sauerstoffmangel kann es schnell zu gravierenden Herzproblemen kommen.

Die Tätigkeit des Herzmuskels wird durch den so genannten Sinusknoten gesteuert, der der Schrittmacher des Herzes ist und die Frequenz seiner Schläge reguliert.

Das Herz – Zentrum unseres Lebens

Der rhythmische Herzschlag wird nicht (wie z. B. andere Muskelkontraktionen) durch Nervenimpulse stimuliert, sondern von seinem eigenen Muskelgewebe. Selbst wenn alle Nerven oder Nervenstränge, die mit unserem Herz verbunden sind, durchtrennt würden, hörte es trotzdem nicht auf zu schlagen. Wenn ein Embryo im Mutterleib heranwächst, beginnt sein kleines Herz schon zu schlagen, ehe er auch nur eine Nervenzelle entwickelt hat.

Die Herzmuskulatur wird durch den so genannten Sinusknoten zu seiner rhythmischen Tätigkeit angeregt. Dieser »Knoten« im rechten Vorhof des Herzes wird aus einer Ansammlung von speziellen Herzmuskelzellen gebildet, die in regelmäßigen Abständen elektrische Impulse an die Herzmuskulatur senden. Auf diese Art und Weise reguliert der Sinusknoten die Anzahl der Herzschläge. Bei besonderen Belastungen, wenn dem Körper vermehrt Leistung abverlangt wird, wird die Herzfrequenz erhöht.

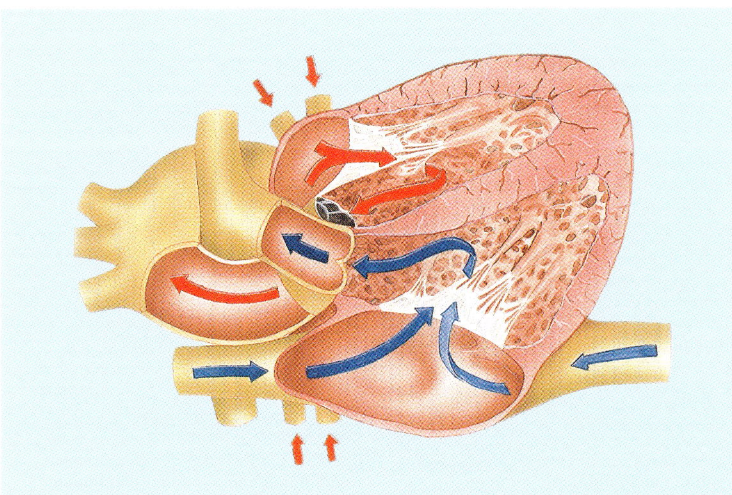

Das menschliche Herz stellt ein kraftvolles Vierkammersystem dar, das zwei Kreislaufsysteme in unserem Körper in Gang hält.

Der typische Klang des Herzschlags entsteht, wenn sich die Herzventile schließen oder öffnen. Wenn sie nicht mehr richtig funktionieren, gibt es bestimmte abweichende Geräusche, die man mit dem Stethoskop oder sogar mit dem Ohr an der Brust des Patienten hören kann. Andere Herzstörungen zeigen sich im EKG (Elektrokardiogramm).

Normalerweise schlägt das Herz pro Minute 65- bis 70-mal. Mit jedem Schlag pumpt es aus der linken Herzkammer rund 70 Milliliter (oder pro Minute rund fünf Liter) Blut durch den Kreislauf. Diese Herztätigkeit wird von übergeordneten Systemen, über Hormone oder Nervenreizstoffe, gesteuert.

Dabei sorgt das sympathische vegetative Nervensystem, z. B. unter dem Einfluss des Neurotransmitters Noradrenalin, für rascheren Herzschlag. Oder aber (wenn wir uns abends schlafen legen) das parasympathische Nervensystem leitet einen langsameren Herzschlag ein.

Durch sportliche Betätigung können wir die Aufnahmekapazität der Lunge auf vier Liter Luft pro Atemzug steigern.

Die Lunge

Die Lunge versorgt uns kontinuierlich mit Sauerstoff. Die Luft, die in unseren Körper eintritt, wird im Hals-, Nasen- und Rachenraum gefiltert, befeuchtet und erwärmt. Gleichzeitig werden in den Schleimhäuten Krankheitserreger abgetötet, die beim Einatmen aufgenommen wurden. Beim Einatmen wird der Lungenraum durch Muskeleinwirkung vergrößert und der Druck im Lungenraum gesenkt. Dadurch können große Mengen Luft durch die Nase und den Rachen in die Lunge eingesaugt werden.

Das Ausatmen hingegen ist ein passiver Vorgang, bei dem die Lungenmuskeln erschlaffen und sich die Lunge zusammenzieht, wobei automatisch Atemluft entweicht. Normalerweise werden bei jedem Atemvorgang etwa zehn Prozent des gesamten Lungen-Rachen-Volumens (ca. fünf Liter) mit frischer Luft gefüllt: Wir atmen also etwa einen halben Liter Luft ein. Wenn wir uns allerdings körperlich betätigen und Sport treiben, können wir sogar bis zu etwa vier Liter Luft pro Atemzug einatmen.

Sauerstofftransport durch Hämoglobin

Das Hämoglobin, der Blutfarbstoff in den roten Blutkörperchen, nimmt Sauerstoff in den mikroskopisch winzigen Bläschen der beiden Lungenflügel auf und gibt ihn überall dort im Körper ab, wo er benötigt

wird. Die Lungenbläschen (Alveolen) werden von einem fein verzweigten Gefäßnetz mit Blut versorgt. Hier kommt es zum Gasaustausch: Die Lungenbläschen nehmen aus dem dunklen venösen Blut Kohlendioxid auf und geben Sauerstoff ab. Durch diesen Vorgang wird das Blut hellrot. Männer haben etwa 400 Millionen Lungenbläschen, Frauen rund 320 Millionen.
Die Lungenbläschen bilden mit einem System feinster Kanälchen Lungenläppchen, aus denen sich der gesamte Lungenflügel zusammensetzt. (Jeder Lungenflügel ist vom anderen in seiner Funktion unabhängig, also ein für sich arbeitendes Organ, weshalb ein Mensch auch mit nur einem Lungenflügel leben kann.) Wir atmen etwa 16-mal in der Minute ein. Die Lungenfläche, die dabei jeweils am Gasaustausch beteiligt ist, ist etwa so groß wie die Hälfte eines Tennisplatzes, rund

In der Lunge findet der Austausch von Kohlendioxid und Sauerstoff statt. Ist dieser Prozess gestört, wird der gesamte Prozess der Energiegewinnung in den Zellen stark beeinträchtigt.

Nährstoffmangel – fatal für die Atmung

- Ein Mangel an Nährstoffen führt sehr schnell zur Ermüdung von Zwerchfell- und anderen Atemmuskeln, bis hin zum Muskelabbau. Dies kann sich verhängnisvoll auswirken, weil in der Folge der Gasaustausch (Kohlendioxid gegen Sauerstoff) nicht mehr optimal funktioniert.
- Betroffen von Atmungsproblemen sind häufig Menschen, die eine kalorienarme Diät mit nicht mehr als 1200 Kilokalorien pro Tag machen. Es fehlen sowohl Eiweiß für den Aufbau neuer Muskelzellen als auch Glukose (Kohlenhydrate) für die Gewinnung von Muskelenergie. Häufig ist dann auch das Immunsystem geschwächt, die weißen Blutkörperchen vernichten die Bakterien und andere Krankheitserreger im feuchtwarmen Milieu der Lungenläppchen nicht mehr ausreichend.
- Vitamin A bzw. seine Stoffwechselvorstufen, die Karotinoide, schützen die Lungenschleimhaut und bauen sie immer wieder neu. Enthalten sind Karotinoide in nennenswerten Mengen vor allem in dunkelgrünem, gelbem oder rotem Gemüse und Obst.

120 Quadratmeter. Gesteuert wird unsere Atmung vom Gehirn aus, das automatische Atmen vom Hirnstamm, das bewusste Atmen vom Kortex, der Hirnrinde.

Die Nieren

Die Nieren scheiden Flüssigkeit aus und regulieren den Wasser- und Salzhaushalt des Körpers. Jede der beiden Nieren ist rund zehn Zentimeter lang, sieben Zentimeter breit und bohnenförmig gebogen. Sie besteht aus etwa einer Million Nephronen, den Filtern für die Harnaufbereitung. Die Arbeitsleistung der Nieren ist enorm: Innerhalb von 24 Stunden wird unser Blut rund 550-mal durch die Nephronen gepresst, bis zu einer Tonne Blut gefiltert.

Unsere Nieren, die aus rund einer Million Nephronen bestehen, sorgen für die nötige Wasser- und Salzbalance in unserem Körper.

Jedes Nephron ist ein wurmförmig gewundenes, dünnes Filtergebilde; in die Länge gezogen wäre es etwa 35 Millimeter lang. Ein Großteil dieser von feinsten Blutgefäßen gespeisten Nephronen schließt sich eng an das Nierenbecken, in dem sich der Urin sammelt, bevor er an die Blase abgegeben wird. Sämtliche Moleküle und Ionen (Atome) im Blut müssen diesen Filterapparat passieren, dabei werden Stickstoffabfälle, Harnsäure und Giftstoffe herausgefiltert und anschließend ausgeschieden. Für den Stoffwechsel wichtige Substanzen – wie z. B. Natrium, Kalium, Vitamine oder Aminosäuren – werden zu 75 Prozent, Glukose zu 100 Prozent wieder an die Flüssigkeit zwischen den Millionen Nephronfiltern abgegeben und ins Blut zurückgeleitet.

»Intelligente« Filter

Die Nieren registrieren die Konzentration aller Biostoffe im Blut. Wenn z. B. zu viel Kalium, Chlor oder Natrium im Blut vorhanden ist, halten die Nieren diese Substanzen im Filterprozess nicht zurück und geben sie an den Urin anstatt ins Blut ab. Wenn sich zu wenig bestimmter Biostoffe im Blut befinden, kurbeln die Nieren deren Herausfilterung und damit die Abgabe ins Blut an. Auf diese Weise sorgen die Nieren für die so genannte physiologische Balance aller durch das Blut transportierten Stoffe. Eine besondere Rolle spielt dieser Vorgang auch für den pH-Wert des Bluts, also für die Feinabstimmung zwischen Säuren und Basen. Darüber hinaus produzieren unsere Nieren eine ganze Reihe von Hormonen für den Kalziumstoffwechsel oder die Herstellung roter Blutkörperchen im Knochenmark.

Für die Nieren unabdingbar – Eiweiß und Phosphate

- Pflanzliches Eiweiß (z. B. Sojaproteine, Tofu) wird von den Nieren besser verarbeitet als tierisches Eiweiß (wie beispielsweise Kasein in Milch, Käse). Zu viel Fleisch, Fisch und Geflügel kann den Nieren sogar schaden.
- Menschen, die zu wenig phosphorhaltige Kost zu sich nehmen – das Mineral ist vor allem in eiweißreicher Kost wie Fisch, Fleisch, Geflügel (von denen man aber trotzdem nicht übermäßig viel zu sich nehmen sollte), Eiern, Vollkornprodukten, Nüssen und Samen enthalten –, schränken eine der wichtigsten Funktionen der Nieren ein, denn Phosphatsalze sind, neben Ammoniak, die wichtigsten Säureträger im Urin. Wenn keine Phosphate zur Verfügung stehen, können die Nieren Säuren nur noch bedingt ausscheiden, was sich verhängnisvoll auf das Säure-Basen-Gleichgewicht im ganzen Körper auswirken kann.

Die Nieren scheiden überschüssige saure, also alkalische Substanzen aus und gewährleisten auf diese Art und Weise das für den Körper unabdingbare Säure-Basen-Gleichgewicht.

Hoher Nährstoffbedarf

Die Nieren zählen zu den Organen, die für ihre Arbeitsleistung mit am meisten Nährstoffe verbrauchen. Deshalb reduziert sich ihre Filtertätigkeit enorm bei Menschen, die Schlankheitskuren machen, bei denen zwar viel Wasser, Vitamine und Mineralstoffe, aber zu wenig Eiweiß und Kohlenhydrate aufgenommen werden. Abbau von Zwischenzellflüssigkeit, zu geringes Blutvolumen und gedrosselter Blutfluss durch die Nieren sind die Folge.

Die Leber

Die Leber ist eine große Drüse mit einem Gewicht von etwa 1500 Gramm. Sie besteht aus Millionen von Hepatozyten genannten Zellen und speichert Stärke und viele Vitamine (die fettlöslichen Vitamine A, D, E und K), die sie bei Bedarf an den Blutkreislauf abgibt. Ihre Hauptaufgabe sind Abbau und Ausscheidung von überflüssigen und schädlichen Stoffen. Dazu gehören Giftstoffe, die wir mit der Nahrung zu uns nehmen, ebenso Alkohol, Drogen und Wirkstoffe aus Medikamenten. Dadurch übernimmt die Leber eine zentrale Rolle bei der Entgiftung des Körpers. Weiterhin verarbeitet sie verdaute Fette und Eiweißstoffe, wobei zahlreiche Enzyme und Eiweißkörper hergestellt werden, z. B. Gerinnungsfaktoren. Außerdem bildet die Leber Gallenflüssigkeit, die im Darm den Verdauungsprozess unterstützt. Der Blutfarbstoff (Hämoglobin) abgestorbener roter Blutkörperchen wird in der Leber stufenweise zu Gallenfarbstoffen abgebaut. Diese Farbstoffe, das rote Bilirubin und das grüne Biliverdin, geben der Gallenflüssigkeit und dem Stuhl ihre Farben.

Die Leber ist unser größtes Organ. Sie regelt die Nährstoffkonzentrationen im Blut, stellt bestimmte Eiweißkörper und verschiedene Enzyme her.

Eine gesunde Leber leistet pro Tag etwa 320 Billiarden chemische Reaktionen. Ihr weit verzweigtes Blutgefäßsystem ist besonders reich an Kupffer-Sternzellen, die zum Immunsystem gehören, Blut filtern und verschiedene Krankheitserreger abtöten. Eine gesunde Kupffer-Sternzelle kann eine einzelne Bakterie innerhalb einer hundertstel Sekunde einfangen und unschädlich machen.

Heilpflanzen für die Leber

Mariendistel-, Löwenzahn- und Gelbwurzelprodukte sowie Artischocken sind reich an für die Leber sehr wertvollen Substanzen. Mariendistel enthält Silymarin, das sich aus drei Flavonoligninen zusammensetzt. Dieser Stoff hemmt die für bestimmte Leberschäden

Wer seine Leber stärken will, sollte häufiger Artischocken als Gemüse oder Rohkostsalat zu sich nehmen.

Die notwendigsten Nährstoffe für unsere Leber

Die Leber ist für ihre Arbeit und zu ihrem eigenen Schutz stark auf so genannte lipotrope Substanzen angewiesen – das sind Stoffe für die Aufbereitung und Verwertung von Fetten, die gleichzeitig das Organ selbst vor Verfettung schützen. Zu diesen Stoffen gehören vor allem die B-Vitamine Cholin und Inositol (in Lezithin, Bierhefe und Vollkornprodukten enthalten), Karnitin (reichlich in Muskelfleisch, speziell von Hammel und Lamm, vorkommend) und die Aminosäuren Methionin, Lysin und Glyzin (hauptsächlich in Leber, Fleisch, Fisch, Geflügel, Eiern, Sojaprodukten, Magerkäse, Samen und Hülsenfrüchten zu finden). Eine Fettleber kann Folge von Übergewicht, einseitiger kohlenhydratreicher Kost, aber auch von überhöhtem Alkoholkonsum sein. Stoffwechselkrankheiten wie Diabetes mellitus können ebenfalls zugrunde liegen; eine Ernährungsumstellung allein ist dann nicht ausreichend.

Mariendistel, Löwenzahn, Gelbwurzel und Artischocke enthalten Silymarin, das die Funktionstüchtigkeit der Leber hervorragend unterstützt.

verantwortlichen freien Radikale und Leukotriene und stimuliert die Neusynthese von Lebereiweiß. Im Abwehrkampf gegen leberschädigende freie Radikale ist Silymarin viel stärker als etwa Vitamin E. Es erhöht auch die Konzentration von Glutathion in der Leber, einem wichtigen Schutzstoff, der durch die Einwirkung von Alkohol und andere Giftstoffe zerstört werden kann.

Die für die Leber schädlichen Leukotriene entstehen beim Transfer von Sauerstoff zu ungesättigten Fettsäuren in den Leberzellen. Mariendistel zerstört das Enzym, das diese chemische Reaktion einleitet. Löwenzahn verbessert den Gallenfluss und hemmt Entzündungen in Leber und Gallenblase. Gelbwurzel senkt die Cholesterinwerte und entlastet somit die Leber. Die in Artischockenblättern enthaltenen Kaffeoylchinasäuren reduzieren die Blutfette und erhöhen die Transportgeschwindigkeit von Galle zur Gallenblase, ein für die Gesundheit der Leber sehr wichtiger Vorgang.

Das Wichtigste über unsere inneren Organe

Die verschiedenen inneren Organe erfüllen zwar unterschiedlichste Aufgaben, sind aber alle eng miteinander vernetzt. Zu ihrer Bewältigung sind unsere Organe auf saubere Roh- und Biostoffe angewiesen. Schad- und Giftstoffe sowie zu hohe oder zu niedrige Nährstoffwerte können sehr schaden. Gleichzeitig müssen unsere Organe durch das Immunsystem vor Krankheitserregern und Giftstoffen aller Art geschützt werden. Schließlich bedürfen sie kontinuierlich einer ausgewogenen Versorgung mit Vitaminen, Mineralien, Spurenelementen, Eiweiß, Glukose und besonders hochwertigen Fettsäuren.

Unser Gehirn, das aus rund 100 Milliarden Neuronen und etwa einer Billion Gliafasern und -zellen besteht, beansprucht 25 Prozent unseres gesamten Nährstoffbedarfs.

Das Gehirn und das Nervensystem

Unser Gehirn besteht aus etwa 100 Milliarden Neuronen und rund einer Billion so genannter Gliafasern und -zellen, die in seine Stützsubstanz eingebettet sind. Im Gegensatz zu anderen Körperzellen, beispielsweise des Herzes oder der Muskeln, ähneln oder gleichen sich diese Zellen nicht, sondern haben je nach Hirnregion ein ganz anderes Aussehen, eine unterschiedliche chemische Zusammensetzung und verschiedene Aufgaben. Die Fähigkeit, zu lernen und Sinneswahrnehmungen im Gedächtnis zu speichern, macht unser Gehirn zu einem ganz außergewöhnlichen Organ. Es ist zwischen 1254 Gramm (bei Frauen) und 1375 Gramm (bei Männern) schwer, besteht zu einem großen Teil aus Fettgewebe und beansprucht rund 25 Prozent unseres gesamten Nährstoffbedarfs. Versorgt wird es vorwiegend aus der Hirnflüssigkeit, die seine Gewebespalten ausfüllt. Diese Flüssigkeit transportiert nicht nur Biostoffe und Sauerstoff, sondern sie nimmt auch Kohlendioxid und Abfallprodukte auf, um sie über das Blut zur Ausscheidung an die entsprechenden Organe abzugeben. Der Über-

gang der Substanzen vom Blut in die Gehirnzellen, die so genannte Blut-Hirn-Schranke, ist unvergleichlich komplex strukturiert. Hier grenzt der somatische (körperliche) Teil des Menschen an den mentalen Bereich. Nährstoffe aus dem Verdauungstrakt und dem Blut werden, kaum dass sie aus dem Blut ins Gehirn gelangt sind, zu Trägern mentaler Vorgänge und Veränderungen. Deshalb ist eine gesunde Ernährung auch im Hinblick auf das Denken, auf Merkfähigkeit, Empfindungen und Stimmungslage von entscheidender Bedeutung.
Das Gehirn ist dem übrigen Organismus gegenüber gut abgeschirmt. Die Zellen der Wände der winzigen Hirnkapillaren (Blutgefäße) sind undurchlässig miteinander verschweißt, mit nur äußerst feinen Übergängen. Große Schwankungen in der Konzentration von Eiweiß, Mineralien und anderen Nährstoffen wie im Blut sind deshalb im Gehirn kaum möglich. Weil das Gehirn sehr viele Fettsubstanzen braucht, können fettlösliche Stoffe, wie z. B. auch Alkohol oder Nikotin, die Blut-Hirn-Schranke besonders leicht passieren. Daraus erklärt sich auch die rasche Wirkung dieser Genussgifte auf unser Gehirn. Das Gehirn bildet eine Einheit mit Rückenmark und Nervensystem.

Die Blut-Hirn-Schranke markiert den Übergang des somatischen Bereichs in den mentalen. Nährstoffe aus dem Verdaungstrakt und dem Blut werden beim Übertritt ins Gehirn zu Trägern geistiger Vorgänge und emotionaler Regungen.

Herzstück unserer Gefühle

Was die Menschen von den Tieren unterscheidet, ist die Einzigartigkeit des Zwischenhirns bzw. des so genannten limbischen Systems – das Herzstück unserer Gefühle, Ängste, Sehnsüchte und Empfindungen. Es ist das Zentrum der Hormone, Nervenpeptide und Neurotransmitter (Nervenreizstoffe). Der Hauptteil des Zwischenhirns wird vom so genannten Sehhügel, dem Thalamus, gebildet. Darunter liegt der Hypothalamus, die Steuerungszentrale des vegetativen, nicht willentlich steuerbaren Nervensystems.
Wenn wir uns verlieben, uns beim Anblick eines kleinen Kindes freuen, oder wenn uns irgendeine Wahrnehmung Angst einjagt, vollzieht sich dieser Prozess der Verbindung von neutralen Informationen und Erfahrungen mit Gefühlen rund um den Hypothalamus.

Die Entwicklung des menschlichen Gehirns

Wenn ein Baby auf die Welt kommt, ist sein Gehirn bereits fertig ausgebildet. Es besitzt alle Gehirnzellen (Neuronen) – bis zu 100 Milliarden – und hat ein Viertel seines späteren Ausmaßes erreicht. Die einzelnen

Gehirnzellen sind fein vernetzt mit sensiblen Fortsätzen, den Axonen, Dendriten und Neuriten. Nach der Geburt werden keine weiteren Neuronen mehr gebildet, sie gehen stattdessen mit den Schritt für Schritt gemachten Erfahrungen und den kontinuierlichen Lernprozessen vom ersten Lebenstag an immer wieder neue Verbindungen im Gehirn ein. Vom Augenblick seiner Geburt an verkümmert das Gehirn eines Babys also rasch, wenn es nicht beansprucht wird. Ein erst eine Stunde alter Säugling ist bereits höchst neugierig, er öffnet sich dem Leben in gespannter Erwartung. Jede Berührung, der feinste Duft oder Geruch, jede Stimme, jeder Klang, jeder Geschmack reizt – und trainiert – sein Gehirn in hohem Maß. Deshalb ist es sehr wichtig, dass sich die Eltern bereits in den ersten Stunden und Tagen nach der Geburt viel mit ihrem Kind beschäftigen. Das gewaltige Potenzial des kleinen Gehirns muss gefordert werden, damit die unendlich zahlreichen Nervenfortsätze nicht absterben. Dabei geht es nicht nur um den Aufbau des Intellekts, sondern auch um Empfindungen, Stimmungslage, Urteils- und Liebesfähigkeit. Selbst ein nur eine Woche altes Baby registriert genau, ob es allein gelassen wird.

Das Gehirn eines Säuglings benötigt visuelle, akustische und emotionale Reize, damit die Verbindungen zwischen den Gehirnzellen nicht unwiederbringlich absterben.

Schutz für empfindliche Zellen

Gehirn- und Nervenzellen sind sehr empfindlich und haben deshalb eine besonders gut ausgeprägte Schutzschicht, auch Membran oder Myelinschicht genannt. Diese Schicht besteht zur Hälfte aus Cholesterin bzw. aus so genannten Sphingomyelinen und anderen Phosphor- und Fettsubstanzen. Entscheidend für die Gesundheit unserer Gehirn- und Nervenzellen ist in erster Linie ihre so genannte Viskosität, d. h. der Flüssigkeitsgrad der Myelinschicht. Wenn das Cholesterin in dieser Membran nicht dünnflüssig gehalten wird, wird es ranzig, verdickt und bildet zusammen mit abgeschilfertem Eiweiß Verklebungen und Verkrustungen. Die Folge: Bestimmte Nährstoffe wie Vitamine oder auch Enzyme finden ihre Landeplätze (die Rezeptoren) nicht mehr; an den Synapsen, den Verbindungsstellen der Zellen untereinander, findet keine Übertragung mehr statt. In bestimmten Hirnregionen, z. B. in den cholinergen Fasern, kann Eiweiß- und Cholesterinmüll große verkrustete Kolonien bilden, die so genannten Amyloide. Dies ist dann der Beginn einer krankhaften Demenz, eines Gehirnabbaus, wie z. B. der Alzheimerkrankheit.

Die notwendigsten Nährstoffe für unser Gehirn

Um die Aktivität der Gehirnzellen zu gewährleisten, sollten wir Nahrungsmittel zu uns nehmen, die Cholesterin transportfähig und dünnflüssig halten. Dazu zählen die B-Vitamine Cholin und Inositol (in Lezithin, Bierhefe und Getreide), Omega-3-Fettsäuren (in Fisch oder Lebertran) und generell alle wertvollen ungesättigten Fettsäuren (in kaltgepressten Pflanzenölen, Nüssen, Samen oder Kernen).

In der Schutzschicht unserer Gehirnzellen, der Myelinschicht, werden die Nährstoffe aufgenommen und auch die Gedanken weitergeleitet.

Optimale Hirn- und Nervennahrung

Wenn wir unser Gehirn und unser Nervensystem optimal leistungsfähig halten wollen, müssen die Zellen gesund erhalten werden. Sie sind auf Glukose zur Energiegewinnung angewiesen und brauchen Rohstoffe für die Produktion von Hormonen wie Noradrenalin und Beta-Endorphin, die zu positiver Stimmung verhelfen.

Dass man »Glück essen« kann, ist seit Beginn der neunziger Jahre des 20. Jahrhunderts wissenschaftlich belegt. »Kaum zu glauben, wie eine einzige Mahlzeit die mentale Stimmung eines Menschen beeinflussen kann«, sagt beispielsweise Dr. Bonnie Spring vom Massachusetts Institute of Technology (USA). Der unmittelbare Einfluss einer Mahlzeit lässt sich nicht nur anhand der Gehirnwellen, sondern auch an anderen Reaktionen der Gehirn- und Nervenzellen nachweisen.

Damit wir ruhig und entspannt sind, muss nicht nur die Schutzschicht der Gehirn- und Nervenzellen ölig-feucht bleiben; auch die Leitfähigkeit der Neuronen spielt eine Rolle, weil sich die nervös-elektrische Reizstauung beim Entspannen auf möglichst viele Nerven verteilen sollte. Diese Reizübertragung vollzieht sich in den so genannten Synapsen zwischen den Gehirn- und Nervenzellen über wassergefüllte Kanälchen. Positiv bzw. negativ geladene Kalziumionen sorgen hier für den Signalsprung von Zelle zu Zelle. Kalziummangel im Blut führt deshalb zwangsläufig auch zu Unruhe und Nervosität. »Kalzium ist das beste natürliche Beruhigungsmittel, das es gibt«, erklären Biochemiker. Und sie verweisen dabei auf Beobachtungen von Biologen aus der Tier-

Geistige Arbeit verbraucht viel Energie. Deshalb muss immer reichlich Glukose vorhanden sein, wenn die Leistungskraft erhalten bleiben soll.

welt: Wenn z. B. Rehe, Hasen oder andere Tiere eine massive Stressphase hinter sich haben (weil sie z. B. gehetzt wurden), suchen sie instinktiv nach Kräutern wie Dill, Majoran, Salbei oder Thymian, die etwa zu zweieinhalb Prozent aus Kalzium bestehen. Mit 100 Gramm kalziumreichem Magerkäse pro Tag können auch wir Menschen unsere Nerven enorm beruhigen.

Wir können Glück essen: Eine einzige Mahlzeit kann die Stimmung eines Menschen verändern, wie Messungen der Gehirnwellen und Reaktionen der Nervenzellen bewiesen haben.

Auf den Glukosespiegel achten

Gehirn- und Nervenzellen brauchen – weil sie ununterbrochen aktiv sind – außerdem besonders viel Energie. Im Gegensatz zu anderen Körperzellen, die auch mit Fett oder Eiweiß »geheizt« werden können, verbrennen die Gehirn- und Nervenzellen im Energiegewinnungsprozess nur Glukose, die rasch »entfachbar« ist. Deshalb muss der Glukosespiegel, also der Blutzuckerspiegel, stets auf einem hohen und gleichbleibenden Niveau von rund 100 Milligramm Glukose pro Deziliter Blut gehalten werden. Wenn dieser Wert auf 60 bis 70 absinkt, werden wir nervös und gereizt. Wenn er auf 40 bis 50 fällt, wird man häufig agressiv, bei Werten unter 40 kommt es zu schweren nervösen Störungen. Es handelt sich um die hinlänglich bekannten Symptome, bei denen man »am liebsten an die Decke springen« möchte.

In der wissenschaftlichen Fachsprache wird der Zustand eines zu niedrigen Blutzuckerspiegels Hypoglykämie genannt. Wenn Menschen nervös, verzagt, ständig gereizt sind, oft zu Süßem (oder auch zu Alkohol) greifen, ist ihr Glukosespiegel fast immer zu niedrig. Erkannt wird dies fast nie, weil der Blutzuckerspiegel nur selten in der Klinik über längere Zeit beobachtet wird. Hypoglykämie ist eine typische Wohlstandskrankheit.

Damit unser Brennstoffpegel möglichst gleich bleibt und auf diese Weise unsere Gemütslage stabilisiert wird, benötigen wir ausreichend Glykogenreserven in Leber, Blut und Muskeln.

Komplexe Kohlenhydrate bevorzugen

Bereits die Anhebung des Glukosespiegels um zehn Punkte geht bei vielen Menschen mit einer spürbar frischeren mentalen Verfassung einher. Dies geschieht über Kohlenhydrate, wobei es jedoch auf die Zufuhr der richtigen ankommt. Wenn man zu viel schnelllösliche Kohlenhydrate zu sich nimmt (wie Zucker, Süßigkeiten, Nudeln, polierter Reis, Weißbrot), steigt der Glukosespiegel zwar zunächst an, da dies aber mit sehr hoher Geschwindigkeit geschieht, schüttet die Bauchspeicheldrüse in einer Gegenreaktion ihr Hormon Insulin aus, das die überschüssige Glukose in die Körperzellen transportiert. Die Folge: Der Blutzuckerspiegel im Blut sinkt innerhalb von einer halben Stunde stark ab – meist auf einen tieferen Wert als vorher.

Um den Blutzuckerspiegel auf eine optimale Höhe zu bringen, sollten wir viel komplexe Kohlenhydrate zu uns nehmen, wie sie in Vollkornprodukten, Obst, Salat, Gemüse oder Kartoffeln vorkommen. Die in diesen Nahrungsmitteln enthaltene Glukose muss von den Verdauungsenzymen erst freigesetzt werden. Dies hat den Vorteil, dass nicht alle Glukosemoleküle auf einmal durch die Darmwand ins Blut gelangen, sondern es zu einem stetigen Zustrom von Glukose ins Blut kommt. Gehirn- und Nervenzellen werden dann kontinuierlich bestens mit Energie versorgt – wir können uns länger konzentrieren und fühlen uns gut gelaunt. Wer sich auf geistige Aktivitäten vorbereitet, sollte dies stets bedenken.

Damit der Brennstoffpegel in unserem Körper möglichst konstant bleibt, gibt es auch Glukosespeicher in Leber, Blut und Muskeln, die aus dem so genannten Glykogen gebildet werden: Männer können rund 400 Gramm speichern, Frauen rund 300 Gramm, jeweils etwa einen halben Tagesbedarf. Da unser Frühstück aber häufig so dürftig ausfällt, ist diese Reserve meist schon am späten Vormittag verbraucht – wir werden unruhig, nervöse Stimmung befällt uns dann. Frauen werden schneller nervös und gereizt als Männer, weil sie über weniger Glykogenvorräte verfügen.

Erzeugen gute Stimmung

Das Hormon Noradrenalin entsteht aus dem Eiweißstoff Phenylalanin unter Mithilfe von Vitaminen und Mineralstoffen.

Euphorie, Optimismus oder eine ganz allgemein angenehme Stimmung werden im Gehirn und Nervensystem auf eine besondere Weise erzeugt, durch bestimmte Botenstoffe (Neurotransmitter) und Hormone wie Adrenalin und Noradrenalin. Versetzt uns beispielsweise ein Anblick in Begeisterung oder jagt uns einen Schrecken ein, werden die optischen Signale in biochemische Vorgänge umgesetzt. Winzige Eiweißkörper, Nervenpeptide genannt, veranlassen dann beispielsweise die Nebennierenrinde zur Ausschüttung von stimulierenden Hormonen. Etwa 400 Hormone und 1000 unterschiedliche Peptide steuern die Gefühlschemie des Organismus.

Die notwendigsten Nährstoffe für unsere Nerven

Aus der Aminosäure Phenylalanin wird im Nebennierenmark innerhalb von Zehntelsekunden der Botenstoff des anregenden (sympathischen) Nervensystems gebildet, und zwar (unter Mithilfe von Vitamin C, Vitamin B6, Mangan und Magnesium) in verschiedenen Stoffwechselstufen: Aus Phenylalanin entsteht über Tyrosin der Neurotransmitter Dopamin, der uns in eine erregte Stimmungslage versetzt. Daraus wird schließlich Noradrenalin synthetisiert, das die positive Stimmungslage weiter steigert. Damit unsere Nerven entspannt und gut mit Energie versorgt werden, brauchen wir Vitamin C und B, Mineralstoffe sowie Glukose. Um unsere Laune zu steigern, benötigen wir weiterhin vor allem eine eiweißreiche Kost. Denn Aminosäuren sind die Grundbausteine des Noradrenalins. Essen Sie kontinuierlich viel Obst (Vitamin C), Naturreis und Getreide (Vitamin B6, Mangan) sowie grünes Blattgemüse bzw. -salat (Magnesium).

Das Wichtigste über unser Gehirn und unsere Nerven

Gehirn und Nerven bilden die zentrale Steuereinheit unseres Körpers, sowohl bei allen bewusst vorgenommenen Handlungen als auch bei nicht willentlich gesteuerten, automatischen bzw. vegetativen Vorgängen. Das Gehirn verbraucht bis zu 25 Prozent aller Nährstoffe, die der Körper aufnimmt, und wird über das feine System der Blut-Hirn-Schranke versorgt. Im Zwischenhirn oder limbischen System entsteht die individuelle Welt unserer Gefühle und unseres Denkens. Ein wichtiger Biostoff für Gehirn- und Nervenzellen ist das Cholesterin, genauer das B-Vitamin Cholin, das den Fettstoff Cholesterin erst verwertbar macht. Aus Cholin wird auch in den so genannten cholinergen Fasern der Neurotransmitter Azetylcholin hergestellt, der für die nötige Cholesterinkonzentration sorgt. Glukose (kleinste Einheit der Kohlenhydrate) ist die einzige Energienahrung, die von Gehirn- und Nervenzellen angenommen wird. Das Hormon Noradrenalin entsteht in diesen Zellen. Es verlängert im Organismus die Lebensdauer des Euphoriepeptids Beta-Endorphin. Wer sich schnell und lange über irgendetwas freuen kann, hat eine hohe körpereigene Produktion dieser beiden Substanzen. Neben Cholin (und einem weiteren B-Vitamin, dem Inositol) wirkt Kalzium in natürlicher Weise beruhigend und ausgleichend auf unser Gehirn und unsere Nervenzellen.

Das Gehirn verbraucht rund ein Viertel aller Nährstoffe, die der Körper aufnimmt, für seine Arbeit. Auch geistige Leistungsfähigkeit benötigt also eine gesunde Ernährung.

Die Körperzellen

Wir haben etwa 70 Billionen Körperzellen, jede einzelne besteht aus rund einer halben Million Einzelteilen. Manche glauben, je größer ein Mensch oder ein Tier ist, desto größere Zellen habe er bzw. es auch. Dabei sind die einzelnen Zellen eines Elefanten, eines Maulwurfs, eines Menschen oder auch eines Baumes nahezu gleich groß. Entscheidend für die Größe eines Organismus ist hauptsächlich die Anzahl der Zellen. Eine Maus z. B. besteht aus »nur« rund 100 Milliarden Zellen. Es gibt allerdings auch extrem große und extrem kleine Zellen im Tierreich. Das Eigelb im Straußenei hat einen Durchmesser von drei Zentimeter und ist die größte lebende Eizelle, die es gibt. Die Zellen von Bakterien sind hingegen winzig klein: Wenn man zwei Millionen davon aufeinandertürmt, erreichen sie gerade mal eine Höhe von etwa einem Millimeter.

Der menschliche Körper besteht aus rund 100 verschiedenen Zelltypen. 1000 aneinander gereihte Zellen durchschnittlicher Größe überspannen etwa einen Fingernagel. Die Zellen sind deshalb derart klein, da sie eine vergleichsweise große Oberfläche brauchen, um den Austausch von Nähr- und Abfallstoffen sowie Gasen zu gewährleisten.

Die äußerste Schicht der Körperzellen ist ölig-flüssig. Hier befinden sich auch die Rezeptoren, an die sich Hormone, Enzyme und Nährstoffe anbinden.

Der Aufbau der Körperzellen

Die Zellen der verschiedenen Gewebe und Organe des menschlichen Organismus unterscheiden sich in Bezug auf Form, Funktion und Aufbau, wodurch eine Arbeitsteilung durch Spezialisierung auf bestimmte Stoffwechselfunktionen ermöglicht wird. Beispielsweise sind die Erythrozyten (rote Blutkörperchen) für den Sauerstofftransport verantwortlich, die Nervenzellen für die Reizleitung, Muskelzellen sind auf Kontraktion spezialisiert und drüsige Organe auf Sekretbildung, die Verdauungsorgane erfüllen ebenfalls vielfältige, wiederum unterschiedliche Aufgaben.

Trotz der Vielgestaltigkeit der Zellen lassen sich bestimmte allgemeine Strukturmerkmale erkennen. Charakteristisch ist vor allem die Unterteilung der Zelle in subzelluläre Struktureinheiten (Kern, Mitochondrien etc.) und einzelne Räume, die ganz verschiedene Funktionen erfüllen. Auf diese Weise können in derselben Zelle verschiedene Vorgänge gleichzeitig und unabhängig voneinander ablaufen.

Die Zellmembran oder äußerste Schicht der Körperzellen ist (im Gegensatz zur Außenschicht von Pflanzenzellen) nicht fest, sondern ölig-flüssig. Hier befinden sich die »Landeplätze« der Hormone, Enzyme und Nährstoffe, von denen aus sie über ein unendlich feines und weit verzweigtes Kanalsystem ins Zellinnere gelangen.

Die Zellmembran schmiegt sich eng an die Blutkapillaren (kleinste Gefäße) an, über die die Zelle versorgt wird. In dieser Schicht findet auch ein Teil des Abwehrprozesses gegen aggressive Mikroorganismen (Bakterien, Viren, Pilze, freie Radikale usw.) durch Schutzmoleküle des Immunsystems statt.

Unter der Membranschicht liegt das so genannte Zytoplasma. Es ist wässrig und macht den größten Teil der Zelle aus. In ihm schwimmen die festen Zellbestandteile, die Organellen. Sie haben die Form winziger Kügelchen, Säckchen oder Röhrchen. Die am häufigsten vorkommenden Organellen sind die Ribosomen, die beim Eiweißstoffwechsel der Zelle eine zentrale Rolle spielen, vor allem beim Bau und der Regeneration des Zellkerns sowie bei der zellinternen Herstellung von Hormonen oder Enzymen. In einer einzelnen Zelle sind Zehntausende solcher Ribosomen enthalten. Sie werden durch eine netzartige Struktur, das endoplasmatische Retikulum, miteinander verbunden.

Sehr tief im Inneren der Zelle, nahe am Kern, liegt der Golgi-Apparat, der alle »reisenden« Moleküle empfängt, registriert und weiter verschickt. Der Zellkern enthält die Chromosomen, die unsere gesamten Erbinformationen tragen.

Im wässrigen Zytoplasma unter der Membranschicht finden sich feste Bestandteile der Zelle, z. B. die Ribosomen, die beim Eiweißstoffwechsel äußerst aktiv sind.

Gut ernährte Zellen bleiben länger jung

Nur gut ernährte Körperzellen sind gesund. Präziser ausgedrückt müsste man allerdings nicht von Krankheiten, sondern von »alten« und »jungen« Körperzellen sprechen – je nach dem Zustand ihrer Nährstoffversorgung und ihres Immunschutzes. Über die Zufuhr gesunder Kost bzw. über die Aufnahme bestimmter Nährstoffe kann man die Zellen und damit sich selbst verjüngen. Entscheidend ist dabei, die Regenerationsfähigkeit zerstörter Zellkerne, z. B. durch den Einbau neuer Nukleinsäuren (spezielle Eiweißstoffe), zu nutzen.

Diese Fähigkeit unterscheidet uns von den meisten Tieren, deren Organismus, wie beispielsweise bei Hunden oder Katzen, nur bedingt in der Lage ist, Zellkerne zu »reparieren«. Aus diesem Grund leben wir Menschen länger als die meisten Tiere fast aller Arten. Allerdings: Tiere in der freien Natur ernähren sich stets physiologisch richtig und fressen nur das, was sie brauchen; ihre Nahrung ist immer den natürlichen Bedürfnissen entsprechend. Tiere haben deshalb ihr Leben lang kerngesunde Körperzellen, kontinuierlich das gleiche Gewicht, die gleiche Herzschlagart, den gleichen Energieumsatz und das gleiche Fell, Feder- oder Schuppenkleid.

Auch wir könnten viel länger jung bleiben und jugendlich aussehen oder uns sogar beträchtlich verjüngen. Dieser Verjüngungsprozess beginnt in der einzelnen Körperzelle, wobei den Lysosomen in der Zelle eine entscheidende Bedeutung zukommt. Sie sind mit Enzymen angefüllt, die die von außen aufgenommenen Nährstoffe und auch zelleigene Bausteine verwerten. Sie werden als Ort der intrazellulären Verdauung bezeichnet.

Durch die Zufuhr vieler Nährstoffe haben wir die Möglichkeit, den in der einzelnen Körperzelle beginnenden Verjüngungsprozess zu steuern. Eine herausragende Rolle spielen dabei die enzymreichen Lysosomen.

Altern der Haut- und Gehirnzellen

Ihnen ist sicherlich schon einmal der Begriff »Altersflecken« begegnet. Diese braunen Flecken – Lipofuszine genannt – treten meist zuerst auf den Handrücken auf. Sie sind Ablagerungen unverdaubarer Fett- und Eiweißstoffe. Lipofuszine können auch – was der Jugend unserer Körperzellen noch abträglicher ist – in den Körperzellen der inneren Organe und in den Gehirnzellen vorkommen. Sie entstehen durch nährstoffarme Kost. Die Lysosomen in unseren Zellen enthalten dann zu wenige Enzyme und können Fettstoffe und Proteine nicht mehr im benötigten Maß verwerten bzw. abbauen. Auf diese Weise häufen sich immer mehr alt machende Lipofuszine in den Zellen an. Beim natürlichen Altern ist dies zwar ein ganz normaler Vorgang – die Herzmuskelzellen eines 80-Jährigen bestehen bis zu zehn Prozent aus solchen Lipofuszinen. Dennoch haben viele sehr junge Menschen krankhaft hohe Konzentrationen von Lipofuszinen in den Zellen. Die Folgen sind eine Mangelversorgung des Zellkerns und schließlich sogar das Absterben der ganzen Körperzelle.

In den Brennkammern der Zellen

Was sich in den Mitochondrien, den energieerzeugenden Brennkammern der Zellen, abspielt, ist besonders interessant. Denn hier entsteht in jeder hunderttausendstel Sekunde Leben neu.

Die Mitochondrien sind die größten Partikel im Zytoplasma, kugel- oder halbmondförmige Gebilde. Sie haben eine eigene Doppelmembran, durch die ihnen Sauerstoff und energieerzeugende Moleküle zugeführt werden, so genannte Adenosintriphosphate (kurz ATP genannt). Die Zwischensilbe »tri« bedeutet, dass es sich um ein Molekül mit drei Phosphoratomen handelt. Einzigartig ist dieses Molekül deshalb, weil sich diese drei Phosphoratome auf eine ganz spezielle

Die notwendigsten Nährstoffe für unsere Körperzellen

- Entscheidend für den Abwehrschutz der Körperzellen sind vor allem hohe Gewebekonzentrationen von Karotinoiden und Lykopin (Vorstufen von Vitamin A). Menschen, die abends älter aussehen als morgens, haben oft 20-mal niedrigere Karotinoidwerte in den Zellmembranen als jugendlich aussehende Menschen. Das beste Mittel, um die Abwehrkräfte der Zellen zu steigern, ist mit etwas Pflanzenöl abgekochter Tomatensaft. Dabei werden besonders viele Karotinoid- und Lykopinmoleküle freigesetzt.
- Vitamin E (in kaltgepressten Pflanzenölen, Samen, Keimen, Eigelb) schützt die ungesättigten Fettsäuren, die die Zellmembran ölig-feucht halten, vor Oxidation durch freie Radikale. Vitamin C (in frischem Obst) zerstört freie Radikale und baut verbrauchte Vitamin-E-Moleküle wieder auf. Ideal: 1 Zitrone essen oder deren Saft trinken und danach 3 Minuten lang eine gymnastische Übung machen, die einen ins Schwitzen bringt. Das pumpt die Körperzellen mit Vitamin-C-Molekülen voll. Wichtig ist in diesem Zusammenhang auch das Spurenelement Selen. Als zentraler Bestandteil eines bestimmten Immunmoleküls ist es der ärgste Widersacher freier Radikale. Selen ist vorwiegend in Vollkornprodukten, aber auch in Bierhefe und Knoblauch enthalten.
- Weil der Zellkern hauptsächlich aus Nukleinsäuren besteht, sollten wir auf eine ausreichende Zufuhr solcher Säuren achten. Sie werden mit Hilfe von Magnesium (in dunkelgrünem Blattgemüse und -salat) während des Verdauungsprozesses im Darm gewonnen und ins Blut weitergeleitet. Enthalten sind Nukleinsäuren (bzw. ihre kleinen Bausteine, die Nukleotide) in allen jungen Pflanzen wie Hülsenfrüchten, Keimlingen, jungem Salat und Gemüse, im vollen Getreidekorn, in Naturreis, Samen, Nüssen sowie Kernen.

Vitamine, Eiweiße und Fette im ausgewogenen Verhältnis halten unsere Körperzellen jung und elastisch.

Weise aneinander binden. Um sich dies besser vorstellen zu können, lässt sich ein Vergleich zu drei mit Helium gefüllten Luftballons ziehen, die durch feine Gummibänder verbunden sind und mit Macht auseinander streben. Die Gummibänder dehnen sich dabei immer mehr. Werden sie durchgetrennt, schnellen die Ballons kraftvoll auseinander. Das Geheimnis ihrer Energie liegt also hauptsächlich in dieser Gummiverbindung. Sie ist nichts anderes als gespeicherte Energie.

Wenn wir z.B. unseren kleinen Finger krümmen, driften in den Zellen des Fingers energiegeladene ATP-Moleküle auseinander und geben dabei ihre Energie ab. Die frei gewordenen Phosphoratome werden dann sofort wieder eingefangen und an neue »Gummibänder« gebunden, d.h., die Mitochondrien der Körperzellen werden wieder mit neuer Energie aufgeladen. Den »Treibstoff« für diesen Vorgang liefern Sauerstoff und Glukose bzw. Fettsubstanzen, die vorher im Zytoplasma der Zelle zerlegt werden. Bei entsprechender Belastung bzw. Anforderung kann eine Muskelzelle von einer zehntausendstel Sekunde auf die andere ihre Energieproduktion um das 300fache steigern.

Die Mitochondrien, die energieerzeugenden Brennkammern der Zellen, dienen dem Stoffwechsel. Den Treibstoff liefern ihnen Sauerstoff und die ATP-Moleküle.

Schutz vor freien Radikalen

Die Millionen frei werdenden Atome und Elektronen sausen im labyrinthischen Faltensystem der Mitochondrien mit Lichtgeschwindigkeit durcheinander und erzeugen einen scheinbar unkontrollierbaren Prozess. Dennoch erfolgt die Energiegewinnung nach einem regelmäßig ablaufenden Schema, solange die Körperzelle gegen aggressive Substanzen geschützt bleibt. Vor allem freien Radikale können in den Mitochondrien zerstörerisch wirken.

Freie Radikale haben ein ungesättigtes Elektronenpaar. Dadurch sind sie ständig in Bewegung, denn ruhig verhalten sich nur Moleküle mit vollständigen Elektronenpaaren, die um den Atomkern kreisen. Deshalb entreißen freie Radikale anderen Molekülen ein Elektron, um sich zu vervollständigen. Das beschädigte Teilchen benötigt nun ebenfalls ein Elektron – und so setzt sich die Kettenreaktion quer durch die Mitochondrien und schließlich durch die ganze Zelle fort.

Wenn man bedenkt, dass jede unserer Körperzellen pro Tag rund 10000-mal von freien Radikalen angegriffen wird, kann man sich das Ausmaß des Gesamtschadens vorstellen, wenn wir unsere Zellen nicht wirkungsvoll schützen.

Das Wichtigste über unsere Körperzellen

Jede einzelne Körperzelle besteht aus mindestens einer halben Million Einzelteilen und befindet sich in einem permanenten Prozess von Aufbau, Abbau und Umbau, wozu Energie benötigt wird. Allen Lebensäußerungen und Stoffwechselvorgängen liegen dabei komplexe biochemische Reaktionen zugrunde. Körperzellen sind winzig: Etwa 1000 von ihnen überspannen aneinander gereiht gerade die Fläche eines Daumennagels. Versorgt werden sie durch einen hauchdünnen Übergang zwischen feinsten Blutkapillaren und der äußeren Zellschutzschicht. Wie eine große, betriebsame Stadt besteht jede Zelle aus unterschiedlichsten Elementen, die jeweils spezifische Funktionen erfüllen: Schutz, Enzymherstellung, Nährstoffverwertung, Energiegewinnung u. v. m. In der äußersten Zellmembran befinden sich Rezeptoren (Landeplätze für Hormone und Biostoffe), Enzyme, Trägerproteine und Immunkörper, die einen Teil der eindringenden Bakterien, Viren und Schadstoffe unschädlich machen. Das Zellinnere besteht aus festen und flüssigen Bestandteilen. Außen sind alle Zellen von extrazellulärer Flüssigkeit umgeben, die Glukose, Eiweißbestandteile, Hormone und salzige Ionen (Atomteilchen) enthält. Je nach Nährstoffbedarf wechseln Biostoffe und Sauerstoff zwischen innerer und äußerer Zellflüssigkeit. Unsere Körperzellen werden täglich rund 10000-mal von aggressiven freien Radikalen angegriffen und müssen deshalb durch Immunstoffe geschützt werden. Eine ausreichende Zufuhr von Vitaminen (insbesondere Vitamin C und E) ist deshalb unabdingbar. Wenn wir unsere Nahrung zusätzlich mit Nukleotiden (bestimmten Eiweißstoffen) anreichern, können wir entscheidend dazu beitragen, dass sich unsere Zellkerne regenerieren. Dadurch verjüngen wir Körper und Psyche nachhaltig.

Jede unserer Körperzellen wird täglich rund 10000-mal von freien Radikalen angegriffen, so dass ein funktionierendes Schutzsystem unabdingbar ist.

Unser Stoffwechsel

Nährstoffe, Enzyme, Hormone, Peptide

Ein gesunder Körper benötigt eine Vielzahl von Nährstoffen – Vitamine, Mineralstoffe und Spurenelemente, Kohlenhydrate, Fette und Eiweiße –, Wasser und Sauerstoff. Denn der Körper hat rund um die Uhr viel zu leisten: Die Organe müssen reibungslos funktionieren, um ihre zahlreichen Aufgaben zu bewältigen, die Körperzellen bedürfen einer kontinuierlichen Erneuerung, die Muskeln sollten belastbar sein, und das Gehirn muss alles koordinieren.

Was der Organismus an Energie und Baustoffen benötigt, bezieht er aus der Nahrung. Diese wird zunächst in ihre kleinsten Bestandteile zerlegt und kann dann von den Körperzellen zu Energie umgewandelt werden. Aus den Nahrungsbausteinen werden auch Substanzen wie beispielsweise Hormone und Enzyme hergestellt. Die Synthetisierung von körpereigenen Stoffen aus den mit der Nahrung aufgenommenen Substanzen und ihr Verbrennen zur Energiegewinnung werden als Stoffwechsel bezeichnet.

Täglich werden neue Erkenntnisse über die Funktionsweise des Stoffwechsels und über die Zusammenhänge von Ernährung und Gesundheit gewonnen.

Erst die Vitamine erwecken unseren Stoffwechsel zum Leben, machen uns frisch und vital.

Die Vitamine

Die Vitamine sind gleichsam der Motor des Stoffwechsels. Deshalb werden wir in dem Maß frischer und vitaler, in dem wir unserem Organismus Vitamine zuführen. Wenn wir mit unserer Nahrung Metalle wie Zink, Kupfer oder Eisen aufnehmen, gelangen sie zwar ins Blut, sind aber für den Organismus noch nicht verwertbar. Erst durch Anknüpfen eines Metallions an ein Vitamin beginnt es im Stoffwechsel mitzuwirken. Deshalb werden Vitamine viel schneller aus dem Verdauungstrakt ins Blut befördert als etwa Eiweiße und Fettsäuren.

Die Vitamine werden in zwei Hauptgruppen unterteilt: wasserlösliche und fettlösliche. Die wasserlöslichen sind die B-Vitamine und das Vitamin C. Sie werden (abgesehen vom Vitamin B12) immer wieder über das Blut und den Urin aus dem Körper ausgeschwemmt, da sie nicht gespeichert werden können; sie müssen somit täglich neu mit der

Nahrung zugeführt werden. Die fettlöslichen Vitamine sind die Vitamine A, D, E und K. Sie können sich in Zellen anreichern und aus diesem Grund bei zu hoher Zufuhr ab einem bestimmten Grad toxisch, also giftig, werden. Nimmt man die fettlöslichen Vitamine allerdings nur mit der täglichen Nahrung und nicht in Tablettenform zu sich, reichern sie sich kaum in schädlich hohen Konzentrationen an. Wenn man z. B. jeden Tag ein Kilogramm Vitamin-A-reiche Karotten isst, kann man höchstens gelbe Handflächen davon bekommen, sich aber niemals vergiften.

Die wasserlöslichen Vitamine werden über das Blut und den Urin aus dem Körper ausgeschwemmt und müssen deshalb täglich neu mit der Nahrung aufgenommen werden.

Die Vitamine erfüllen im Stoffwechselprozess unterschiedlichste Aufgaben. Die wasserlöslichen Vitamine beispielsweise wirken als Koenzyme bei der Energieerzeugung und am Eiweißstoffwechsel mit. Es gibt auch Vitamine, die zu festen Zellbestandteilen werden und dementsprechend spezielle Funktionen erfüllen, wie z. B. die B-Vitamine Cholin und Inositol in den Zellmembranen. Die fettlöslichen Vitamine A und D haben hormonähnliche Eigenschaften, die Hauptaufgabe von Vitamin E ist der Schutz der Fettsäuren im Körper vor freien Radikalen. Deshalb ist Vitamin E in nahezu allen Bereichen des Körpers verbreitet.

Pflanzen als Vitaminproduzenten

Nur ganz wenige Vitamine erzeugt der menschliche Organismus selbst. Alle anderen, von Pflanzen hergestellten Vitamine müssen über die Nahrung zugeführt werden.

Der menschliche Organismus kann ebenso wie der tierische nur wenige Vitamine (vor allem Vitamin B12 und Vitamin D) selbst herstellen. Alle anderen Vitamine müssen direkt (oder indirekt) über pflanzliche Nahrung aufgenommen werden. Wenn Geflügel, Fleisch oder Fisch bestimmte Vitamine enthält, dann nur deshalb, weil die Tiere Pflanzen gefressen haben.

Vitamin D wird unter Einwirkung von ultravioletten Lichtstrahlen in bestimmten cholesterinhaltigen Zellen unserer Haut hergestellt, das Vitamin B12 von Mikroorganismen wie Pilzen oder Bakterien. Weitere Vitamine, die im Körper in geringen Mengen produziert werden, sind: im Darm Pantothensäure (Vitamin B5), Vitamin B6 (Pyridoxin) und Biotin, im Gewebe Niazin (Vitamin B3), Cholin und Inositol.

Einige Vitamine werden von unserem Organismus nur in äußerst geringen Mengen benötigt. Vom Vitamin B12 brauchen wir beispielsweise in unserem ganzen Leben nur etwa so viel, wie ein Hirsekorn wiegt; trotzdem sind dann alle Körperzellen Tag für Tag ausreichend mit diesem lebenswichtigen Vitamin versorgt.

Die besten Vitaminlieferanten

Besonders reich an Vitaminen sind Vollkorn, Nüsse und Eier. Auch Hefe und Leber enthalten viele Vitamine. Früchte und Gemüse sind ebenfalls ideale Lieferanten von Vitaminen (speziell von Vitamin A bzw. der Karotinoide und von Vitamin C) in fein aufeinander abgestimmten Mengen. Fisch ist besonders reich an Vitamin D, Fleisch ist ein hervorragender Spender zahlreicher B-Vitamine. Ebenso dienen Milch und Milchprodukte der Vitaminzufuhr.

Durch die Entwicklung neuer Analyseverfahren werden immer mehr Vitamine entdeckt. Oder es stellt sich heraus, dass bestimmte Substanzen vitaminähnliche Funktionen erfüllen. Auch konnte man weitere Untergruppen von einzelnen Vitaminarten finden. So sind inzwischen vier verschiedene C-Vitamine, mindestens acht Tokopherole (Vitamin E) und rund 500 Karotinoide, von denen mindestens 60 Vorstufen von Vitamin A sind, bekannt. Rund 50 dieser Vorstufen sind wirksamer als das fertige Vitamin A selbst.

Der Einfluss von Vitaminen auf unsere Gesundheit wird nahezu täglich durch aktuelle Forschungsergebnisse bestätigt.

Vitamine und Gesundheit

Nach neuesten Erkenntnissen spielen Vitamine für unsere Gesundheit eine viel entscheidendere Rolle als bislang angenommen. Durch die Einnahme von bestimmten Vitaminen lassen sich Befindlichkeitsstörungen, Beschwerden und sogar Krankheiten lindern oder heilen. Dabei ist nicht allein die Blut-, sondern auch die Gewebekonzentration von Vitaminen von Bedeutung. Denn die Anreicherung eines Vitamins im Blut bedeutet noch nicht, dass auch in den Organen kein Vitaminmangel besteht.

Erkenntnisse über den Vitaminhaushalt des menschlichen Körpers zu gewinnen, ist aus verschiedenen Gründen nicht einfach. Um die Folgen von Vitaminmangel zu erforschen, müssten Wissenschaftler das entsprechende Vitamin zu 100 Prozent aus der Nahrung der Versuchspersonen entfernen. Dies ist aber kaum möglich, da zahlreichen Nährstoffen (wie z. B. Eiweiß) winzige Vitaminmengen anhaften. Zudem

Alle Vitamine auf einen Blick

Vitamin	Wichtig für	Enthalten in
Vitamin A	(Schleim-)Haut, Augen, Blut, Verdauungssäfte, Zellkerne	Grünem und gelbrotem Gemüse, Leber
Vitamin D	Knochen, Zähne, Nerven, Wachstum, Blutgerinnung	Fisch, Fischöl, Eiern
Vitamin E	Immunschutz der Zellen, Herzmuskel, Durchblutung	Nüssen, Samen, Pflanzenölen
Vitamin K	Blutgerinnung, Knochenbildung	Grüngemüse, Kohl, Eigelb, Käse
Vitamin B1	Nerven, Gedächtnis, Wachstum, Appetit, Darmtätigkeit	Nüssen, Samen, Keimen, Gemüse, magerem Fleisch
Vitamin B2	Fett-, Eiweiß- und Kohlenhydratstoffwechsel, Zellatmung, Haut, Augen, Haare, Fingernägel	Milch, Leber, Niere, Eiern, Nüssen, Samen
Niazin (Vitamin B3)	Cholesterinspiegel, Fett-, Eiweiß- und Kohlenhydratstoffwechsel, Nerven, Haut	Fleisch, Fisch, Nüssen, Gemüse, Bierhefe
Pantothensäure (Vitamin B5)	Nebennierenhormone, Zellstoffwechsel, Zellenergie, Fettverwertung, Verdauung	Vollkorn, Leber, Eigelb, Bierhefe
Vitamin B6	Eiweißstoffwechsel, rote Blutkörperchen, Immunkörper, Bau von Zellkernen	Leber, Nüssen, Weizenkeimen, Bierhefe, Bohnen, Bananen, Avocados
Folsäure	Eiweißstoffwechsel, rote Blutkörperchen, Zellkerne, Gehirn, Appetit, Magensäure	Leber, Grüngemüse, Bierhefe
Vitamin B12	Nerven, Fett-, Eiweiß- und Kohlenhydratstoffwechsel, Eisenverwertung, Zellkerne	Leber, Nieren, Eigelb, Käse, Muskelfleisch, Fisch
Biotin	Fettverwertung, Haut, Haare, Fingernägel, Muskelzellen, Blutzuckerspiegel	Leber, Eigelb, Tomaten, Soja (Tofu), Kleie, Naturreis, Bierhefe
Cholin	Leber, Gallenblase, Cholesterinspiegel, Konzentration, Nerven, Gehirn	Eigelb, Fleisch, Vollkornprodukten, Gemüse, Lezithin
Inositol	Entspannung, Nerven, Haare, Verdauung, Knochenmark, Muskeln	Fleisch, Milch, Früchten, Nüssen, Vollkorn, Gemüse
Paraaminobenzoesäure	Darmflora, Eiweißverwertung, rote Blutkörperchen, Haut, Haare	Leber, Bierhefe, Weizenkeimen, Melasse
Vitamin C	Immunschutz, Hormonproduktion, Bindegewebe, Wundheilung	Früchten, Tomaten, Gemüse

Vitamine sind hauptsächlich in pflanzlicher Nahrung zu finden. Frisches Obst und grünes Blattgemüse enthalten besonders viele dieser wertvollen Biostoffe.

stellen wir in unserem Organismus mehr Vitamine selbst her, als bislang angenommen wurde. Ein Beispiel dafür ist das Vitamin B12. Es kommt ausschließlich in tierischer Nahrung vor; trotzdem versorgen sich auch strenge Veganer (Vegetarier, die nicht nur kein Fleisch, sondern auch keine Eier und Milchprodukte, nicht einmal Honig zu sich nehmen) in der Regel mit ausreichend Vitamin B12. Denn mindestens zwei Bakterienarten – Pseudomonas und Klebsiella – im Darm sind zur Produktion von Vitamin B12 in der Lage. Andere B-Vitamine wie Folsäure und Vitamin B1 (Thiamin) werden ebenfalls von Magen-Darm-Bakterien hergestellt.

Jede Form von übermäßiger Belastung entzieht unserem Körper Vitamine. Diese stressbedingten Verluste können zu erheblichen Störungen im Eiweiß- und Hormonstoffwechsel führen.

Besonderer Vitaminbedarf bei Stress

Jede Form von Stress entzieht unserem Körper direkt oder indirekt Vitamine (und natürlich auch andere Nährstoffe). Ein einstündiger leidenschaftlicher Konflikt oder Gefühlsausbruch kostet den Stoffwechsel rund 300 Milligramm Vitamin C – das Vierfache dessen, was die Deutsche Gesellschaft für Ernährung (DGE) als Tagesbedarf empfiehlt. Stressbedingte Verluste bestimmter Vitamin-B6-Formen (vor allem von Pyridoxalphosphat) führen zu erheblichen Störungen im Eiweiß-, vor allem aber im Hormonstoffwechsel. Sie werden durch die in offiziellen Nährstoffempfehlungen angegebenen Mengen des täglichen Bedarfs nicht ausgeglichen. Ähnliches gilt für eine ganze Reihe anderer

Gesunde Mischkost mit hoher Nährstoffdichte garantiert eine ausreichende Vitaminversorgung.

Vitamine. Viele alltägliche Beschwerden sind lediglich auf Vitaminmangel zurückzuführen. Ärzte behandeln dennoch häufig nur die Folgesymptome wie Müdigkeit, Nervenschwäche, Hautausschlag und Libidomangel. Achten Sie also selbst auf eine ausreichende Vitaminzufuhr.

Gehaltvolle Mischkost

Für eine ausreichende Versorgung mit Vitaminen ist eine gesunde Mischkost mit hoher Nährstoffdichte unabdingbar. Dazu zählen Obst, Salat, Rohkost, Gemüse, Kartoffeln, Naturreis, Eier, Vollkornprodukte, Milch und Milchprodukte (Käse, Joghurt) sowie Fleisch, Fisch und Geflügel. Nicht dazu gehören Obstsäfte mit Zuckerzusatz aus dem Supermarkt, Dosengemüse, Pommes frites oder Fertiggerichte (eine Ausnahme ist tiefgefrorenes Gemüse).

Vitamine können allerdings durch Hitze, Luft, Licht oder Säuren leicht zerstört werden. Beim Kochen von Gemüse, beim Braten von Fleisch oder auch beim Backen von Brot können beispielsweise bis zu 85 Prozent des enthaltenen Vitamin B1 (Thiamin) zerstört werden. In der für uns Mitteleuropäer typischen Fertigkost sind insgesamt nur noch rund 61 Prozent der ursprünglichen Vitaminmenge enthalten. Davon wer-

Die wichtigsten Vitamintipps

- Säfte möglichst immer aus frischem Obst selbst pressen.
- Salat, Rohkost, Gemüse im Bioladen oder beim Biobauern kaufen. Kurz lagern und erst unmittelbar vor dem Kochen oder Verzehr zerkleinern und zubereiten.
- In der Küche nur kaltgepresste Pflanzenöle verwenden. Sie sind besonders reich an Vitaminen, vor allem an Vitamin E.
- Bierhefetabletten (in der Apotheke oder im Reformhaus erhältlich) liefern als wertvolle Nahrungsergänzung nicht nur ausreichend sämtliche B-Vitamine, sondern auch wichtige Spurenelemente wie Chrom, Zink, Selen und Mangan.
- Täglich 1/2 Stunde an die Sonne oder ans helle Tageslicht gehen. Vitamin D entsteht nämlich durch Einwirkung von UV-Strahlen in der Haut.

Quasivitamine		
Vitamin	**Wichtig für**	**Enthalten in**
Bioflavonoide	Gefäße, Kreislauf, Immunschutz, Fettverwertung	Beerenfrüchten, anderem Obst, Buchweizen, Gemüse
Karnitin	Fettverbrennung, Muskelenergie, Zellentgiftung	Muskelfleisch, Leber, Milch
Pangaminsäure (Vitamin B15)	Eiweißstoffwechsel (speziell im Herzmuskel), Fett- und Zuckerstoffwechsel, Drüsen, Nerven, Kreislauf	Vollkornprodukten, Naturreis
Koenzym A	Zellenergie, Blutfettwerte, Vitalität	Eiern, Vollkorn, Bierhefe, Leber
Koenzym Q 10	Fettverbrennung, Energieerzeugung, Herzmuskel	Muskelfleisch, Leber, Niere, Eigelb, Vollkorn

den durch Zubereitung, Braten und Kochen wiederum bis zu 35 Prozent zerstört.
Gelangen diese wenigen Vitamine dann schließlich in den Darm, bedeutet das jedoch nicht automatisch, dass sie auch durch die Darmwand ins Blut und zu den Körperzellen gelangen. Denn dieser Mechanismus funktioniert nur in einem gesunden Milieu von Darmenzymen und Darmflora sowie bei einer intakten Darmschleimhaut reibungslos.

Mehr über diese für die Gesundheit unentbehrlichen Biostoffe erfahren Sie in dem Buch »Fit durch Vitamine«, erschienen im Südwest Verlag.

Mineralstoffe und Spurenelemente

Häufig wird vergessen, dass Mineralstoffe bzw. Spurenelemente genauso wichtig für die Funktionsfähigkeit des menschlichen Organismus sind wie Vitamine. Eisen z. B. sorgt für den Sauerstofftransport im Blut, Kalzium wird für den Aufbau von Knochen und Zähnen benötigt, Jod ist für die Arbeit der Schilddrüse unerlässlich.
Ebenso wie die meisten Vitamine können die Mineralstoffe nicht vom Körper selbst hergestellt und müssen mit der Nahrung aufgenommen werden. Häufig benötigen Mineralstoffe Vitamine, um ihre Aufgabe

erfüllen zu können, und umgekehrt. Eisen beispielsweise wird ohne Vitamin C vom Körper nicht aufgenommen. Die Mineralstoffe Kalzium, Chlor, Kalium, Magnesium, Natrium, Phosphor und Schwefel kommen im Körper in größeren Konzentrationen vor. Zusammen machen sie insgesamt rund vier Prozent unseres Körpergewichts aus. Kalzium, Phosphor und Magnesium sind die Baustoffe der Knochen und Zähne; außerdem erfüllen sie wichtige Aufgaben im Stoffwechsel. Schwefel ist ein wesentlicher Bestandteil bestimmter Aminosäuren; Salze von Kalium, Natrium, Chlor und Magnesium sind so genannte Elektrolyte. D. h., sie teilen sich – wenn sie in Körperflüssigkeiten gelöst sind – in elektrisch geladene Atome oder Ionen und bilden ein Netz, das beispielsweise für Nervensignale oder Muskelkontraktionen wichtig ist.

Außer den Mineralstoffen, die sich in unserem Körper befinden, sind mindestens 14 Spurenelemente (wie Jod, Kupfer, Selen, Zink, Fluor, Eisen und Nickel) lebensnotwendig. Dabei ist die Unterscheidung in Mineralstoffe und Spurenelemente allerdings mitunter verwirrend, da Spurenelemente Mineralstoffe sind. Der Begriff »Spuren« wird nur deshalb verwendet, weil der Körper diese Stoffe in nur sehr geringen Mengen benötigt. Vom Spurenelement Chrom z. B. brauchen wir pro Tag nicht mehr als etwa ein zehntausendstel Gramm. Die richtige Bezeichnung für die anderen Mineralstoffe ist aus diesem Grund Mengenelemente.

Mineralstoffe sind für unsere Körperzellen genauso wichtig wie die Vitamine. Sie kommen im Körper in größeren Konzentrationen vor, Spurenelemente, die nichts anderes als Mineralstoffe sind, nur in äußerst geringen Mengen.

Die wichtigen Trägersubstanzen

Die Mineralstoffe werden im Verdauungsprozess ebenso wie viele andere Biostoffe durch die Einwirkung von Enzymen freigesetzt. Sie können allerdings nicht wie die Vitamine direkt durch die Darmwand ins Blut dringen, sondern müssen durch bestimmte Aminosäuren (kleinste Bausteine von Eiweiß) transportiert werden.

Häufig stehen aber nicht ausreichend dieser so genannten Trägerproteine zur Verfügung. Dies entweder, wenn es an Magensäure zur Vorverdauung im Magen fehlt und deshalb nicht genügend Eiweiß in Aminosäuren oder zumindest kleinere Proteineinheiten zerlegt werden kann. Oder bei einem Mangel an Proteasen (eiweißspaltenden Enzyme), die ebenfalls zur Eiweißspaltung beitragen. Natürlich kann auch schlicht eine unzureichende Eiweißzufuhr durch die Nahrung Ursache dafür sein, dass die Mineralstoffe nicht durch die Darmwand ins Blut gelangen können und einfach wieder ausgeschieden werden. Denn während der automatisch fortschreitenden Darmpassage haben die Nährstoffe nur ein paar Stunden Zeit, ins Blut überzutreten, ansonsten werden sie über den Stuhl ausgeschieden.

Phosphor und Kalzium

Jeder Erwachsene hat ungefähr 1400 Gramm Phosphor im Körper, 85 Prozent davon befinden sich in den Knochen. Der Rest wird für den Stoffwechsel benötigt. Im Blut wird Phosphor meist in Form von Phosphatsalzen oder Phospholipiden transportiert, die für die Schutzschicht der Nervenzellen wichtig sind. Phosphor ist der wichtigste Verbündete von Kalzium beim Knochenbau. Ein Zuviel oder Zuwenig kann sich jedoch gravierend auf den Kalziumhaushalt auswirken. Ist zu viel Phos-

Im Gegensatz zu den Vitaminen werden die Mineralstoffe erst durch Verdauungsenzyme aus dem Nahrungsbrei befreit und dann über so genannte Trägersubstanzen durch die Darmwand ins Blut transportiert.

Die besten Mineralstofflieferanten

Der menschliche Stoffwechsel benötigt Mineralstoffe genau in der Zusammensetzung, wie sie in der Natur vorkommt. Dort stehen Mineralstoffe – z. B. im Gemüse oder in anderen Lebensmitteln – in einem ganz bestimmten Verhältnis zueinander. Dies gilt für Kalzium und Phosphor ebenso wie für Kalium und Natrium oder andere »Mineralstoffpaare«. Deshalb ist es meistens nicht zu empfehlen, sich in der Apotheke gezielt bestimmte Mineralstoffpräparate zu besorgen (z. B. Magnesium, Kalzium, Selen oder Eisen). Wer Kalziumtabletten zu sich nimmt, schadet seinen Knochen und Zähnen, weil dadurch das Kalzium-Phosphor-Verhältnis verändert wird. Das kann sogar schon geschehen, wenn man zu viel kalziumreichen Käse isst. Deshalb ist es bei Mineralstoffen besonders wichtig, dass man sie sich in ihrer kompletten Zusammensetzung aus dem »Supermarkt der Natur« holt: aus Obst, Salat, Gemüse, Kartoffeln, Nüssen, Eiern, Fleisch, Fisch, Geflügel usw.

phat vorhanden, bindet es sich im Darm an das Kalzium, das dann nicht mehr resorbiert werden kann und ausgeschieden wird. Zu wenig Phosphor ist für den Knochenbau ebenfalls ungünstig.
Kalzium wird nicht nur für die Knochen, sondern auch für Zähne und Nerven benötigt. 99 Prozent sind in unseren Zähnen und Knochen gebunden, der übrige Teil »schwimmt« in drei verschiedenen Formen durch unser weit verzweigtes Blutsystem: zu 47 Prozent als freie Ionen, zu 46 Prozent an Eiweiß und zu sieben Prozent an organische Säuren gebunden. Außer Milch und Käse enthalten Vollkorngetreide und Nüsse sehr viel Kalzium.

Magnesium

Aufgrund der heute weit verbreiteten Stickstoffdüngung enthalten die Böden und damit auch unsere pflanzliche Nahrung immer weniger Magnesium. Magnesium ist aber einer der wichtigsten Mineralstoffe für den menschlichen Organismus. Es ist entscheidend an den Stoffwechseln von Fett, Kohlenhydraten und Eiweiß beteiligt, die für Gehirn und Nerven enorm wichtig sind. Ohne Magnesium würde der Prozess der Energiegewinnung nicht funktionieren: Über 300 Enzyme könnten ihre Aufgaben nicht erfüllen. Auch die Arbeit des Herzmuskels und anderer Muskeln wird bei ungenügender Magnesiumzufuhr in Mitleidenschaft gezogen. Die Funktion der Nerven kann stark beeinträchtigt werden. Magnesiummangel kann auch zu Bluthochdruck und Gefäßerkrankungen führen.

Natrium, Kalium und Chlor sorgen für den wichtigen Flüssigkeitsausgleich und für die Löslichkeit von Proteinen und anderen Substanzen im Körper.

Schwefel

Haut und Haare bestimmen in entscheidendem Maß unser äußeres Erscheinungsbild. Haare sind eine verhornte Zellsubstanz, die zu 97 Prozent aus Keratin, einem schwefelhaltigen Protein, besteht. Außer in den Haaren finden sich die höchsten Schwefelanteile im Gehirn sowie den Finger- und Zehennägeln.

Natrium, Kalium und Chlor

Natrium ist in Verbindung mit Chlor bzw. Chlorid als unser Speisesalz bekannt. Diese beiden Mineralstoffe sind als Elektrolyte (elektrisch geladene Elemente) für den Wasser- und Elektrolythaushalt im Körper zuständig. Sie sorgen für den wichtigen Flüssigkeitsausgleich und für

Die sieben Mineralstoffe auf einen Blick

Mineral	Wichtig für	Enthalten in
Kalzium	Knochen, Zähne, Nerven, Blutgerinnung, Muskeltätigkeit	Milch, Käse, Joghurt, grünem Blattgemüse, Kräutergewürzen
Chlor	Säure-Basen-Haushalt, Magensäure, Entgiftung, Hormontransport, Gelenke, Sehnen	Kochsalz, Algen, Roggen, Oliven
Magnesium	Immunabwehr, Enzyme, Muskeltätigkeit, Hormonproduktion, Zellenergie, Nerven, Körpertemperatur	Grünem Gemüse und Salat, Soja, Weizenkeimen, Meeresfrüchten, Feigen, Mais, Nüssen, Samen
Phosphor	Zellstoffwechsel, Zellenergie, Muskeltätigkeit, Knochen, Zähne, Nierenfunktion, Nervenimpulse, Gehirnzellen	Fleisch, Fisch, Geflügel, Eiern, Vollkorn, Samen, Nüssen
Kalium	Flüssigkeitshaushalt, Nervenimpulse, Wachstum, Entgiftung, Zellstoffwechsel, Enzyme, Haut, Sauerstoffversorgung des Gehirns	Orangen, Vollkornprodukten, Bananen, Kartoffeln, Sonnenblumenkernen
Natrium	Flüssigkeitshaushalt, Säure-Basen-Haushalt, Muskeltätigkeit, Nervenimpulse, Blut, Lymphflüssigkeit, Entgiftung, Verdauung	Kochsalz, Fisch, Meeresfrüchten, Fleisch, Geflügel, Algen
Schwefel	Bindegewebe, Haut, Fingernägel, Durchblutung, Nerven, Zellatmung, Gallenproduktion	Eigelb, Fisch, Fleisch, Milch, Käse, Gemüse, Nüssen

Mineralstoffe halten unseren Stoffwechsel in Gang. Sie sorgen für den störungsfreien Transport der Nährstoffe über die Blutbahn.

die Löslichkeit von Proteinen und anderen Substanzen. Während Natrium zusammen mit Chlorid die Gewebespannung außerhalb der Zellen reguliert, ist Kalium für den so genannten osmotischen Druck im

Inneren der Zelle verantwortlich. Kaliummangel kann nervöse Störungen, Schlafstörungen, Verstopfung, Herzrhythmusstörungen und Muskelschwäche zur Folge haben.

Spurenelemente – kleine Menge, große Wirkung

Selbst geringste Mengen von Spurenelementen lösen in unserem Körper eine enorme Wirkung aus. Trotzdem sind viele Menschen nicht ausreichend damit versorgt.

Dass selbst winzigste Mengen von Mineralstoffen, d. h. Spurenelemente, in unserem Körper eine derart große Wirkung auslösen, versetzt immer wieder in Erstaunen. Selbst an Eisen, dem am häufigsten in unserem Organismus vorkommenden Spurenelement (wichtig für den Sauerstofftransport), enthält der Körper eines Erwachsenen nur vier Gramm. Von anderen lebenswichtigen Spurenelementen wie Chrom, Mangan oder Selen reichern sich in unserem Körper nie mehr als etwa zwei zehntausendstel Gramm an; in einem Deziliter Blut sind gerade ein milliardstel Gramm Mangan und zwei zehnmilliardstel Gramm Chrom enthalten. Trotzdem essen viele Menschen so ungesund, dass sie nicht einmal mit diesen geringen Mengen versorgt sind.
Es ist deshalb sehr wichtig, Lebensmittel in der Form zuzubereiten und zu essen, wie sie uns die Natur anbietet. Dies gilt umso mehr, als unsere Böden – und damit die Ernten – ohnehin ausgelaugt, durch Pestizide vergiftet und deshalb arm an Spurenelementen sind.

Die wichtigsten Mineralstofftipps

Sie sollten immer auf eiweißreiche Kost achten (Vollwertkost mit etwas Fleisch, Fisch, Geflügel und Sojaprodukten) und Fleisch oder Fisch mit Zitronensaft säuern, damit das enthaltene Eiweiß besser verdaut wird. Denn Mineralstoffe brauchen für ihren Transport im Körper viel Eiweiß. Es empfiehlt sich, den mineralstoffreichen Sud nach dem Kochen von Gemüse zu trinken. Salat und Gemüse sollte man im Bioladen oder beim Biobauern kaufen. Natürlich gewachsenes Gemüse enthält bis zu dreimal mehr Mineralstoffe als mit Düngemitteln hochgezogenes Treibhausgemüse.

Wichtige Spurenelemente auf einen Blick

Spurenelement	Wichtig für	Enthalten in
Eisen	Produktion von rotem Blutfarbstoff, Sauerstofftransport	Leber, Herz, Vollkorn, grünem Blattgemüse
Zink	Enzyme, Sexualfunktion, Kohlenhydratstoffwechsel	Austern, Vollkorn, Bierhefe, Weizenkleie, Weizenkeimen
Kupfer	Eisenverwertung, Farbbildung in Haut und Haaren, Nervenzellen, Knochenbau	Leber, Vollkorn, Nüssen, grünem Blattgemüse, Meeresfrüchten
Chrom	Blutzuckerspiegel, Kohlenhydratstoffwechsel	Bierhefe, Leber, Fleisch, Vollkorn, Rüben, Pilzen
Jod	Schilddrüse, Zellenergie, Fettverbrennung, Vitalität	Fischen, Meeresfrüchten, jodiertem Kochsalz
Selen	Immunschutz, Wachstum, Sehkraft, Zeugungsfähigkeit	Vollkorn, Knoblauch, Fleisch, Fisch, Krabben
Mangan	Enzyme, Vitaminverwertung, Blutbildung, Nerven, Gehirn	Vollkorn, Eigelb, Nüssen, Samen, Bierhefe
Fluor	Knochen, Zähne, Fortpflanzung, Wachstum	Fisch, Meeresfrüchten, Teeblättern, Fleisch, Milch, Käse

Spurenelemente haben vielfältige Aufgaben in unserem Organismus zu erfüllen. Wenn sie fehlen, sind wichtige Körperfunktionen gestört.

Lieferanten von Spurenelementen im Vergleich

- Ein Gramm Weizenkeime enthält 134 Mikrogramm (millionstel Gramm) Zink, Vollkornweizen 32 Mikrogramm, das weiße Mehl neun Mikrogramm.
- Ein Gramm Vollkornweizen enthält 50 Mikrogramm Mangan, ein Gramm weißes Mehl sechs Mikrogramm.
- In poliertem Reis ist nur noch ein Drittel der ursprünglichen Konzentrationen an Kupfer, Chrom, Mangan oder Zink enthalten.
- In Kristallzucker findet man höchstens noch mit dem Mikroskop Zink-, Mangan- oder Selenatome. Der kostbare Reichtum der Spurenelemente wird bei der Zuckerproduktion »abgestreift« und als Melasse zu Viehfutter verarbeitet.

Die Kohlenhydrate

Ob wir Zucker in Süßigkeiten, Stärke in Kartoffeln und Getreideprodukten oder Ballaststoffe in Obst und Gemüse (die allerdings kaum oder überhaupt nicht verdaut werden können) essen – immer nehmen wir damit Kohlenhydrate zu uns. All diese anscheinend so unterschiedlichen Substanzen bestehen aus dem Grundbaustein Einfachzucker. Diese kleinste Einheit der Kohlenhydrate ist meistens Glukose (Traubenzucker). Je mehr Einheiten miteinander verknüpft sind, desto komplexer werden Kohlenhydrate. Man unterscheidet zwischen Mono-, Di- und Polysacchariden (Mehrfachzuckern).

Weil die Verdauung von Glukose bereits im Mund beginnt, sollten wir kohlenhydratreiche Nahrung gut kauen und einspeicheln.

Verdauung und Energiegewinnung

Kohlenhydrate können nur in Form von Glukose vom Darm ins Blut gelangen, so dass ihre Verdauung, die Zerlegung in Einfachzucker, bereits im Mund beginnt: Das Speichelenzym Amylase leitet hier den Abbau des Mehrfachzuckers Stärke ein. Deshalb sollte man kohlenhydratreiche Nahrung gut kauen und einspeicheln. Die weitere Verdauung der Kohlenhydrate findet im oberen Dünndarm durch Enzyme der Bauchspeicheldrüse statt.

Nur die Pflanzen sind in der Lage, aus dem Kohlendioxid der Luft mit Hilfe der Sonnenenergie nährstoffreiche Kohlenhydrate zu erzeugen.

Industriell vorbehandelte Stärke (z. B. in tiefgekühlten, vorgekochten Kartoffelprodukten oder Pommes frites, Cornflakes und bestimmten Brotarten) ist häufig resistent gegenüber Amylaseenzymen und Wärme. Ein erheblicher Teil solcher Kohlenhydrate erreicht unverdaut den Dickdarm, wo er unter erheblichem Energieaufwand von Darmbakterien abgebaut werden muss. Da aber die Darmflora bei vielen Menschen aufgrund von schlechter Ernährung bereits angegriffen ist, gelingt diese Resteverwertung nicht vollständig; es kommt zu Blähungen, Durchfall und anderen unangenehmen Symptomen.
Die meisten unserer Körperzellen können Glukose zu Kohlendioxid und Wasser abbauen und dabei Energie freisetzen. Glukose kann auch in Form von Glykogen in Blut, Leber und Muskeln gespeichert werden. Die überschüssigen Mengen werden von der Leber in Fett umgewandelt und in Form von Triglyzeriden in die Fettpolster an Bauch, Hüften, Po und Oberschenkeln eingebaut.
Während Körperzellen auch Fett oder Eiweiß als Brennstoff zur Energiegewinnung verwenden können, nehmen Gehirn- und Nervenzellen ebenso wie die Blutzellen ausschließlich die rasch »entflammbare« Glukose zur Energiegewinnung an. Das Gehirn benötigt täglich rund 140 Gramm Glukose.

Unsere Körperzellen akzeptieren außer Kohlenhydraten auch Fett und Eiweiß als Brennstoff, unsere Gehirn- und Nervenzellen dagegen arbeiten nur mit der rasch verwertbaren Glukose.

Aus überschüssiger Glukose wird Fett

Beim Speichern von Glykogen binden sich an ein Gramm Glukose 2,7 Gramm Wasser. Bei einer kalorienreduzierten Schlankheitsdiät wird zunächst in raschem Tempo diese Glukose samt Wasser verbraucht – der Gewichtsverlust an den beiden ersten Tagen ist deshalb beträchtlich. Die Triglyzeride in den Fettzellen rund um den Bauch aber bleiben bei diesem Vorgang unberührt.
Außerdem sind die Fettzellen (Adipozyten) nahezu unbegrenzt aufnahmefähig. Dies ist deshalb von Bedeutung, weil nach neuen Erkenntnissen die menschliche Fähigkeit zur Glukoseaufnahme im Darm unglaublich hoch ist. Innerhalb von 24 Stunden können wir theoretisch zehn Kilogramm Glukose – dies entspricht etwa 16 Kilogramm Spaghetti – verdauen.
Da große Mengen an Glukose nicht sofort vollständig im Energiegewinnungsprozess verbrannt und auch nur begrenzt als Glykogen gespeichert werden können, bilden Leber und Fettgewebe weitere

Fettmoleküle daraus. Auf diese Weise entstehen auch Cholesterinmoleküle mit geringer Dichte (VLDL = very low density lipoproteins), die den Cholesterinspiegel drastisch erhöhen können.

Wenn Insulin fehlt

Mit dem Eintritt von Glukosemolekülen aus dem Nahrungsbrei des Darms ins Blut geht die Ausschüttung des Hormons Insulin aus der Bauchspeicheldrüse einher. Insulin schleust die Glukosemoleküle zur Verbrennung ins Zellinnere. Fehlt Insulin (aufgrund einer Mangelfunktion der Bauchspeicheldrüse), dann verbleibt die Glukose im Blut; der Blutzuckerspiegel steigt unaufhaltsam an, bis die Glukose bei einer Konzentration von 170 Milligramm pro Deziliter Blut über den Urin ausgeschwemmt wird. Von diesem Mechanismus sind Zuckerkranke (Diabetiker) betroffen. Deren Körperzellen nehmen aus Mangel an Insulin keine oder zu wenig Glukose an. Aber auch eine zu geringe Menge vorhandenen Chroms schränkt die Glukoseverwertung ein. Die Folge ist auf Dauer meist ein zu geringes Angebot an Glukose für die Zellen mit den Symptomen Müdigkeit, Nervosität und Gereiztheit.

Einen wichtigen Beitrag zur Verbrennung von Glukosemolekülen leisten das Hormon Insulin und das Spurenelement Chrom.

Ballaststoffe richtig dosieren

Wenn wir Kohlenhydrate zusammen mit Fett aufnehmen (z.B. Bratkartoffeln, Pommes frites, Kuchen), verzögert sich durch Einwirkung des Verdauungshormons Cholezystokinin die Magenentleerung. Be-

Die besten Kohlenhydratlieferanten

Besonders kohlenhydratreich sind beispielsweise Vollkornprodukte, Obst, Gemüse, Salat, Kartoffeln, Naturreis usw. Kohlenhydratreiche Ballaststoffe saugen sich während der Magen- und Darmpassage mit Verdauungssäften voll und fördern auf diese natürliche Weise die Darmtätigkeit. Sie sind daher ein wirksames Mittel gegen Verstopfung. Außerdem schwemmen Ballaststoffe Gift-, Schad-, Gärungs- und Fäulnisstoffe sowie noch unverdaute Fette aus; sie wirken also günstig auf die Blutfettwerte.

Die wichtigsten Glukosetipps

- Verzichten Sie auf schnelllösliche Kohlenhydrate wie helle Teigwaren, polierten Reis, Zucker, Süßwaren und süße Getränke.
- Essen Sie viel komplexe Kohlenhydrate in Form von Obst, Salat, Rohkost, Gemüse, Kartoffeln und Vollkornprodukten.
- Bierhefe fördert die Glukoseverwertung im Energiegewinnungsprozess. Sie enthält alle B-Vitamine und das für den Kohlenhydratstoffwechsel wichtige Chrom.

Die gleichzeitige Aufnahme von Fett und Kohlenhydraten kann den Verdauungsprozess verzögern.

stimmte Ballaststoffe wie Pektin (in Äpfeln) oder Guarverdickungsmittel (in Pudding, Saucen, Suppen, Glasuren, Speiseeis, Tiefgefrorenem) können den Weitertransport des Nahrungsbreis zusätzlich verzögern, da sie Gelee bilden und dadurch Flüssigkeit entziehen.
Ballaststoffe sind in so einer Situation und auch ganz allgemein für eine gesunde Verdauung zwar sehr wichtig, dennoch sollte man sie nicht im Übermaß zu sich nehmen. Denn eine zu schnelle Verdauung bedeutet, dass lebensnotwendige Mineralstoffe wie Eisen, Zink, Kupfer, Kalzium und Magnesium unverwertet bleiben. Auch kann es zu einer Dickdarmerweiterung kommen. Wer viel Obst, Salat, Rohkost und Gemüse isst, darf also statt Vollkornbrot zum Frühstück oder Abendessen ruhig ein paar Scheibchen Baguette essen.
Ballaststoffe sind sehr gesund für die Darmschleimhaut. Die Darmzotten von Vegetariern haben mehr Furchen und Windungen. Deshalb ist die Gesamtfläche der Schleimhaut größer, was deren Funktionsfähigkeit im Verdauungsprozess erheblich verbessert.

Das Eiweiß

Während die Hauptaufgabe der Kohlenhydrate die Zufuhr von Energie ist, bilden vom Körper aus Aminosäuren hergestellte Eiweiße (Proteine) das Grundgerüst aller Zellen. Sie sind deshalb für den Aufbau und Erhalt der gesamten Körpersubstanz unabdingbar. Darüber hinaus werden sie bei der Synthese von Hormonen und Enzymen gebraucht. Auch zahlreiche andere Substanzen wie Antikörper des Immunsystems, das Kollagen des Bindegewebes und der rote Blutfarbstoff Hämoglobin sind Eiweißmoleküle.

Aminosäuren, die kleinsten Eiweißbausteine, sind die Grundsubstanz einer jeden Körperzelle. Sie bilden Ketten, die je nach unterschiedlicher Anordnung oder Länge der einzelnen Aminosäuren Proteine, Peptide oder Polypeptide genannt werden.

Eiweiße sind auch die Grundsubstanz aller Pflanzen. Wenn Blätter im Herbst welken und zur Erde fallen, löst sich der komplizierte Verbund ihrer Proteine in Aminosäuren auf, die dann wieder den Rohstoff für neue Pflanzen bilden.

Die Kette der Aminosäuren

Es gibt insgesamt 20 Aminosäuren, aus denen sich alle Eiweiße (Proteine) aufbauen. Man kann sich die Aminosäuren dabei als Perlen von jeweils unterschiedlicher Farbe vorstellen, die Ketten bilden. Je nach farbiger Aufeinanderfolge der Aminosäureperlen der Kette oder nach ihrer Länge entstehen zahllose verschiedene Proteine.

Durchschneidet man eine solche Kette, dann entstehen zwei ganz neue Proteine. Ähnlich wie mit den 26 Buchstaben auf einer Tastatur unüberschaubar viele Wörter geschrieben werden können, sind die 20 Aminosäuren in der Lage, unzählige unterschiedliche Eiweißkörper hervorzubringen. Dabei entstehen ganz kleine Peptide aus nur zwei Aminosäuren, andere wieder bilden Großmoleküle (Polypeptide) aus 50000 oder noch mehr Aminosäuren.

Unzählige Kombinationen

Theoretisch könnten aus den 20 Aminosäuren 10^{65} verschiedene Proteine geformt werden. Man schätzt, dass es über 100 Millionen verschiedene Eiweißkörper gibt. Der menschliche Körper besteht allerdings »lediglich« aus 30000 bis 50000 verschiedenen Peptiden oder Polypeptiden. Der Austausch von nur einer oder zwei Aminosäuren in einem Protein bringt einen neuen Eiweißkörper mit einer meist völlig verschiedenen Eigenschaft hervor. Ein Beispiel ist das sauerstofftransportierende Protein Hämoglobin in den roten Blutzellen. Wechselt man darin nur eine Aminosäure aus (Valin gegen Glutaminsäure), führt dies zu der sehr schmerzhaften Sichelzellenanämie. Wenn die acht Aminosäuren des Hirnanhangsdrüsenhormons Vasopressin an Platz drei und acht ausgetauscht werden, entsteht das Hormon Oxytozin. Vasopressin kurbelt den Blutdruck an, Oxytozin verlangsamt ihn, bewirkt also genau das Gegenteil.

Auf jede einzelne Aminosäure kommt es an

Einige Aminosäuren kann der Körper nicht selbst herstellen (synthetisieren), sie werden deshalb als essenzielle Aminosäuren bezeichnet und müssen mit der Nahrung zugeführt werden. Bestimmte dieser Aminosäuren (Prolin, Glyzin) sind für das Bindegewebe wichtig, andere (Valin, Leuzin, Isoleuzin) für die Muskeln und wieder andere (Phenylalanin, Tyrosin, Methionin) für Gehirn und Nerven.

Wenn Menschen unglücklich sind, sich nicht begeistern können, morgens dem beginnenden Tag ohne Optimismus entgegensehen, fehlen ihnen die drei letztgenannten Aminosäuren, aus denen der Nervenstoffwechsel das euphorisierende Hormon Noradrenalin herstellt. Für jene, die in ihrer Kindheit zu wenig Liebe erfahren haben, gilt häufig, dass sie ihr Leben lang einen erheblichen Mehrbedarf an psychoaktiven Aminosäuren (wie z. B. Phenylalanin) haben. Dasselbe gilt für Menschen, die unter starkem emotionalem Stress (Konflikte und außergewöhnliche Belastungen) stehen.

Auch verlieren viele Frauen ab dem 30. Lebensjahr aufgrund falscher Ernährung die Fähigkeit, Histidin zu synthetisieren, was zu Libidomangel und Orgasmusunfähigkeit führen kann. Histidin bzw. seine biologisch aktive Form Histamin wird beim Geschlechtsverkehr von Mastzellen in den Gefäßwänden im Schambereich ausgestoßen und ruft sexuelle Erregung hervor.

Wenn Menschen emotional beeinträchtigt sind, fehlen ihnen häufig die Aminosäuren Phenylalanin, Tyrosin und Methionin.

Die acht essenziellen Aminosäuren

Essenziell werden die acht Aminosäuren genannt, die wir – ähnlich wie viele Vitamine – unbedingt mit der täglichen Nahrung zuführen müssen, da der Körper sie nicht selbst herstellen kann. Diese Aminosäuren heißen Leuzin, Isoleuzin, Lysin, Methionin, Phenylalanin, Threonin, Tryptophan und Valin.

Zwei weitere Aminosäuren, nämlich Histidin und Arginin, sind für Kinder essenziell. Bis zur Pubertät können sie diese beiden Eiweißbausteine nicht in ihrem eigenen Stoffwechsel synthetisieren.

Die besten Eiweißlieferanten

Eiweißreiche Nahrung führt oft, zusätzlich zu einem mangelnden Säuregehalt von Magen- und Darmsäften, zu Eiweißmangel – so überraschend dies auch klingt. Wenn wir eine fleischreiche Mahlzeit einnehmen, wird der Großteil der in die Leber gelangten Aminosäuren zu Harnsäure abgebaut. Nur ein kleinerer Teil verbleibt in der Leber als Eiweißrohstoff zur Enzymproduktion. Oft gelangt lediglich ein dürftiges Viertel der Aminosäuren des konsumierten Fleischs ins Blut und zu den Körperzellen. Es ist deshalb sinnvoll, seinen Eiweißbedarf zu einem guten Teil aus pflanzlicher Nahrung zu decken (ideal: Sojaprodukte, Tofu). Eine gesunde Mischkost mit vielen pflanzlichen Anteilen verbessert darüber hinaus die Säurebildung im Magensaft und damit die Eiweißverwertung insgesamt.

Abgesehen von essenziellen Aminosäuren gibt es auch noch halbessenzielle Aminosäuren, deren körpereigene Synthese nur unter bestimmten Bedingungen eingeschränkt ist, z. B. bei Infekten.

Vielfältige Ursachen von Eiweißmangel

Ursache für Eiweißmangel ist nicht immer eine eiweißarme Kost. Unter Stress und bei allgemeiner Fehlernährung produzieren insbesondere Menschen ab dem 40. Lebensjahr weniger Magensäure. Ein hoher Säuregehalt bzw. ein niedriger pH-Wert im Magensaft ist aber für die Eiweißverwertung unabdingbar. Alle proteolytischen (eiweißspaltenden) Enzyme wie Pepsin (im Magen) oder Trypsin und Chymotrypsin (im Dünndarm) brauchen für ihre Arbeit ein saures Milieu, um die feinen Verbindungsklammern zwischen den Aminosäuren zu lösen. Die Eiweißverwertung ist für unsere Gesundheit außerordentlich wichtig, denn jede unserer Körperzellen braucht aufgrund des hohen Umsatzes laufend große Mengen Eiweiß. Durchschnittlich nimmt ein erwachsener Mitteleuropäer pro Tag etwa 100 Gramm Eiweiß mit der Nahrung auf. In den verschiedenen Stoffwechselprozessen umgesetzt werden aber pro Tag etwa 300 Gramm. Dies bedeutet, dass Proteine immer wieder abgebaut, umgebaut und zu neuen Eiweißstoffen zusammengesetzt werden, damit Muskeln, Bindegewebe, Blut, Zellen, Drüsen usw. stets ausreichend mit Eiweiß beliefert werden.

Die biologische Wertigkeit von Eiweiß

Um die nötige Versorgung mit Eiweiß zu gewährleisten, ist allerdings nicht nur die aufgenommene Menge, sondern vielmehr deren biologische Wertigkeit entscheidend. Diese gibt an, wie viel Gramm körpereigene Proteine aus 100 Gramm eines Nahrungseiweißes produziert werden können.

So liefern beispielsweise Eier zwar keine großen Mengen Eiweiß – in 100 Gramm Ei sind lediglich 13 Gramm Eiweiß enthalten –, diese hat jedoch mit 100 eine enorm hohe biologische Wertigkeit. Die Werte von Milch und Rindfleisch liegen zwischen 88 und 92, die biologische Wertigkeit von pflanzlichem Eiweiß liegt etwas niedriger. Am besten ist in der Regel eine Mischung von pflanzlichem und tierischem Eiweiß. Die Kombination von Eiern und Kartoffeln beispielsweise hat eine biologische Wertigkeit von 137.

Der Körper braucht vor allem Eiweiß mit hoher biologischer Wertigkeit, d. h. solche Nahrungsmittel, deren Eiweiß möglichst effektiv verwertet werden kann.

Die wichtigsten Eiweißtipps

- Die Portionen an Fleisch (oder auch Fisch und Geflügel) in gesunder Mischkost sollten nicht größer als 60 bis 80 Gramm sein, damit das darin enthaltene Eiweiß optimal verwertet wird.
- Eiweiß aus Rohkost wird vom Stoffwechsel besser verwertet. Hitze kann Aminosäuren zerstören, z. B. Lysin, das an der Produktion des euphorisierenden Beta-Endorphins maßgeblich beteiligt ist. (Menschen, die wenig lachen, leiden oft unter Lysinmangel.)
- Eiweiß in erhitzten, gezuckerten oder fettigen Gerichten (wie Pommes frites, Kuchen) wird oft im Darm nicht mehr ausreichend verdaut.
- Eiweißspaltende Enzyme (beispielsweise Bromelain der Ananas) können die Menge des tatsächlich verwertbaren Eiweißes im Körper wesentlich erhöhen.
- Fett hemmt die für die Produktion von Magensäure wichtige Ausschüttung des Hormons Gastrin.
- Auf Fleisch oder Fisch sollten Sie stets ein wenig Zitronensaft träufeln. Die darin enthaltene Säure hilft bereits im Magen bei der Eiweißverwertung.

Die Fettsäuren

Zu Unrecht wird Fett, ohne das Haut und innere Organe nicht geschützt wären, als überflüssig und lediglich der Ästhetik schadend abgetan.

Obwohl der Begriff »Fett« heutzutage derart negativ besetzt ist, bleibt festzuhalten, dass ohne Fett unsere Haut schutzlos, trocken und rissig wäre. Fettpolster schützen auch alle inneren Organe vor Schlägen und Stößen. Die unter der Haut liegende Fettschicht hält uns warm. Unsere Körperzellen trocknen nicht aus, weil sie von einer ölig-feuchten Membranschicht umgeben sind.

Es gibt verschiedene Arten von Lipiden (Fette oder fettähnliche Substanzen): Fette und Öle, Phospholipide und Steroide. Die goldgelben Öle, die bei Zimmertemperatur flüssig bleiben, sind typische Pflanzenlipide. Schmalz und Butter hingegen, die weiß und fest sind, sind klassische tierische Fette. Fette haben als Grundbausteine zwei Bestandteile: Glyzerin und Fettsäuren. Weil sich meist drei Fettsäuremoleküle an ein Glyzerinmolekül binden, werden sie auch Triglyzeride genannt. Das Fett in den Polstern an Bauch und Hüften besteht überwiegend aus solchen Triglyzeriden. Phospholipide enthalten zwei weitere Substanzen: Stickstoff und Phosphor. Sie binden sich sowohl an Wasser wie an Fett, eignen sich deshalb ideal als Zwischenschicht zwischen dem wässrig-flüssigen Zytoplasma des Zellinneren und der öligen Außenschicht, der Membran. Steroide haben wiederum eine andere chemische Struktur und kommen im Organismus viel seltener vor. Sie wirken als Vitamine, Hormone oder in Form von Cholesterin.

Übermäßig süß ernährte Kinder entwickeln mehr und größere Fettzellen als gesund ernährte. Dies erschwert die Gewichtsabnahme im Erwachsenenalter beträchtlich.

Wie Fettzellen entstehen

Fettzellen bestehen zu 99 Prozent aus Triglyzeriden, ihre Anzahl im Körper wird während des Wachstums enorm vergrößert. Kinder, die von ihren Eltern viel Zucker, Süßspeisen, süße Getränke, Kuchen und Nudelgerichte bekommen, entwickeln bis zu zweieinhalbmal mehr Fettzellen als gesund ernährte Kinder. Dies wirkt sich nach der Pubertät umso verhängnisvoller aus, als Fettzellen fast unbegrenzt aufquellen und Triglyzeride aufnehmen können. Die Fettzellen dicker Menschen sind bis zu 100-mal größer als die von schlanken Menschen. Ein normalgewichtiger Mensch hat ca. 26 Milliarden Fettzellen, ein Mensch mit rund 50 Kilogramm Übergewicht bis zu 67 Milliarden. Wenn Übergewichtige hungern, verlieren sie zwar bis zur Hälfte der Triglyzeride in den Fettzellen, deren Anzahl aber bleibt unverändert.

Ungesättigte Fettsäuren, wie sie z.B. in Fisch vorkommen, beeinflussen den Stoffwechsel positiv.

Gesättigte und ungesättigte Fettsäuren

Fettsäuren und die sich aus ihnen zusammensetzenden Triglyzeride gibt es in unterschiedlicher Struktur. Pflanzliche Fette und auch Fischfette sind ungesättigt oder mehrfach ungesättigt, tierische Fette (in Milch, Käse, Fleisch) hingegen gesättigt und deshalb weniger stoffwechselaktiv. Ferner sind die Fettsäuren unterschiedlich lang, je nachdem, wie viele Kohlenstoffatome sie enthalten.

Die mittelkettigen Fettsäuren (mit sechs bis zwölf Kohlenstoffatomen, z. B. in Milchfetten) sind wasserlöslich und werden deshalb sehr schnell über das Blut aufgenommen (250-mal schneller als Fettmoleküle, die in der Lymphe transportiert werden). Für ihre Verwertung werden kaum Bauchspeicheldrüsenenzyme oder Gallensalze benötigt. Sie gelangen sehr schnell durch die Zellmembranen und werden nicht in den Fettpolstern gespeichert. Sie eignen sich deshalb besonders gut für Menschen, die Fett schlecht verdauen und verwerten können oder zu hohe Blutfettwerte haben.

Fett ist nicht gleich Fett. Für Gesundheit und schlanke Linie sollten Sie pflanzliche Fette mit einem hohen Anteil ungesättigter Fettsäuren bevorzugen.

Unsere Muskeln, speziell die aktivsten wie der Herzmuskel, brauchen allerdings die längeren Fettsäuren mit hohem Brennwert, um ihren Energiebedarf decken zu können. Ein Beispiel: 100 Gramm mageres Rindfleisch enthalten 22 Gramm »verstecktes« Fett, dessen Fettsäuren zur Hälfte gesättigt sind und 16 Kohlenstoffatome enthalten. Dieses

Fett eignet sich zwar als Muskelbrennstoff, braucht aber, da seine Moleküle komplex aufgebaut sind, ein Transportprotein (nämlich Karnitin) für das Einschleusen in Körperzellen. Fehlt Karnitin, dann zirkulieren diese Moleküle unablässig im Blutkreislauf und reichern sich zu gefährlich hohen Blutfettwerten an. Sind ausreichend Karnitin und andere lipotrope (fettverwertende) Substanzen in Blut und Gewebe vorhanden, dann schaden diese Fettmoleküle nicht, sondern sind im Gegenteil für den Stoffwechsel sehr nützlich.
Ungesättigte Fettsäuren befinden sich vor allem hoch konzentriert in den Gehirnzellen, sie sind für die Entwicklung und Funktionsfähigkeit des Gehirns und der Augennetzhaut sowie für die Spermienbildung unabdingbar. Einen Mangel an diesen Fettsäuren erkennt man an rötlichen Hautveränderungen oder -verletzungen (meistens an den Wangen) oder an unerklärlichen Hautabschürfungen. Denn dann binden sich gesättigte Fettsäuren an die Hautzellen, machen sie wasserundurchlässig und trocknen sie aus.

Ausreichend Karnitin und andere fettverwertende Substanzen in Blut und Gewebe verhindern gefährlich hohe Blutfettwerte.

Cholesterin – umstritten, aber lebensnotwendig

Cholesterin ist ein Lipid (Fett bzw. fettähnlicher Stoff), der von allen Organen und Geweben des Körpers benötigt wird. Es ist die Grundsubstanz verschiedener Hormone und fördert außerdem als Teil der Gallensäure die Verdauung. Da es ebenso wie andere Fette im wäss-

Die besten Fettsäurelieferanten

Zu einem Teil muss unsere Nahrung aus essenziellen Fettsäuren bestehen, die unser Stoffwechsel – ähnlich wie die essenziellen Eiweißbausteine – nicht selbst herstellen kann. Das sind ungesättigte bzw. mehrfach ungesättigte Fettsäuren, wie sie in Linol- oder Linolensäure (z. B. in Leinöl) oder in Eikosapentaensäure (z. B. im Öl der Kaltwasserfische) vorhanden sind. Diese Omega-3-Fettsäuren haben ca. 20 Kohlenstoffatome und tragen entscheidend zum Funktionieren des Stoffwechsels bei.

rigen Blut nicht gelöst werden kann, verbindet es sich, um transportfähig zu werden, mit bestimmten Eiweißstoffen. Die daraus entstehenden Verbindungen werden wegen ihrer Fett- und Eiweißanteile als Lipoproteine bezeichnet.

Das »gute« und das »schlechte« Cholesterin

Die Lipoproteine, die das Cholesterin im Blutplasma transportieren, werden je nach Verhältnis von Fett zu Eiweiß unterschieden in solche mit hoher Dichte (HDL = high density lipoproteins) und andere mit geringer Dichte (LDL = low density lipoproteins). LDL enthält wenig Eiweiß, aber viel Fett und transportiert etwa zwei Drittel des Blutcholesterins. HDL ist im Vergleich sehr eiweißreich und eher fettarm.

Menschen, die häufig Fett, Süßes oder helle Teigwaren essen, haben viel Cholesterin mit niedriger Dichte im Blut, das von den Körperzellen nicht oder nur ungern angenommen wird.

Cholesterin wird sowohl im Körper von der Leber (aus Triglyzeriden, wie sie in Fleisch, Wurst, Milch und Käse vorkommen) gebildet als auch über die Nahrung aufgenommen. Je weniger Cholesterin wir mit der Nahrung zuführen, desto mehr wird von der Leber hergestellt, denn Cholesterin ist ein lebenswichtiger Fettstoff. Umgekehrt drosselt die Leber ihre Cholesterinproduktion, wenn die Nahrung zu fett und zu cholesterinreich ist. Dabei hat das LDL die Aufgabe, das in der Leber produzierte Cholesterin überall dorthin zu transportieren, wo es benötigt wird. Nimmt man zu viel Cholesterin mit der Nahrung zu sich oder ist die Aufnahme durch die Zellen gestört, verbleibt das restliche LDL-Cholesterin im Blut und lagert sich unter Umständen an den Arterienwänden ab. HDL hingegen nimmt überschüssiges Cholesterin – auch das LDL-Cholesterin – auf, bringt es zur Leber, die es zum großen Teil zu Gallensäure abbaut. Gallensäure spielt eine zentrale Rolle im Verdauungsprozess und wird über den Stuhl wieder ausgeschieden.

Abgesehen von dem Cholesterin, das für die Produktion von Vitamin D und für Steroidhormone (wie z. B. alle Sexualhormone) benötigt wird, kann das überflüssige Cholesterin also nur über die Leber abgebaut und ausgeschieden werden. Der Transport des »schlechten« LDL-Cholesterins durch das »gute« HDL-Cholesterin aus dem Blut zur Leber funktioniert aber natürlich nur, wenn viel HDL im Blut zirkuliert und die Hepatozyten (Leberzellen) ausreichend über Rezeptoren für das Einschleusen der »schlechten« Cholesterinmoleküle verfügen. Beide Voraussetzungen sind nur dann gegeben, wenn die Leber mit lipotropen (fettverwertenden) Substanzen wie den B-Vitaminen Cholin

Die wichtigsten Fetttipps

- In der Küche nur kaltgepresste Pflanzenöle verwenden.
- Fisch (vor allem Kaltwasserfisch wie Hering, Makrele, Kabeljau, Lachs, Forelle) ist Fleisch vorzuziehen, er enthält besser verwertbare Fettsäuren.
- Auch in Getreide, Samen, Nüssen, Keimen, Kernen sind diese lipotropen (fettverwertenden) Fettsäuren enthalten.
- Verzichten Sie auf Süßes, süße Getränke, Nudeln und polierten Reis. Aus den darin enthaltenen Kohlenhydraten macht die Leber Fett und Cholesterin.
- Die B-Vitamine Cholin und Inositol (in Vollkorn, Bierhefe, Lezithin) unterstützen die Leber bei der Fettverwertung.
- Sie sollten viele Ballaststoffe essen (Obst, Salat, Rohkost, Gemüse, Kartoffeln, Vollkornprodukte). Sie saugen sich mit Verdauungssäften voll und scheiden auf diese Weise gerade die schädlichen Fettsäuren aus, die ohnehin länger im Darm verweilen.

Cholin, Inositol, Methionin, Glyzin, Lysin und Omega-3-Fettsäuren helfen bei der Fett- und Cholesterinverwertung mit.

und Inositol oder den Eiweißbausteinen Methionin, Glyzin oder Lysin versorgt wird, so dass sie bei massiver Fettzufuhr nicht selbst verfettet. Cholin und Inositol sind reichlich in Lezithin und Bierhefe vorhanden, die zusätzlich die cholesterinsenkenden Substanzen Chrom und Niazin (Vitamin B3) enthält. Die Aminosäuren Methionin, Glyzin und Lysin sind vor allem in tierischem Eiweiß konzentriert. Tierisches Eiweiß enthält allerdings viele gesättigte Fettsäuren, die einen Anstieg des LDL-Cholesterins bewirken. Im Gegensatz dazu tragen ungesättigte Fettsäuren, die vor allem in pflanzlichen Lebensmitteln vorkommen, zur Senkung des LDL-Cholesterins bei (manche reduzieren jedoch dabei gleichzeitig das HDL-Cholesterin).

Das Wasser

So überraschend es klingen mag: Wasser ist unser allerwichtigster Nährstoff. Obwohl das Wassermolekül nur aus drei Atomen besteht (zwei Wasserstoffatomen und einem Sauerstoffatom), hat es interes-

sante chemische und physikalische Eigenschaften. Wo immer Leben in der Natur existiert, sind nahezu alle Moleküle, Atome oder Ionen in irgendeiner Form in Wasser gelöst.
Biochemische Reaktionen finden – auch in unserem Stoffwechsel – meist nur in einem gleichbleibenden Temperaturbereich statt (im menschlichen Organismus etwa zwischen 36 und 40 °C). Weil Wasser seine Temperatur langsamer verändert als Luft oder Erde, schützt es die Lebewesen vor großen Temperaturschwankungen. Davon profitieren nicht nur Pflanzen und Tiere, die ständig im Wasser leben, sondern auch unser Körper, da er zu 70 bis 80 Prozent aus Wasser besteht.

Wasser ist unser allerwichtigster Nährstoff. Es reguliert nicht nur die Körpertemperatur, sondern ist Grundlage eines jeden Stoffwechselprozesses.

Wasser und Stoffwechsel

Wassermoleküle zeigen eine ausgeprägte Kohäsion (sie binden sich fest aneinander), Adhäsion (sie binden sich an andere Moleküle) und Kapillarität (sie steigen in feinen Gefäßen gegen die Schwerkraft an). Alle diese Eigenschaften sind für unseren Stoffwechsel wichtig.
Wasser eignet sich nicht nur zur Bildung von Wassermasse (wie im Blutplasma), sondern auch als Lösungsmittel für andere Substanzen. Außerdem kann Wasser in seine Sauerstoff- und Wasserstoffbestandteile zerfallen und auf diese Weise das lebenswichtige Säure-Basen-Gleichgewicht in Körperflüssigkeiten steuern. Denn abgegebene Wasserstoffionen erhöhen die Azidität, den Säuregehalt. Der Wasserhaushalt in unserem Körper spielt also für unsere Gesundheit eine erhebliche Rolle.

Wassermangel bei älteren Menschen

Wenn wir älter werden, »trocknen wir aus«; außerdem verändert sich die Verteilung von intrazellulärer (dem Wasser in den Zellen) und extrazellulärer Flüssigkeit (dem Wasser zwischen den Zellen). Ein Baby enthält pro Kilogramm Körpergewicht 690 Gramm Wasser, ein Erwachsener nur noch 600 Gramm, mit sinkender Tendenz bei zunehmendem Alter. Weil die Natriumkonzentration im Gewebe älterer Menschen ab- und die Kaliumkonzentration zunimmt, sinkt der Anteil an extrazellulärer Flüssigkeit. Dies wirkt sich umso verhängnisvoller aus, wenn ohnehin Wassermangel im Körper besteht. Die Folgen sind Mangel an Körperflüssigkeit in Haut, Bindegewebe und Gehirn (z. B. wird die Haut dünn und faltig, die Muskeln werden schwach) und eine oft krankhafte Ansammlung von Wasser in den Organen (wie z. B. dem Herz). Falsche Ernährung ist ein zusätzlicher Faktor, warum Mitteleuropäer auf diese Weise langsam Körpermasse verlieren, während sie gleichzeitig mehr Fett ansammeln.

Häufiges Wassertrinken den Tag über hilft gegen diese Entwicklung am allerwenigsten, sondern führt nur zu »Alarmsituationen« im Körper, der die Urinbildung anregt, damit die extrazelluläre Flüssigkeit nicht aufgelöst bzw. verdünnt wird und so die Nährstoffkonzentrationen verändert werden.

Zwei Stunden braucht der Körper nach der Aufnahme von Wasser, um den ursprünglichen Flüssigkeitszustand wiederherzustellen. Um einem grundsätzlichen Wassermangel im Körper zu begegnen, ist die Einnahme von isotonischen, an Salzen reichen Getränken besser geeignet. Sie verzögern die Urinausscheidung, weil die so genannte osmotische Balance der extrazellulären Flüssigkeit nicht verändert wird. Ein isotonisches Getränk kann man selbst herstellen, indem man etwas Kochsalz in Orangen- oder Apfelsaft einrührt.

Für den Flüssigkeitshaushalt des Körpers ist die Aufnahme von salzhaltigen Getränken besser als Wasser.

So decken Sie Ihren täglichen Wasserbedarf

- Der Wasserbedarf ist je nach Körpergewicht, körperlicher Aktivität, Klima, Transpiration usw. individuell verschieden: Er liegt zwischen zweieinhalb und drei Liter pro Tag. Etwa die Hälfte davon müssen wir trinken, rund 40 Prozent ist in unserer Nahrung enthalten, der Rest wird vom Stoffwechsel im Körper selbst erzeugt. Melonen, Eisbergsalat, Zucchini und andere Pflanzen enthalten 90 und mehr Prozent Wasser, die meisten anderen Früchte zwischen 80 und 90 Prozent, sogar Bananen und Oliven bestehen zu 76 Prozent aus Wasser.
- Auch in anderen Lebensmitteln ist viel Wasser enthalten: 65 Prozent in Spaghetti, 59 Prozent in Schinken, 42 Prozent in einem gebratenen, saftigen Steak, 36 Prozent in Hüttenkäse, 30 Prozent in Brot. Selbst Butter besteht zu 15 Prozent aus Wasser.

Die wichtigsten Wassertipps

- Ist Ihr Urin hell, leiden Sie nicht unter Wassermangel.
- Vegetarier kommen mit weniger Getränken aus. Rohkost, Gemüse usw. enthalten viel Wasser; außerdem müssen Vegetarier nicht so viele Stickstoffabfälle aus extrem eiweißreicher Kost (Fleisch) über die Nieren ausschwemmen.
- Kaffee, Tee und Alkohol wirken diuretisch, d. h., sie führen zu erhöhter Flüssigkeitsausscheidung.
- Verzichten Sie auf süße Getränke. Diese muss der Stoffwechsel erst mit hohem Energieaufwand von der darin enthaltenen schnelllöslichen Glukose reinigen.
- Decken Sie Ihren Wasserbedarf nicht ausschließlich mit Mineralwasser. Unser Stoffwechsel kann die darin enthaltenen (auf dem Etikett abgedruckten) Mineralstoffe nur in organisch gebundener Form aufnehmen (z. B. als Salze), außerdem können solche Mineralien im Lauf von Jahren die feinen Nierenkanälchen verstopfen und zur Steinbildung führen.
- Decken Sie Ihren Flüssigkeitsbedarf zu einem möglichst großen Teil mit Obst, Tomaten, Gemüsesaft und selbst gepressten Obstsäften. Die darin enthaltenen Biostoffe haben eine für unseren Stoffwechsel ideale Zusammensetzung.

Die Ursache für Flüssigkeitsmangel ist meist zu hoher Flüssigkeitsverlust durch Durchfall, erhöhte Körpertemperatur, Bluthochdruck u. Ä.

Ursachen für Flüssigkeitsmangel

Wir verlieren Wasser nicht nur über den Urin, sondern auch über das Ausatmen, Transpirieren (Schwitzen) oder über die Stuhlausscheidung. Die Ursache für Flüssigkeitsmangel ist weniger eine geringe Flüssigkeitsaufnahme als zu hoher Flüssigkeitsverlust (beispielsweise bei Durchfall, erhöhter Körpertemperatur, bei erhöhtem Blutdruck, mangelnder Nierenfunktion, aufgrund überwärmter Räume usw.). Ein Mangel an Körperflüssigkeit macht müde. »Bereits vier bis fünf Prozent Körperwasser weniger können die Arbeitskraft um 20 bis 30 Prozent schwächen«, sagt Dr. Helen A. Guthrie von der Pennsylvania State University (USA).

Abenteuer Stoffwechsel – die Enzyme

Jeder Gedanke, jede Bewegung, der Blutfluss, das Wachstum, die Verdauung, unsere Triebe – alles ist Produkt zahlloser chemischer Vorgänge, die von Enzymen gesteuert werden. Die Tätigkeit der Enzyme wiederum wird durch Hormone reguliert, die der Kontrolle des Gehirns unterliegen. Damit es nirgendwo zu einer Stoffwechselentgleisung kommt, gibt es etliche Rückkopplungssysteme (Feedback), welche die Arbeit von Enzymen und Hormonen überwachen.

Jeder Gedanke, jede Körperregung wird durch chemische Vorgänge in unserem Organismus hervorgerufen, die von Enzymen gesteuert werden.

Enzymreaktionen in Lichtgeschwindigkeit

Bei einem Teil der durch Enzyme gesteuerten chemischen Reaktionen wird Energie verbraucht, andere liefern Energie. Wenn z. B. Proteine oder auch Fettstoffe im Stoffwechsel aufgebaut werden, sprechen wir von Anabolismus. Wenn im Gegensatz dazu in der Körperzelle Moleküle abgebaut, Energien freigesetzt oder Abfallprodukte zerlegt werden, sprechen wir von Katabolismus. Oft sind in Körperzellen anabole und katabole Reaktionen miteinander verknüpft.

Wenn etwa ein bestimmter Eiweißkörper hergestellt werden soll, sind viele metabolische (stoffwechselbezogene) Enzymreaktionen gleichzeitig notwendig, die nahezu mit Lichtgeschwindigkeit ablaufen. Ein Beispiel: Bei einer »Schrecksekunde« (z. B. einem Beinaheunfall) werden in den Nervenzellen aus dem Eiweißrohstoff Phenylalanin blitzschnell Stresshormone (z. B. Adrenalin) synthetisiert. Zwar produziert auch unser Nebennierenmark Adrenalin, doch erstens viel zu langsam, und zweitens wäre sein Transport auf den trägen Beförderungsweg des Bluts angewiesen. Der allerschnellste Signalweg ist das Nervensystem. Da man bei Gefahr in Bruchteilen von Sekunden reagieren muss, synthetisiert der Stoffwechsel in den Nervenzellen in Sekundenschnelle in etwa zehn metabolischen Stufen das Wachhormon Adrenalin unter Beteiligung von einem Dutzend Enzymen, zahlreichen Vitaminen und Mineralstoffen.

Interessant ist dabei, dass Menschen, die ihr Nervensystem nicht mit den notwendigen Biostoffen versorgen, auf Schreck mit dem Ausstoß von Adrenalin aus dem Nebennierenmark reagieren. Das macht zwar

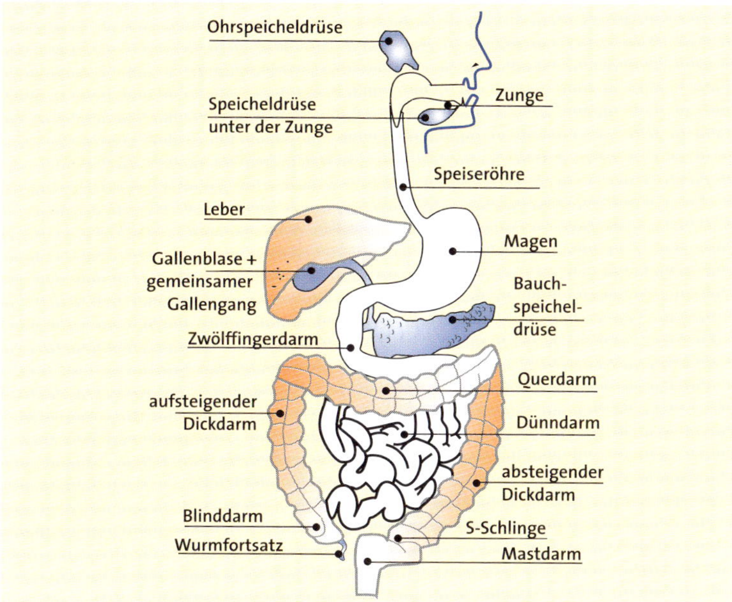

Ohne Enzyme würde unsere Verdauung nicht funktionieren.

wach, aber auch ängstlich und defensiv. Menschen, die auf Stress und Schreck euphorisch und angriffslustig reagieren, holen sich ihr Adrenalin aus dem Nervensystem – mit dem euphorisierenden Noradrenalin als wichtiger Stoffwechselzwischenstufe.

Menschen, die ihr Nervensystem nicht ausreichend mit Biostoffen versorgen, erhalten bei Schreck ihr Adrenalin aus dem Nebennierenmark. Das macht wach, aber auch ängstlich und defensiv – im Gegensatz zum euphorisierenden Noradrenalin.

Enzyme und Verdauung

Die Verdauung ist ein wesentlicher Teil des Stoffwechsels, denn in den Verdauungsorganen muss die gesamte aufgenommene Nahrung so aufbereitet werden, dass sie vom Darm in den Blutkreislauf gelangen kann. Auch am Verdauungsprozess sind Enzyme vom ersten Moment an beteiligt. Bereits wenn die Nahrung in den Mund gelangt, wird durch die im Speichel enthaltenen Enzyme mit dem Abbau der in ihr enthaltenen Kohlenhydrate begonnen. Der weitere Zerkleinerungsprozess erfolgt auf dem Weg durch Speiseröhre, Magen und die verschiedenen Darmabschnitte mit Hilfe von Verdauungssäften, die wiederum zahlreiche Enzyme enthalten. Die Verdauungssäfte werden von Leber, Gallenblase, Bauchspeicheldrüse, Magen und Darm zur Verfügung gestellt. Sie knacken die Nahrung in ihre Grundbausteine auf, so

Hitze zerstört die Enzyme

Gekochtes Gemüse enthält kaum noch aktive Enzyme, deshalb täglich Rohkost essen!

In unserem Körper gibt es, so der bisherige Erkenntnisstand, rund 3000 Enzyme, die von ihrer chemischen Zusammensetzung her betrachtet Proteine sind. Rohkost enthält besonders viele Enzyme. Wenn wir Gemüse aber kochen, sterben die darin enthaltenen Enzyme ab. In ihrer molekularen Struktur bleiben sie zwar weiterhin erhalten, aber sie verlieren ihre Wirkung. Bereits bei 65 °C werden alle Enzyme zerstört. Deshalb enthält Brot genauso wenig Enzyme wie ein Schweinebraten, eine Gemüsesuppe oder ein Pfannkuchen. Auch bei der Herstellung erhitzte Produkte wie viele Obst- und Gemüsesäfte, Frühstücksflocken oder Butter enthalten keine oder kaum noch Enzyme. Ohne die Unterstützung der von außen zugeführten Enzyme wird der Verdauungsapparat jedoch schnell überlastet.

dass schließlich Kohlenhydrate, Fett und Eiweiß durch die Darmwand dringen und von Blut und Lymphe aufgenommen werden können. Dieser Vorgang wird Resorption genannt (nur wenige Bestandteile der Nahrung wie Faserstoffe werden nicht resorbiert und unverdaut wieder ausgeschieden) und wäre ohne Enzyme nicht möglich; wir würden ohne sie sozusagen mit vollem Magen verhungern.

Tiere in freier Natur versorgen ihren Stoffwechsel mit 17-mal mehr Enzymen als wir Menschen.

Spezialisierung der Enzyme

Jedes Enzym ist im Verdauungsprozess auf eine bestimmte Aufgabe spezialisiert. Ein eiweißspaltendes Enzym kann kein Fett, ein kohlenhydratspaltendes kein Eiweiß verdauen. Kohlenhydrate werden von so genannten Amylasen, Fette von Lipasen und Proteine von Proteasen in ihre Grundbausteine zerlegt.

Wird Gemüse in Form von Rohkost aufgenommen, können bis zu 70 Prozent von den darin enthaltenen Enzymen verdaut werden, so dass fast keine Enzyme der Bauchspeicheldrüse (Pankreas) benötigt werden. Wenn wir hingegen vor allem Gekochtes, Erhitztes, Gebratenes, Gedünstetes usw. zu uns nehmen, das viel weniger Enzyme ent-

hält, muss die Bauchspeicheldrüse wesentlich größere Mengen all jener Enzyme herstellen, die für die Verdauung erforderlich sind. Eine kontinuierliche Überlastung der Bauchspeicheldrüse führt nicht selten zu verschiedenen Erkrankungen.
Jüngere Menschen können, wenn sie enzymarme gekochte Gerichte essen, die Produktion von Bauchspeicheldrüsenenzymen noch ausreichend anregen. Bei älteren oder alten Menschen, die sich lange ungesund ernährt haben, ist die Bauchspeicheldrüse hingegen häufig bereits geschädigt. Deshalb gewinnen sie auch aus ihrer gewohnten Alltagskost kaum noch nennenswerte Mengen an Biostoffen. Unser Stoffwechsel ist aber nicht nur auf Enzyme angewiesen, damit wir uns vital fühlen, sondern auch auf ausreichende Mengen so genannter Substrate. Gemeint sind die Nahrungsbestandteile, die im Stoffwechsel verändert, umgebaut oder verbraucht werden, also: Eiweiße, Kohlenhydrate, Fettsäuren, Vitamine, Mineralstoffe und Spurenelemente.

Ist die Bauchspeicheldrüse erkrankt, kann sie nur noch bedingt die notwendigen Verdauungsenzyme herstellen.

Die wichtigsten Stoffwechseltipps

- Nehmen Sie Lebensmittel möglichst unbehandelt, also in rohem Zustand zu sich. Sie enthalten noch alle Enzyme.
- Wer vorwiegend warm isst (z. B. täglich in die Kantine oder ins Restaurant geht) oder sich von Fertigkost ernährt, sollte eventuell zusätzlich Verdauungsenzyme (in der Apotheke erhältlich) zu sich nehmen.
- Bierhefe ist ideal für den »intermediären« Stoffwechsel, der nach der Nahrungsverwertung in den Zellen stattfindet. Sie enthält alle B-Vitamine, außerdem die Spurenelemente Mangan, Selen, Chrom und Zink.
- Unser Stoffwechsel kann nur ausgeglichen und leistungsfähig funktionieren, wenn wir ihm reichlich Vitamine, Mineralstoffe, Eiweiß, Glukose und hochwertige Fettsäuren zuführen, die in ausgewogenen Proportionen ausschließlich in gesunder Mischkost enthalten sind (Salat, Rohkost, Gemüse, Obst, Vollkornprodukte, Eier, Milch, Käse, Fleisch, Fisch und Geflügel).

Aufbau der Hormone und Peptide

Bisher sind rund 400 Hormone und 1000 Peptide bekannt, die den komplexen Kreislauf des Hormonsystems regeln. Seit es Analysegeräte gibt, die die Tätigkeiten der Moleküle in den Zellen sichtbar machen, werden kontinuierlich neue Hormone und Nervenpeptide entdeckt, und das uns häufig undurchschaubare Hormonleben entschlüsselt sich immer mehr.

Die meisten Hormone sind aus Aminosäuren aufgebaute Molekülketten. Wenn eine solche Sequenz aus beispielsweise 40 Aminosäuren in Einzelteile zerlegt wird, entstehen neue Hormone und Peptide mit ganz anderen Wirkungen im Hormonsystem. Genau wie auch im übrigen Körper permanent Eiweißstoffe aus Aminosäuren umgebaut werden, zerlegt auch der Hormonstoffwechsel in jeder Sekunde Hormone und Peptide, um sie zu neuen Stoffen zu verbinden.

Bestimmte Hormone und Peptide können uns in gute Stimmung versetzen oder krank machen. Deshalb ist es kaum verwunderlich, dass sich die Wissenschaftler ihrer Erforschung mit stets wachsendem Engagement widmen.

Moleküle, die Angst oder Freude verursachen

Da unsere psychische Verfassung letztendlich über unser Wohlbefinden entscheidet, widmen sich Neurophysiologen oder Psychoendokrinologen mit wachsendem Interesse den winzigen Neuromolekülen, die uns Angst oder Freude vermitteln, krank oder gesund machen.

Um ihre Forschungen durchführen zu können, benötigen die Wissenschaftler Hormone und Peptide sowie deren bekannte Fragmente in großen Mengen. Auf dem wissenschaftlichen Markt gibt es Kataloge, in denen bis zu 60 000 verschiedene Molekülsubstanzen zu festen Preisen angeboten werden. Das teuerste Hormon ist das Hormon Prolaktin aus dem Vorderlappen der menschlichen Hirnanhangsdrüse. Es regt u. a. bei Frauen nach einer Geburt die Laktation (Milchproduktion) an. Das Molekül ist derart komplex – es besteht aus 198 Aminosäuren –, dass es nicht synthetisch hergestellt werden kann, sondern direkt aus der menschlichen Hirnanhangsdrüse gewonnen werden muss. Da es aber nur in äußerst geringer Konzentration vorkommt, sind 2000 Leichen nötig, um es überhaupt in ausreichender Menge für Forschungszwecke zu gewinnen. Ein millionstel Gramm menschliches Prolaktin kostet rund 150 DM. Aber auch von anderen Hormonen werden im Nerven- und Drüsenstoffwechsel nur äußerst geringe Mengen benötigt: Von dem hochwirksamen Östrogen z. B. produziert eine Frau in ihrem ganzen Leben nur einige Gramm.

Wie Ihr Hormonhaushalt in Schwung kommt

- Die meisten Neurotransmitter (chemische Substanzen, die eine Erregung weiterleiten) werden, da sie schnell zur Verfügung stehen müssen, aus nur einer Aminosäure hergestellt. Für die Produktion werden zusätzlich u. a. die Vitamine B6 und C sowie die Spurenelemente Zink und Mangan benötigt. So entsteht z. B. aus dem Eiweißstoff Tryptophan das Schlafhormon Serotonin, aus Phenylalanin das euphorisierende Noradrenalin. Der Neurotransmitter Azetylcholin, Garant für Konzentration und ein gutes Gedächtnis, wird aus dem B-Vitamin Cholin hergestellt (wobei noch ein weiteres B-Vitamin, Folsäure, und die Aminosäure Methionin benötigt werden). Cholin und Folsäure sind in Leber, Eigelb, Vollkorn und Bierhefe enthalten, Methionin in allen tierischen Nahrungsmitteln.
- Für die meist in Lichtgeschwindigkeit erfolgende Übertragung der Neurotransmitter von Nervenzelle zu Nervenzelle wird Kalzium (in Milch, Käse) benötigt. Die positiv bzw. negativ geladenen Kalziumionen machen den Signalfluss erst möglich. Hormone und Nervenpeptide sind sehr empfindlich. Sie müssen deshalb vor freien Radikalen besonders geschützt werden, wobei Vitamin C der wichtigste Schutzfaktor ist.
- Das so genannte Opiatpeptid Beta-Endorphin macht uns euphorisch. Es entsteht unter Mithilfe der Aminosäure Lysin aus der Fettsubstanz Beta-Lipotropin. Beta-Endorphin besetzt an Nerven- und Gehirnzellen dieselben Rezeptoren wie Rauschgifte. Es wirkt auch schmerzlindernd bzw. -betäubend. Noradrenalin schützt das Beta-Endorphin bereits bei seiner Entstehung in Nervenbläschen vor einem zu raschen Abbau. Menschen, die zu wenig Beta-Endorphin und Noradrenalin produzieren, sind ängstlich, verzagt, mutlos, können sich nicht freuen oder begeistern und lachen auch nur selten.

Eine ganze Reihe von Vitaminen, Mineralien und Spurenelementen ist erforderlich, um den Hormonhaushalt zu aktivieren.

Die Hormonfabrik Niere

Nicht nur Gehirn und Geschlechtsdrüsen produzieren zahlreiche Hormone, sondern auch Bauchspeicheldrüse, Magen und Darm, die Nieren und sogar das Herz. Eine höchst leistungsfähige Hormonfabrik sind unsere nur etwa 15 Gramm leichten Nebennieren, die jeweils am oberen Pol beider Nieren anliegen und kleine dreieckige bzw. halbmondförmige Drüsen sind. Ihre Rinde stellt eine Reihe wichtiger Hormone her, wie beispielsweise das entzündungshemmende Kortisol, außerdem Geschlechtshormone (Androgene und Östrogene). Für Frauen nach den Wechseljahren ist eine gesunde Nebennierenrinde besonders wichtig, da sie ersatzweise für die Ovarien (Eierstöcke) die Östrogenproduktion übernimmt.

Unsere Nebennieren müssen besonders gut mit Biostoffen versorgt werden, um ihre Aufgaben im Hormon- und Peptidsystem erfüllen zu können.

Kortisol und Stress

Die Nebennierenrinde produziert normalerweise innerhalb von 24 Stunden zwischen 15 und 30 Milligramm Kortisol. Wer aber von früh bis spät im Stress ist, ringt seinen Nebennierenrinden eine Überproduktion von bis zu 50 Milligramm Kortisol pro Tag ab. Dies wirkt sich verheerend aus, denn eine entgleiste Kortisolproduktion stört das gesamte Hormon- und Peptidsystem nachhaltig. Schlafstörungen oder gar Schlaflosigkeit können die Folge sein.

Biostoffe für die Nebennieren

Den Kern der Nebennieren bildet das so genannte Mark, das wiederum ein ganz anderes Hormon herstellt, nämlich Adrenalin. Dieser Stoff wirkt erregend und macht uns in Stresssituationen hellwach. Er versetzt einen in Extremsituationen in die Lage, sein Leben zu schützen, sich beispielsweise gleichsam ohne nachzudenken zu verteidigen oder blitzschnell wegzulaufen.

Gerade unter Stress müssen deshalb die Nebennieren besonders gut mit Biostoffen versorgt werden, vor allem mit Cholesterin, dem Rohstoff für die Steroidhormone. Dabei fehlt es meist nicht an Cholesterin, viel eher hingegen an Stoffen, die das Cholesterin in den Drüsen verwertbar machen, wie beispielsweise die B-Vitamine Cholin und Inositol oder die Omega-3-Fettsäuren (die vor allem in hochwertigen Pflanzenölen vorkommen). Außer Cholesterin brauchen die Nebennieren für die Adrenalinherstellung große Mengen Vitamin C. Deshalb ist die

Die wichtigsten Hormontipps

- Essen Sie vor allem Lebensmittel mit einer hohen Nährstoffdichte: Obst, Salat, Rohkost, Gemüse, Kartoffeln, Naturreis, Vollkornprodukte, Eier, Milch, Käse, Fleisch, Fisch oder Geflügel.
- Sie sollen abends kurz vor dem Schlafengehen noch eine Portion Eiweiß pur essen (ca. 30 Gramm Fleisch, Fisch oder Geflügel) und dazu den Saft von 1 frisch ausgepressten Zitrone trinken. Daraus stellt die Hirnanhangsdrüse nachts das »schlank machende« Wachstumshormon und gegen Morgen das stimulierende ACTH (adrenocorticotropes Hormon) her.
- Viel Vitamin C (in frischem Obst) schützt alle Hormone und Neuropeptide vor der Zerstörung durch freie Radikale; außerdem wird es für fast jede Stoffwechselstufe bei der Biosynthese von Peptiden und Hormonen gebraucht.
- Vitamin B6 (Pyridoxin) ist für sämtliche Eiweißstoffwechselvorgänge unerlässlich, also auch für die Produktion der Hormone, die sich in der Regel aus Aminosäuren zusammensetzen. Man sollte das Vitamin aber nicht einzeln in der Apotheke kaufen, sondern stets alle B-Vitamine in ihrer kompletten Zusammensetzung, wie sie in der natürlichen Nahrung vorkommt, zu sich nehmen (am besten in Form von Bierhefe).
- Die B-Vitamine Cholin und Inositol (in Vollkorn, Bierhefe, Lezithin) sind die wichtigsten Rohstoffe für den Gehirnhormonstoffwechsel. Außerdem machen sie Cholesterin verwertbar, das in großen Mengen für die Sexual- und Stresshormone gebraucht wird.

Mit einer gesunden Mischkost, die alle wichtigen Biostoffe in einem ausgewogenen Verhältnis vereint, ist dem Hormonhaushalt am besten gedient.

Konzentration an Vitamin C nirgendwo im Körper höher als im Nebennierenmark. Dementsprechend drosselt ein Mangel an Cholesterin, das nicht nur mit der Nahrung zugeführt, sondern auch in der Leber hergestellt wird, und Vitamin C die Leistungsfähigkeit der Nebennieren und damit die Hormonproduktion. Vitamin C schützt außerdem jedwedes Hormon vor den Angriffen durch freie Radikale.

Hormone und Neurotransmitter steuern auch unser Liebesleben. Die Nähe eines geliebten Menschen wirkt als Stimulans, um das Hormonsystem zu aktivieren.

Neurotransmitter – die schnellen Signalstoffe

Unsere Drüsenhormone werden über das verzweigte Transportnetz der Blutgefäße verschickt. Es gibt aber noch eine andere Art von Hormonen bzw. Nervenpeptiden, die eine spezielle Rolle im Hormonsystem spielen: die so genannten Neurotransmitter. Dies sind Nervenreiz- und -signalstoffe, die in Bläschen an Nerven- und Gehirnzellen entstehen und das Transportnetz der Nervenbahnen benutzen. Sie sind dadurch wesentlich schneller an ihrem Zielorgan als die Botenstoffe, die durch die Blutbahn transportiert werden.

Noch vor wenigen Jahren war von nur vier Neurotransmittern die Rede, nämlich Noradrenalin, Serotonin, Dopamin und Azetylcholin. Erst in jüngster Zeit gelang es, weitere zu entdecken, ihre Zahl wächst kontinuierlich an. Außerdem wurde festgestellt, dass einige der bekannten Nervenpeptide Neurotransmitter sind.

Zu viel Stress stört das Hormongleichgewicht. Schlaflosigkeit kann die Folge sein.

Die besonderen Aminosäuren

Auch fast alle Neurotransmitter sind einfache Aminosäuren oder sind aus solchen zusammengesetzt. Zwei dieser Aminosäuren sind für das Ausmaß der geistigen Leistungsfähigkeit in entscheidendem Maß verantwortlich: Tyrosin und Tryptophan. Sie entscheiden, wie viele der einzelnen Gehirnbotenstoffe gebildet werden und wie stark sie wirken. Tyrosin ist vor allem in Hülsenfrüchten, Geflügel und Meeresfrüchten enthalten und gilt als optimaler Fitmacher unter den Aminosäuren. Es erhöht die Aufmerksamkeit und sorgt für klares Denken. Tryptophan hingegen sorgt für Ausgeglichenheit und wirkt gegen Niedergeschlagenheit. Es ist vor allem in Teigwaren, Milch, Bananen und Sonnenblumenkernen enthalten.

Neurotransmitter benutzen die Nervenbahnen zur Übermittlung eines Reizes und können deshalb wesentlich schneller als über das Blut transportierte Hormone wirken.

Gut gelaunt mit Noradrenalin

Beispielsweise zählt das im Zentralnervensystem und Nebennierenmark hergestellte Noradrenalin zu den Neurotransmittern. Dieser Stoff leitet Euphoriesignale aus dem Gehirn über die Nervenzellen in den Körper weiter. Dadurch trägt er dazu bei, dass Freudengefühle körperlichen Ausdruck finden. Auch hier spielt Vitamin C eine zentrale Rolle, da bei einem Mangel die Synthese von Noradrenalin gestört und positive Emotionen nicht weitergeleitet werden. Die Erkenntnis moderner Biochemiker, dass eine erhöhte Zufuhr von Biostoffen z. B. Depressionen lindern kann, ist allerdings gar nicht so neu, denn schon der Volksmund sagt: »Sauer macht lustig.«

Ein Peptid für die Liebe

Ein anderer Neurotransmitter ist der Eiweißstoff VIP (vasoactive intestinal polypeptide). Wie sich herausgestellt hat, ist es unser Liebes- und Sexualpeptid, das im Gewebe rund um den Hypothalamus sowie in der Umgebung von Vagina und Penis zu finden ist – allerdings in sehr geringen Konzentrationen: Ein Gramm Gewebe enthält nur 16 billionstel Gramm des Neurotransmitters, der dennoch eine sehr hohe Wirkung erzielt.

Ein sexueller Reiz – der Anblick des geliebten Partners, ein zärtliches Wort, eine leichte Berührung – schießt über die Nervenbahnen in Sekundenbruchteilen vom Gehirn, wo der Reiz empfangen wird, in den Genitalbereich und löst dort verschiedene Reaktionen aus. Über die Blutbahn transportiert, würde ein solches Stimulans mindestens zwölf oder gar mehr Sekunden brauchen und wäre dementsprechend viel zu langsam, um Reiz und Erregung wirkungsvoll zu koordinieren. Der Reiz würde durch die Verzögerung erheblich abgeschwächt.

Sich gesund essen mit Nährstoffen

Die wichtigsten Krankheiten von A bis Z

Mit der Entwicklung modernster Analysegeräte wie Atomabsorptionsspektroskopen oder Hightech-Chromatografen gelingt es Biochemikern, täglich neue Einblicke in die komplexen Stoffwechselvorgänge des Körpers zu gewinnen. Sie können bei immer mehr Krankheiten und Beschwerden, unter denen wir im Alltag leiden, zeigen, dass sie in erster Linie auf falsche Ernährung zurückzuführen sind. Versuchen auch Sie von dem Glauben abzukommen, Arzneimittel gäbe es nur in der Apotheke. Der Reichtum der Natur an lindernden oder gar heilenden Biostoffen ist ganz einfach zu nutzen. Eine allgemein gesunde Ernährung erhält Sie außerdem fit und leistungsfähig.

Beschwerden und Krankheiten lassen sich durch gezielte Zufuhr fehlender Biostoffe lindern oder gar heilen.

Akne

Akne ist die am häufigsten vorkommende Hautkrankheit, begleitet von unschönen Mitessern, Pickeln und Pusteln, meist im Gesicht, aber auch auf dem Rücken, der Brust und den Schultern. Männer sind stärker als Frauen davon betroffen.

Nicht selten werden Aknepatienten über Monate oder gar Jahre hinweg mit Antibiotika behandelt. Als Folge davon entwickeln sie in ihrem Darm eine krankhafte Überbesiedlung mit bestimmmten Bakterien und Pilzen, welche die Akne noch verschlimmern.

Akne tritt meist im Gesicht in Erscheinung, kann sich aber auch auf der Brust und am Rücken zeigen.

Häufige Erkrankung in der Pubertät

Die Krankheit entsteht im Bereich der Hauttalgdrüsen, die ihre höchste Dichte im Gesicht haben. Androgene (männliche Geschlechtshormone, wie z. B. Testosteron) stimulieren in den Hautzellen an Haarschaft und -wurzel die Produktion von Keratin für Barthaare. Unter ihrem Einfluss vergrößern sich die Drüsen und sondern mehr Talg ab. Weil auch Mädchen in der Pubertät Androgene produzieren, leiden auch sie nicht selten unter Akne. Eine kosmetische Behandlung kann hier zwar das äußere Erscheinungsbild verbessern, die Ursache aber nicht bekämpfen.

So helfen Nährstoffe

Chrom, Zinktabletten, Antioxidanzien mit Selen, Vitamine des B-Komplexes und Bierhefe helfen gegen Akne.

Da bei Akne der Glukosestoffwechsel der Hautzellen gestört ist, erweist sich das Spurenelement Chrom (in Bierhefe enthalten, die in Apotheke, Reformhaus oder Supermarkt bezogen werden kann) als hilfreich. Chrom wirkt regulierend auf den Blutzuckerspiegel. Auf Zucker, Süßes und helle Teigwaren sollte man dennoch verzichten. Zinktabletten (z. B. Zinksulfat; in der Apotheke erhältlich) zeigen oft eine ähnlich gute Wirkung wie Antibiotika, haben aber nicht deren unerwünschte Nebenwirkungen. Auch haben insbesondere Männer, die unter Akne leiden, meist zu niedrige Blutkonzentrationen des Immunstoffs Glutathionperoxidase. So genannte Antioxidanzien mit Selen (auch sie bekommt man in der Apotheke) beheben diesen Mangel und führen rasch zu einer Besserung. Wenn sich Akne bei Frauen in den Tagen vor der Menstruation verschlimmert, kann ein Mangel an Vitamin B6 (Pyridoxin) die Ursache sein. Vitamine des B-Komplexes und Bierhefe senken die hormonelle Empfindlichkeit gegenüber Androgenen und lassen die Beschwerden oft abklingen.

Altersbeschwerden

Unter dem Begriff »Altersbeschwerden« verbergen sich zahlreiche verschiedene Funktionsstörungen: Kreislaufbeschwerden, Knochenschwäche und Beeinträchtigungen der geistigen Leistungskraft.

Mit der Reduktion der Leistungsfähigkeit der Organe, sinkendem Energieumsatz und verminderter Stoffwechselkapazität, insbesondere aber mit nachlassenden Abwehrkräften in Folge eines geschwächten Immunsystems machen sich Altersbeschwerden im ganzen Körper bemerkbar: Kreislaufstörungen, Konzentrationsschwäche, Knochenbeschwerden, Erschöpfungszustände, nachlassende Sehkraft und viele weitere Symptome gehören dazu. Die allgemeine Vitalität lässt oft ganz erheblich nach.

Verantwortlich ist meist weniger mangelhafte Nährstoffzufuhr als vielmehr eine ungenügende Verwertung von Vitaminen, Mineralien, Eiweißen und anderen Biostoffen. So produzieren die meisten Menschen etwa ab dem 30. Lebensjahr immer weniger Magensäure, die für die Eiweißverwertung unerlässlich ist. Ohne ausreichende Aminosäuren (kleinste Eiweißbausteine) können aber vor allem die wichtigen Mineralien und Spurenelemente nicht mehr in ausreichenden Mengen durch die Darmwand ins Blut dringen. Eiweiß- und Mineralienmangel führen dann zu einer Unterversorgung aller Körperzellen – und dies trotz scheinbar gesunder Ernährung.

So helfen Nährstoffe

Ältere oder alte Menschen sollten zu eiweißreicher Kost (Fleisch, Fisch, Geflügel, Magerkäse) stets etwas saures Obst essen oder ein paar Spritzer Zitronensaft hinzufügen. Dies senkt den pH-Wert im Magensaft, erhöht also dessen Azidität. Eiweiß wird dann im Magen durch das Enzym Pepsin besser vorverdaut und kann auf diese Weise im Dünndarm vollständig verwertet werden. Auch der Kohlenhydrat- und Fettstoffwechsel sollte verbessert werden. Bierhefe (die alle B-Vitamine enthält) sorgt für eine optimale Kohlenhydratverdauung, kaltgepresste Pflanzenöle mit ihren hochwertigen Fettsäuren für eine gesteigerte Fett- und Cholesterinnutzung. Das Immunsystem wird am besten durch viel Vitamin C (in frischem Obst), Vitamin A und Karotinoide (in dunkelgrünem und orangegelbem Gemüse), Vitamin E (in Pflanzenölen, Nüssen, Keimen, Samen, Kernen) sowie durch das Spurenelement Selen (in Vollkorn, Fleisch, Fisch, Knoblauch) gestärkt.

Die Vitamine A, C und E, Karotinoide sowie Selen stärken das Immunsystem.

Appetitmangel

Meist sind es Kinder oder ältere Menschen, die nur wenig essen, keinen Hunger und kaum Appetit verspüren. Dabei sind gerade sie besonders auf eine ausgewogene Nährstoffzufuhr angewiesen. Fehlender Appetit geht fast immer mit Antriebsschwäche und Energiemangel einher, wodurch über einen gedrosselten Stoffwechselumsatz das Hungergefühl noch mehr reduziert wird. Die Appetitlosigkeit schaukelt sich dann regelrecht auf.

Entscheidend für unseren Appetit ist die Schwankung des Blutzuckerspiegels. Wenn der Glukosegehalt des Bluts mangels Nahrung sinkt, fehlt den Gehirnzellen und dem Nervengewebe Energiebrennstoff. So genannte Glukoserezeptoren (Landeplätze für Glukose-, also Kohlenhydratmoleküle) in den Leberzellen schicken dann über den Vagusnerv (den Magen-Gehirn-Nerv) Signale an das Gehirn, das daraufhin Hungerreize stimuliert.

Entscheidendes Stimulans für das Hungergefühl ist das Niveau des Blutzuckerspiegels.

Eine weitere Regulierung des Appetits erfolgt über das Sättigungszentrum im »ventromedialen« Hypothalamus des Gehirns in Form des Fetthaushalts. Oft stellt sich tagsüber selbst bei zu niedrigem Blutzuckerspiegel kein Hungergefühl ein, weil Fettzellen Triglyzeride für den Energiebedarf freisetzen. Der Glukosespiegel fällt dabei weiter, wodurch häufig gegen Abend schließlich Heißhunger ausgelöst wird.

So helfen Nährstoffe

Eine vollständige Umstellung der Kost auf komplexe Kohlenhydrate fördert den Appetit.

Bei Appetitmangel sollte die tägliche Kost ganz auf komplexe Kohlenhydrate umgestellt werden (Rohkost, Gemüse, Kartoffeln, Naturreis, Vollkornprodukte). Die in diesen Lebensmitteln enthaltenen Kohlenhydrate werden ganz allmählich im Darm zu Glukose abgebaut und an das Blut abgegeben. Dadurch wird für eine stetige Glukoseversorgung des Organismus ohne schnelle Schwankungen gesorgt. In einem gesunden Referenzbereich zwischen 80 und 100 Milligramm Glukose pro 100 Milliliter Blut reagiert der Glukosespiegel dann wieder sehr sensibel auf Nahrungsentzug mit der Folge häufiger Appetitreize.

Augenbeschwerden

Das Auge ist ein höchst aktives und den ganzen Tag über gefordertes Organ und wird deshalb besonders reich über feinste Blutgefäße mit Nährstoffen versorgt. Dementsprechend reagiert das Auge auch außergewöhnlich empfindlich auf einen Mangel an Nährstoffen. Es ermüdet schnell, die Sehkraft schwindet, es kommt zu Tränenflüssigkeitsmangel, trockenen, geröteten, brennenden, juckenden Augen oder Bindehautentzündungen. Vor allem Menschen, die in trockenen Räumen vor dem Bildschirm arbeiten, sind von dieser Art Augenbeschwerden betroffen.

Die wichtigsten Immunsubstanzen für unser Auge sind die Vitamine A, B6, C und E sowie Zink und Selen.

Die Zellen unterversorgter Augen sind auch stärker dem Angriff freier Radikale ausgesetzt: Netzhaut (Retina), Hornhaut und Linse können in Mitleidenschaft gezogen werden.

So helfen Nährstoffe

In der Netzhaut der Augen wird ein Sehpurpur (Rhodopsin) genannter roter Farbstoff gebildet, der bei Einwirkung von Licht zerfällt und im Dunklen neu gebildet wird. Er setzt sich aus Eiweißsubstanzen und Vitamin A zusammen, wobei die Spurenelemente Zink und Vitamin B6 an seiner Herstellung beteiligt sind. Diese Stoffe sind somit für ein funktionstüchtiges Auge von herausragender Bedeutung.

Eiweiß ist ausreichend in allen Lebensmitteln mit hoher Nährstoffdichte enthalten, also in Gemüse ebenso wie in Fleisch, Fisch oder Magerkäse. Vitamin A bzw. seine Stoffwechselvorstufen, die Karotinoide, kommen vor allem in Spinat, Grünkohl, Brokkoli, Karotten, Melonen, Aprikosen, Pfirsichen und Kürbis reichlich vor. Zink und Vitamin B6

finden sich in Vollkorngetreide und Bierhefe, die außerdem noch das für den Immunschutz unserer Augen hochwirksame Spurenelement Selen enthält. Weitere wichtige Immunsubstanzen für unsere Augen sind Vitamin C (in frischem Obst, Salat) und Vitamin E (in Pflanzenölen, Samen, Nüssen, Keimen).
Für eine Auffrischungskur der Augen empfiehlt sich ein Präparat aus den vier so genannten Antioxidanzien Vitamin A, C und E sowie Selen (in der Apotheke erhältlich).

Vitamin C ist eine der wichtigsten Substanzen, um die empfindlichen Zellen der Augen zu schützen.

Bandscheibenbeschwerden

Die häufigste Ursache von Bandscheibenbeschwerden sind zu schwache Muskeln im Stützapparat der Wirbelsäule. Als Folge verspannen sich bei Belastung, Unterkühlung oder einer falschen Bewegung die Nacken- oder Lendenmuskeln, und es kann zu Hexenschuss, eingeklemmten und entzündeten Nerven (Ischias) oder auch zu einem Bandscheibensyndrom (z. B. Vorfall) kommen. Je schwächer die Muskeln sind, desto größer ist die Gefahr von Bandscheibenproblemen, denn der Druck auf die Wirbelkörper ist groß: Wenn wir uns beispielsweise tief bücken, um einen Eimer Wasser hochzuheben, kann ein Druck von einer halben Tonne auf einzelne Wirbelkörper und die zugehörigen Muskelpartien entstehen.

Vitamin B6, eiweißspaltende Enzyme, Zink und Omega-3-Fettsäuren helfen gegen Bandscheibenbeschwerden.

So helfen Nährstoffe

Oft fehlen in der Nahrung bestimmte Muskelaminosäuren für den Neuaufbau von Muskelgewebe wie Valin, Isoleuzin und Leuzin. Enthalten sind diese vorwiegend in tierischen Lebensmitteln, aber auch in Sojaprodukten (Tofu) und im Gemüse.
Allein drei Minuten Rückenmuskelgymnastik können die Eiweißsynthese im Muskel- und Bindegewebe um 20 Prozent erhöhen. Benötigt werden dafür Vitamin B6 (z. B. in Vollkornprodukten, Fleisch, Grüngemüse, Bierhefe) und Vitamin C (in frischem Obst) sowie das Spurenelement Zink (in Vollkornprodukten, Bierhefe, Melasse).
Schmerzhafte Entzündungen klingen schneller ab, wenn zusätzlich eiweißspaltende Enzyme eingenommen werden (in der Apotheke erhältlich; das Enzym Bromelain ist aber auch in Ananas enthalten). Dadurch wird mehr Arginin verwertet, eine Aminosäure, die die Produktion entzündungshemmender weißer Blutkörperchen anregt.

Die Umstellung von Fleisch auf Fisch wirkt ebenfalls entzündungshemmend, denn die im Fleisch enthaltene Arachidonsäure (eine Fettsäure) produziert Moleküle (Prostaglandine, Leukotriene), die für Entzündungen verantwortlich sind. Die in Fisch reichlich enthaltenen Omega-3-Fettsäuren hingegen begünstigen das Abklingen langwieriger Entzündungen.

Auch durchblutungsfördernde Maßnahmen – vor allem Massagen – helfen bei Bandscheibenbeschwerden.

Durchblutungsfördernde Maßnahmen (Wärmepflaster, Massagen, Bestrahlung, warme Kleidung) helfen zusätzlich bei der Behandlung von Bandscheibenbeschwerden.

Blähungen

Blähungen, die häufig mit Völlegefühl und Krämpfen verbunden sind, werden meist durch Gärungsprozesse im Dünndarm hervorgerufen. Meist liegt eine allgemeine Verdauungsschwäche durch einen Mangel an Verdauungssäften oder -enzymen zugrunde. Manchmal wird auch der Nahrungsbrei zu langsam transportiert. Können Kohlenhydrate nicht ausreichend verdaut werden, entstehen unter der Einwirkung von Bakterien Gase; wird Eiweiß nicht ausreichend in seine Grundbausteine zerlegt, kommt es zu Fäulnisprozessen.

Die Vitamine des B-Komplexes, Bauchspeicheldrüsenenzyme und Darmbakterien wirken gegen Blähungen.

So helfen Nährstoffe

Wichtig für eine gute Verdauung sind zunächst das sorgfältige Kauen und Einspeicheln kohlenhydratreicher Nahrung wie Brot, Reis, Nudeln usw. Das Enzym Amylase im Speichel leitet bereits im Mund die Kohlenhydratverdauung ein. Die in Bierhefe enthaltenen B-Vitamine helfen bei der weiteren Verdauung im Darm ebenso wie Bauchspeicheldrüsenenzyme (beides in der Apotheke erhältlich) und Darmbakterien. Selbst die typischen Blähungen auslösenden Lebensmittel, wie z. B. Bohnen und andere Hülsenfrüchte mit ihren unverdaulichen Kohlenhydratbestandteilen Stachyose und Raffinose, dürften dann keine Beschwerden mehr verursachen.

Blasenschwäche

Eine reizempfindliche Blase, die mit anhaltendem Harndrang, mangelnder Harnkontrolle oder Schmerzen beim Wasserlassen einhergeht, ist oft Folge einer Besiedlung mit Bakterien, die die Blase entweder über das Blut erreichen oder von außen über die Harnröhre eindringen.

Wegen der anatomisch bedingt kürzeren Harnröhre sind Frauen wesentlich häufiger betroffen als Männer. In den äußerst empfindlichen Schleimhäuten kommt es oft zu chronischen Entzündungen und damit in der Folge zu einer Störung der Reizkontrolle und der Blasenentleerungsmechanismen.

Die Vitamine A und C, Karotinoide und Lykopene stärken die Blase und helfen, Infekten vorzubeugen.

So helfen Nährstoffe

Karotinoide und Lykopene, die teilweise Stoffwechselvorstufen für das Vitamin A sind, bzw. auch das Vitamin A selbst sind unerlässliche Schutzsubstanzen für die feinen Schleimhäute im Nieren-Blasen-Bereich. Ein Mangel führt zu einer Verhornung und Austrocknung bestimmter Schleimhautschichten, eine karotinoidreiche Kost hingegen bewirkt eine erhebliche Verdichtung der Schleimhäute, erhöht also deren Leistungsfähigkeit beträchtlich. Enthalten sind Karotinoide bzw. Vitamin A in dunkelgrünem und orangegelbem Gemüse und Obst, außerdem in Leber und Lebertran.

Eine ideale Kur, um Blasenschwäche zu begegnen: 1 Woche lang täglich 1/2 Liter Tomatensaft trinken, der vorher 1 Stunde lang mit 1 Esslöffel Pflanzenöl gekocht wurde. Dadurch werden Lykopene frei, welche die Schleimhäute neu aufbauen. Zusätzlich den Saft von 4 Zitronen (oder 3 Teelöffel Askorbinsäurepulver; in der Apotheke erhältlich) täglich zu sich nehmen, um den Urin sauer zu machen. Das hemmt seinen Abbau zu Ammoniak und tötet Bakterien ab, die für Blasenbeschwerden verantwortlich sind. Außerdem wirkt Vitamin C antiseptisch (keimtötend) und diuretisch (entwässernd), wodurch krankheitserregende Bakterien ausgeschwemmt werden.

Bronchitis

Als Bronchitis wird eine Entzündung der fein verästelten Luftwege der Lunge (Bronchien) oder Luftröhre bezeichnet. Sie geht meist mit zunächst trockenem, später schleimigem Husten einher und wird außerdem von Auswurf, Temperaturanstieg oder Fieber, brennenden Brustschmerzen und Atembeschwerden (Keuchen) bis hin zu Atemkrämpfen begleitet. Die Ursache sind Bakterien oder Viren, die bei einem schlecht funktionierenden Immunsystem im feuchtwarmen Milieu der Atemwege ihren idealen Nährboden finden und sich dementsprechend explosiv ausbreiten.

Bronchitis wird meist durch Viren verursacht, die sich bei fehlender Immunabwehr in den Atemwegen ansiedeln.

Eingeatmete Schad- oder Giftstoffe und auch Zigarettenrauch können die Schwellungen im Bronchialbereich verschlimmern und die haarfeinen Verzweigungen der Bronchien zusätzlich schädigen.

Vitamin A und Vitamin C beugen Bronchitis vor, indem sie das Immunsystem des Körpers stärken.

So helfen Nährstoffe

Vorbeugend gegen Bronchitis wirken die für die Abwehrkräfte unabdingbaren Vitamine A (in grünem Blattgemüse, Karotten) und C (in frischem Obst, Salat). Sie helfen bestimmten Immunglobulinen beim Schutz vor Viren und beim Neutralisieren von Bakterien und anderen Mikroorganismen. Vitamin C ist vor allem für die weißen Blutkörperchen wichtig, die in entscheidendem Maß an der Abwehr von Krankheitserregern beteiligt sind.
Ruhe und Bettruhe, der Verzicht auf Zucker und Süßes sowie eine erhöhte Flüssigkeitszufuhr (Frucht- und Gemüsesäfte, Kräutertees, Suppen u. Ä.) und Wärme beschleunigen den Heilungsprozess zusätzlich.

Durchblutungsstörungen

Wenn Füße und Hände schnell kalt werden, Schwindelanfälle, Müdigkeit, vielleicht sogar Krampfadern oder Herzbeschwerden auftreten, ist meist eine Störung des Blutkreislaufs die Ursache.
Entscheidend für den Blutfluss bzw. die Fließgeschwindigkeit ist der Querschnitt der Gefäße. Es können also sowohl verengte als auch krankhaft erweiterte Blutgefäße zu Durchblutungsstörungen führen. Die kräftigeren Arterien werden meist durch kristalline Ablagerungen aus Cholesterin und Kalzium verengt. Die vergleichsweise dünnwandigen Venen können leicht porös werden, wodurch es zu Krampfadern, Flüssigkeitsaustritt ins angrenzende Gewebe (Ödeme) und manchmal zu Unterschenkelgeschwüren kommt.

So helfen Nährstoffe

Gegen arteriell bedingte Durchblutungsstörungen helfen Vitamin C und Bioflavonoide (in frischem Obst samt Fruchtfleisch) sowie das Spurenelement Zink (in Vollkorn, Bierhefe), die gemeinsam die Gefäßinnenwände glatt und gesund erhalten. An haarfeinen Rissen bilden sich sonst durch Ablagerung bestimmter Substanzen schnell Verengungen, welche zu Arteriosklerose (Arterienverkalkung) mit all ihren Folgeerscheinungen führen können.

Die B-Vitamine Cholin und Inositol (in Lezithin, Bierhefe, Getreide, Nüssen, Samen, Keimen) sowie Omega-3-Fettsäuren (in kaltgepressten Pflanzenölen, Lebertran, Kaltwasserfisch) steigern die Verwertbarkeit von Cholesterin. Dadurch beugen sie überhöhten Konzentrationen im Blut vor, wodurch wiederum Cholesterinablagerungen an den Gefäßwänden verhindert werden, die eine der Hauptursachen von Arteriosklerose sind.

So genannte Anthozyanoside und andere Bioflavonoide (z. B. die blauroten Farbstoffe in Beeren) verhindern in den Innenwänden der Gefäße, dass das schützende Vitamin C abgebaut wird, stärken und kräftigen das Bindegewebe, das die Adern umschließt. Natriumaskorbat (die Mineralform von Vitamin C; in der Apotheke erhältlich) bindet sich in den Arterien mit schwerlöslichen Kalziumphospholipiden und beseitigt ebenfalls hohe Cholesterinkonzentrationen.

Die B-Vitamine Cholin und Inositol, Vitamin C (bzw. Natriumaskorbat), Bioflavonoide, Zink und Omega-3-Fettsäuren helfen gegen Durchblutungsstörungen.

Durchfall

Jeder Mensch leidet hin und wieder an Durchfall, d. h. an übermäßig häufigem wässrigem Stuhl, der nicht selten mit Schmerzen und Krämpfen einhergeht und meist akut auftritt. Die Ursache kann eine Lebensmittelvergiftung (z. B. durch Salmonellen) oder der Genuss von Durchfall verursachenden Lebensmitteln, wie z. B. Pflaumen, sein. Auch eine Allergie auf bestimmte Speisen (z. B. Milch, Eier, Fisch) kann Durchfall auslösen. Weitere der vielfältigen möglichen Gründe sind Darminfektionen und Entzündungen durch Bakterien und Viren. Übermäßiger Kaffee- oder Alkoholgenuss kann ebenfalls zu Durchfall führen.

Die Vitamine A und C, Karotinoide, Verdauungsenzyme und Bierhefe helfen gegen Durchfall.

So helfen Nährstoffe

Vitamin A bzw. Karotinoide (in dunkelgrünem und orangegelbem Gemüse wie Spinat oder Karotten) bauen die angegriffene Darmschleimhaut mit ihren kurzlebigen Zellen neu auf und schützen sie gleichzeitig vor Überlastung durch Stress (z. B. durch Leistungsdruck, Ärger, Konflikte usw.). Auch der Schutz vor Krankheitserregern (Bakterien, Pilzen) wird durch Vitamin A und Vitamin C (in frischem Obst) erhöht.

Empfehlenswert bei anhaltend chronischem Durchfall ist eine Kur mit Verdauungsenzymen und Bierhefe (in der Apotheke erhältlich). Eine Umstellung auf vorwiegend vegetarische Kost verdickt die Darmzotten und vergrößert ihre verdauungsaktive Oberfläche.

Ekzeme

Ekzeme sind entzündliche Hautausschläge, deren Ursachen und Erscheinungsformen sehr verschieden sind. Ärzte unterscheiden zwischen dem Abnutzungsekzem mit trockener, rissiger und teilweise verhornter Haut, dem meist großflächigen allergischen Kontaktekzem mit gerötetem Hautausschlag und dem bakteriellen Ekzem mit enger begrenzten, runden, juckenden, nässenden oder verkrusteten Herden. Die Gründe reichen von Allergien gegenüber bestimmten Reinigungssubstanzen oder Metallen (z. B. Nickel oder Kupfer) bis hin zur Überempfindlichkeit gegenüber bestimmten Mikroorganismen.

Omega-3-Fettsäuren, Vitamin A und Karotinoide schützen die Haut vor Krankheitserregern.

So helfen Nährstoffe

Wichtig bei Ekzemen ist eine hohe Zufuhr von Omega-3-Fettsäuren durch die Nahrung, die in kaltgepressten Pflanzenölen, Samen, Keimen, Nüssen sowie Fisch und Fischölen (Lebertran) enthalten sind. Diese Fettsäuren bauen die lipidhaltige Membranschicht der Hautzellen, die den Feuchtigkeitsgehalt der Haut reguliert, neu auf. Dadurch wird die Haut vor äußeren Krankheitserregern (Pilzen, Bakterien) geschützt und von innen über den Stoffwechsel von einer zu hohen Konzentration der Stoffe, die Entzündungen verursachen können, befreit. Vitamin A und Karotinoide (in Spinat, Grünkohl, Brokkoli, Karotten usw.) sind ein wichtiges Schutzvitamin für die Haut.

Erhöhter Blutdruck

Verursacht wird erhöhter Blutdruck durch verschiedene Faktoren, die nicht selten zusammentreffen: Übergewicht, salzreiche Kost, ein dauerhaft leicht erhöhter Insulinspiegel, übermäßiger Genuss von Kaffee, Alkohol und Nikotin, mangelnde Bewegung oder Stress. Meist führen in der Folge entweder ein zu großes Blutvolumen oder verengte Gefäße zu erhöhtem Blutdruck. Gefäßverengungen entstehen als Resultat der genannten Faktoren häufig durch Cholesterinablagerungen.

Fischöle, Magnesium und kaliumhaltige Lebensmittel sorgen für Blutdrucksenkung.

So helfen Nährstoffe

Fischöle (in Kaltwasserfisch oder Lebertran) verringern die Synthese von VLDL (very low density lipoproteins; Lipoproteine mit sehr niedriger Dichte), die auch als »böses« Cholesterin bezeichnet werden. Wenn diese Form des Cholesterins sich in zu hohen Konzentrationen

im Blut befindet, lagert es sich zusammen mit anderen Substanzen an den Gefäßwänden ab, und es kann zu Gefäßverengungen mit gravierenden Folgen kommen.
Die Fettsäuren in den Fischölen führen außerdem zu einem Abbau von Gerinnungsstoffen in bzw. an den Arterienwänden und damit zu einem verbesserten Blutfluss. So beugen sie Bluthochdruck auf zweifache Weise vor.
Auch ein Mangel an Magnesium bewirkt erhöhten Blutdruck, da dadurch die Kaliumkonzentrationen im Blut gesenkt und gleichzeitig die Natriumwerte angehoben werden. Natrium bindet Wasser und erhöht das Blutvolumen. Magnesium ist Teil des grünen Farbstoffs Chlorophyll in Pflanzen und dementsprechend besonders reich in grünem Salat und Gemüse enthalten (aber auch in Vollkorn, Nüssen, Samen, Kakao). Auch der Verzicht auf Salz senkt in den meisten Fällen den Blutdruck auf natürliche Weise. Dabei ist zu berücksichtigen, dass alle Fertig- und Tiefkühlgerichte, Wurst, Pasteten sowie andere industriell hergestellte Lebensmittel sehr viel Salz enthalten. Ideal für eine Behandlung von Bluthochdruck sind alle Lebensmittel, die reichlich Kalium und wenig Natrium enthalten, also Obst (vor allem Bananen), Gemüse und Kartoffeln.

Erkältung

Erkältungskrankheiten, die meist mit Husten, Schnupfen, Fieber, Hals-, Kopf- und Gliederschmerzen einhergehen, sind eine der häufigsten Beschwerden, die durch Viren ausgelöst werden. Man spricht von grippalen Infekten, im Gegensatz zur echten Grippe, die von extrem hartnäckigen Viren verursacht wird, wesentlich länger und schwerer verläuft und immer von hohem Fieber begleitet ist. Sie kann eher als Erkältungskrankheiten schwere Komplikationen zur Folge haben.
Einen grippalen Infekt können rund 200 verschiedene Viren auslösen. Sie siedeln sich (meist über Tröpfcheninfektion) im feuchtwarmen Milieu der Hals-, Nasen- und Rachenschleimhäute an und vermehren sich dort in rasantem Tempo. Die massive Mobilisierung von Immunkörpern als Gegenreaktion (weiße Blutkörperchen, Prostaglandine usw.) führt zur Belastung der betroffenen Nervengewebe und zur Ausschüttung von Histamin aus Mastzellen in den Gefäßwänden. Dadurch kommt es zu Schwellungen, Rötungen und Entzündungen.

Ein grippaler Infekt kann von rund 200 verschiedenen Viren ausgelöst werden. Viel Vitamin C ist der wirksamste Schutz vor Erkältung.

So helfen Nährstoffe

Ist die Erkältung bereits ausgebrochen, hilft kein Grippemittel mehr. Nur die körpereigenen Mechanismen können dann für ein Abklingen der Krankheit sorgen. Ein wesentlicher Faktor ist dabei das Fieber. Viren sind sehr wärmeempfindlich: Schon ein Anstieg der Körpertemperatur um 2 °C tötet die Krankheitserreger massenweise ab.

In den nasskalten Monaten beugt man einem grippalen Infekt am besten mit Vitamin C vor. Der Saft einer Zitrone täglich schützt den ganzen Winter über vor Ansteckung. Reichlich Salat, Rohkost und Gemüse erhöhen die Konzentration von Vitamin C im Blutplasma und den weißen Blutkörperchen – unseren wichtigsten Abwehrkörpern.

Frauenleiden

Ursache für die meisten Frauenleiden sind Störungen im Hormonhaushalt.

Das in den Tagen vor der Monatsregel auftretende prämenstruelle Syndrom (PMS) zählt ebenso wie Wechseljahrebeschwerden zu den typischen Frauenleiden. Symptome sind Störungen der Regelblutung, Spannungsgefühle in den Brüsten, Nervosität, Kopfschmerzen, Gereiztheit oder – insbesondere im Klimakterium – Hitzewallungen, Schweißausbrüche, Libidomangel und Herzjagen.

Die Ursachen sind vielfältig. Beim PMS sind es in der Regel vegetative oder hormonell bedingte Störungen, die nach neuen Erkenntnissen häufig durch einen zu niedrigen Blutzuckerspiegel ausgelöst werden. Zudem ist die Produktion bestimmter Hormone in den zehn bis sieben Tagen vor der Menstruationsblutung meist erhöht, z. B. die von Östrogen, Prolaktin und dem follikelstimulierenden Hormon. Im Klimakterium hingegen stagniert die Produktion von Östrogen. Auch dadurch kommt es zu Veränderungen im vegetativen Nervensystem und im Kalziumstoffwechsel.

Bierhefe, Magnesium und Vitamin E lindern die Schmerzen in der prämenstruellen Phase.

So helfen Nährstoffe

Beim prämenstruellen Syndrom kann Bierhefe helfen. Sie enthält das Spurenelement Chrom, das für einen ausgeglichenen Blutzuckerspiegel und damit für die Nervenversorgung wichtig ist. Außerdem ist Bierhefe – neben allen anderen B-Vitaminen – reich an Vitamin B6 (Pyridoxin), das die Begleiterscheinungen deutlich lindert. Man sollte aber Vitamin B6 nicht allein in Tablettenform einnehmen, denn es ist ohne Vitamin B2 nicht wirksam.

Weil bei Frauen, die unter PMS leiden, auch die Magnesiumwerte in den roten Blutkörperchen meist deutlich verringert sind, kommt es zu erhöhter Schmerzempfindlichkeit, Gereiztheit und manchmal zur Gewichtszunahme. Deshalb sollten täglich magnesiumreiche Lebensmittel auf den Speiseplan: grünes Gemüse, Obst, Vollkornprodukte, Samen, Nüsse. Vitamin E (in Pflanzenölen, Eigelb, Samen, Nüssen, Vollkorn) hilft bei schmerzhaft empfindlichen Brüsten, nervösen Spannungen, Müdigkeit, Schlafstörungen und depressiven Verstimmungen.

Die B-Vitamine Cholin und Inositol, Vitamin C und D sowie Kalzium helfen bei Beschwerden im Klimakterium.

Gegen die Beschwerden im Klimakterium kann man ebenfalls eine Menge tun. Frauen in und nach den Wechseljahren scheiden morgens über den Urin zu viel Kalzium aus. Gleichzeitig produziert ihre Haut nicht mehr ausreichend Vitamin D, das für den Kalziumstoffwechsel benötigt wird. Weiterhin fehlt das für den Knochenbau wichtige Hormon Östrogen. Gegenmaßnahmen sind: Täglich 150 Gramm Magerkäse für den Kalziumbedarf essen, mindestens 30 Minuten lang an die Sonne oder ans Tageslicht (für die Vitamin-D-Produktion) gehen. Die Umstellung von Fleisch auf Fisch sorgt ebenfalls für mehr Vitamin D. Viel frisches Obst zu essen, ist ein zusätzliches wirksames Mittel, denn das darin enthaltene Vitamin C baut Kalzium in Osteoblasten (knochenbildende Zellen) ein. Vitamin E und die B-Vitamine Cholin und Inositol (in Bierhefe, Lezithin) kurbeln die Cholesterinverwertung an und unterstützen außerdem die Nebennieren bei der Ersatzproduktion von Östrogen.

Biochemiker haben jetzt entdeckt, dass das seltene Spurenelement Bor (in Früchten, Gemüse, Nüssen) die Östrogenwerte im Blut erhöht und die Kalziumausscheidung über den Urin hemmt – wichtige Voraussetzungen für den Aufbau neuer Knochenmasse.

Hämorrhoidalleiden

Als Hämorrhoidalleiden werden Juckreiz und Schmerzen im Afterbereich aufgrund krankhaft erweiterter Gefäße bezeichnet.

Wenn das Gefäßpolster in der Schleimhaut des Afters erweitert und als kleine Knötchen sicht- bzw. spürbar ist, spricht man von Hämorrhoidalleiden. In der Regel werden sie von Juckreiz, Schmerzen und Austritten geringer Mengen Blut begleitet.

Verursacht werden die Gefäßerweiterungen durch schwache Gefäßwände aufgrund des Fehlens wichtiger Nährstoffe für die Neubildung von Bindegewebe. Da besonders Venen als Blutspeicher für eventuelle Blutverluste dienen – sie können bis zu 70 Prozent der gesamten Blutmenge des Körpers aufnehmen –, sind sie dünnwandig, dehnungsfähig und folglich bei weitem nicht so kräftig wie die Arterien. Sind die Venen im Hämorrhoidalpolster durch eine Mangelernährung »geschwächt«, dann führt zusätzlicher Druck (vor allem das Stuhlpressen bei einer Verstopfung) schnell zur Bildung von vergrößerten Hämorrhoiden, also zu taschen- oder knötchenförmigen Ausweitungen.

Vitamin C, Bioflavonoide und Zink bilden vergrößerte Hämorrhoiden zurück.

So helfen Nährstoffe

Vitamin C und Bioflavonoide tragen in entscheidendem Maß zur Kräftigung der Gefäße bei. Bioflavonoide sind Pflanzenstoffe (z. B. in blauroten Beeren und im Fruchtfleisch von Zitrusfrüchten), die das Vitamin C im Stoffwechsel vor Oxidation schützen und seine Wirkung bis ums 20fache erhöhen. Zusammen mit dem Spurenelement Zink (in Vollkorn, Bierhefe) baut Vitamin C bestimmte Eiweißbausteine in die Gefäßwände ein und dichtet sie ab. Hämorrhoiden bluten und nässen dann nicht mehr und bilden sich langsam wieder zurück.

Herzbeschwerden

Das Herz ist unser aktivster Muskel und benötigt deshalb besonders viele Nährstoffe und Sauerstoff zur Energiegewinnung. Die rasch bereitgestellte und ebenso schnell verbrauchte Energie aus Kohlenhydraten (Glukose), wie sie beispielsweise die Gehirn- und Nervenzellen beanspruchen, reicht den Herzmuskelzellen nicht; sie brauchen große Fettmoleküle mit hohem Brennwert.

L-Karnitin ist der wichtigste Wirkstoff gegen Herzbeschwerden.

So helfen Nährstoffe

Enthalten sind große Fettmoleküle z. B. in Fisch. Sie können allerdings nur durch ein Karnitinmolekül in die Mitochondrien (Brennkammern) der Herzmuskelzellen geschleust werden. Karnitin wird im Körper aus tierischem Eiweiß gebildet, ist aber auch in fertiger Form in Muskel- und Skelettfleisch (Kotelett, Hammel, Lamm) enthalten.

Wer unter Herzbeschwerden leidet, kann probeweise in der Apotheke Arzneimittel mit dem Wirkstoff L-Karnitin kaufen. Leichte Herzschmerzen klingen dadurch oft ab. Taubheitsgefühle im linken Arm lassen nach. Ist dies nicht der Fall, liegen den Herzbeschwerden andere Ursachen zugrunde (z. B. Arteriosklerose), und der Arzt muss zur exakten Diagnose konsultiert werden.

Heuschnupfen

Verursacht wird der meist pünktlich zum Frühling wiederkehrende Heuschnupfen durch eine Überempfindlichkeit des Organismus gegenüber Pollen von Gräsern, Sträuchern oder Bäumen (Samen-, Blumen-, Gras- oder Baumblütenstaub), aber auch durch Schimmelpilze, Staub, Milben, Rauch, Katzenhaare und andere Stoffe. Häufigste Symptome dabei sind tränende, juckende, gerötete Augen und ein starker Niesreiz.

Bereits die Umstellung der Kost von Fleisch auf Fisch mildert den Krankheitsverlauf des Heuschnupfens erheblich.

So helfen Nährstoffe

Die Anfälligkeit für Heuschnupfen ist vor allem durch ein geschwächtes oder nicht optimal funktionierendes Immunsystem bedingt. Wenn Blütenpollen oder andere Allergene (Allergieauslöser) auf Schleimhäute (z. B. der Nase) treffen, eilen in einer Überreaktion Antikörper (wie z. B. das Immunglobulin E) über die Blutgefäße herbei. In den Blutgefäßen sitzen unzählige Mastzellen (weiße Blutkörperchen), die daraufhin über die so genannten Mediatoren Histamin bzw. Prostaglandine und Leukotriene ausschütten. Diese rufen Entzündungen, Rötungen, Schwellungen, Nieszwang, Juckreiz und all die anderen bekannten Begleiterscheinungen des Heuschnupfens hervor.
Bereits die Umstellung der Kost von Fleisch auf Fisch (vor allem zu Frühlingsbeginn) führt meist zu einem überraschend milden Krankheitsverlauf, da dem Stoffwechsel dann typische Entzündungssubstanzen fehlen (z. B. Arachidonsäure).

Vitamin C für die Nebennieren

Antiallergisch wirkende Medikamente haben oft erhebliche Nebenwirkungen.

Menschen, bei denen die Funktionstüchtigkeit der Nebennierendrüsen eingeschränkt ist, neigen im Frühjahr besonders zu Heuschnupfen. Bei körperlicher und seelischer Belastung benötigt der Organismus Adrenalin aus dem Nebennierenmark. Adrenalin wird aber dringend für Immunaufgaben benötigt (speziell bei Heuschnupfen, Asthma, auch bei Lebensmittelallergien), Vitamin C in hohen Mengen für die Produktion von Adrenalin. Deshalb weisen die Nebennieren neben dem Zentralnervensystem die höchsten Vitamin-C-Konzentrationen im ganzen Körper auf. Der Saft von vier Zitronen über den Tag verteilt steigert die Leistungsfähigkeit der Nebennieren sowie die Adrenalinproduktion und reduziert die Heuschnupfenempfindlichkeit. Vitamin C in hohen Dosen hat bei Heuschnupfen einen ähnlichen Effekt wie so genannte Antihistaminika (antiallergisch wirkende Mittel), die von Ärzten verschrieben werden, aber oft leider beträchtliche Nebenwirkungen hervorrufen.

Immunschwäche

Eine allgemeine Immunschwäche zeigt sich vor allem in der Anfälligkeit für Infektionen: Schleimhautentzündungen, Erkältungen, Hautausschläge, Durchfall, gerötete, juckende Augen oder Blasenschwäche sind nur einige der Warnzeichen. Die Ursache ist sehr häufig ein Nährstoffmangel im Immunsystem, z. B. in Thymusdrüse, Milz, Leber und weißen Blutkörperchen.

So helfen Nährstoffe

Da ein geschwächtes Immunsystem insbesondere »gierig« nach den fehlenden Nährstoffen ist, kann man es auch relativ einfach wieder in Schwung bringen. Wichtig ist Vitamin E (in Pflanzenölen, Nüssen, Samen) für die Abwehr freier Radikale in den Schutzschichten der Zelle. Vitamin C (in frischem Obst) verhindert das Eindringen von Bakterien, Viren und anderen Krankheitserregern in die Zellen. Vitamin A und Karotinoide (in dunkelgrünem und orangegelbem Gemüse) sind die idealen Schutzvitamine für alle Schleimhäute. Das Spurenelement Selen (in Vollkorn, Bierhefe) bildet die Kernsubstanz einer unserer leistungsfähigsten Immunsubstanzen, des Enzyms Glutathionperoxidase.

Die Vitamine A, B6, C und E, Karotinoide, Selen und Zink stärken unser Immunsystem.

Empfindliche Thymusdrüse

Die hinter dem Brustbein liegende Thymusdrüse, das Zentrum unseres Immunsystems, ist sehr empfindlich gegenüber zellzerstörenden freien Radikalen, die aus Schad- und Giftstoffen, durch zu starke Sonnenbestrahlung oder in Folge eines entgleisten Stoffwechsels entstehen.
Zink und Vitamin B6 (beide in Vollkorn, Bierhefe) sowie Vitamin C und Vitamin E sind die wichtigsten Schutzstoffe für die Thymusdrüse.

Karies

Diese Zahnkrankheit entsteht durch Bakterien, die aus schnelllöslicher Glukose (z.B. in Zucker oder Nudeln) Säure produzieren. Diese greift den Zahnschmelz bereits beim Kauen an. Jeder süße Bissen führt innerhalb von Minuten zum Abfall des so genannten pH-Werts im Mundraum aufgrund des Säureüberschusses. Verhängnisvoll wirkt sich weiterhin aus, dass die Zucker- und Weißmehlkohlenhydrate auch die Darmflora und das Immunsystem schädigen. Dadurch enthält der Speichel zu wenig Immunsubstanzen, um die schädlichen Kariesbakterien zu neutralisieren.

Bei Karies handelt es sich um eine bakterielle Infektion, bei der ein saures Milieu entsteht.

So helfen Nährstoffe

Der Alveolarbogen im Kiefer, der die Zähne hält, hat von allen Knochen den größten Kalziumgehalt. Deshalb sollte man beispielsweise täglich 100 Gramm Käse essen, um seinen Kalziumbedarf zu decken. Für den Aufbau neuer Zahnsubstanz braucht der Stoffwechsel auch viel Vitamin C (frisches Obst) sowie das in der Haut entstehende Vitamin D. Deshalb sollte man täglich mindestens 30 Minuten an die Sonne oder ans helle Mittagslicht gehen.

Für den Einbau neuer Zahnsubstanz braucht der Stoffwechsel viel Vitamin C und Vitamin D.

Nach dem Genuss von Süßem oder hellen Teigwaren empfiehlt sich ein kleines Stück reifer Käse (etwa 20 Gramm). Dies verhindert ein Absinken des pH-Werts im Mund in den Karies auslösenden Bereich von unter 5,5.

Knochenbeschwerden

Ziehen, Reißen oder schmerzähnliche Zustände in den Knochen – dies sind erste Anzeichen für einen latenten Knochenabbau und die Folgeerscheinungen wie Neigung zu Knochenbrüchen oder Knochenverformungen.

Ursachen können traumatische Einwirkungen (Stöße, Schläge), Entzündungen oder Abnutzungen (rheumatische Erkrankungen, Arthritis) sowie bestimmte Stoffwechselstörungen sein. Besonders häufig sind Frauen nach den Wechseljahren betroffen; sie verlieren in diesem Lebensabschnitt pro Jahr bis zu eineinhalb Prozent an Knochenmasse.

So helfen Nährstoffe

Eiweiß, vor allem die Aminosäure Prolin, ist ein wichtiger Rohstoff für den Aufbau der Knochen. Ab dem 50. Lebensjahr scheiden viele Frauen mit dem Urin zu viel Prolin aus und verlieren außerdem Kalzium, den »Zement« für die Knochenmatrix. Hinzu kommt, dass ihr Blut übermäßig Kalzium bindet, das dann den Knochen fehlt. Ferner hält ihr

Blutplasma zu große Mengen des körpereigenen Hormons Interleukin-1 zurück, das die kontinuierliche Regeneration der Knochenmasse reguliert. Schließlich produzieren Frauen nach der Menopause häufig zu wenig Vitamin D in den Hautzellen bzw. können sie dieses Vitamin nicht mehr ausreichend in das aktive Hormon Kalziferol umwandeln, das für den Kalziumstoffwechsel absolut unerlässlich ist. Der Östrogenmangel spielt nach neuesten Erkenntnissen nicht unbedingt die zentrale Rolle beim Knochenabbau im Klimakterium, da ein gesunder Stoffwechsel ersatzweise ausreichend Östrogen auch in den Nebennieren herstellen kann.

Die Vitamine B12, C und K, Kalzium und Fluoride kräftigen die Knochen und beugen Knochenschwund vor. Das Spurenelement Bor erhöht die Östrogenproduktion und trägt damit zur Stabilisierung der Knochen bei.

Täglich Frisches aus der Natur

Kalzium in der täglichen Kost ist bei Knochenabbau sehr wichtig (ca. zweimal 70 Gramm pro Tag). Zusätzlich sollten die Betroffenen viel frisches Obst essen, da Kalzium ohne Vitamin C vom Organismus nicht vollständig verwertet werden kann. Sport und sonstige körperliche Bewegung (am besten in der Mittagssonne, um die Vitamin-D-Produktion zu steigern) tragen dazu bei, dass der Kalziumzement in die Osteoblasten (Knochenaufbauzellen) eingebaut wird. Das Spurenelement Bor (in Früchten, Gemüse, Nüssen) hemmt die Kalziumausscheidung über Blut und Urin und regt die Östrogenproduktion an. Fluoride (in Schaltieren, Fisch, Käse, schwarzem Tee) stimulieren knochenerhaltende Gene und aktivieren den Aufbau neuer Knochenzellen. Vitamin B12 (in Leber, Nieren, Fleisch, Fisch) steigert die Produktion der Knochensubstanz Osteokalzin. Ohne Vitamin K allerdings (in Grüngemüse, Tomaten, Kohl, Leber) geben die Knochen Osteokalzinmoleküle zur Ausscheidung an das Blut ab.

Biochemiker betonen immer wieder, dass Frauen mit 70 Jahren bei anhaltend gesunder Ernährung genauso gute Knochen haben können wie 30-Jährige.

Konzentrationsschwäche entsteht, wenn die Membranschicht der Gehirnzellen nur ungenügend mit Cholin versorgt wird.

Konzentrationsschwäche

Ärzte verschreiben bei Gedächtnisschwäche so genannte Neurotropika oder, in schwereren Fällen, Neuroleptika – dabei lassen sich mentale Erschöpfungszustände und Konzentrationsmangel relativ einfach mit natürlichen Mitteln behandeln. Denn für die Konzentrationsfähigkeit ist die Versorgung der Gehirnzellen mit Nährstoffen ausschlaggebend, wobei die Verfassung der Membranschicht der Zellen die zentrale Rolle spielt. Sie besteht vor allem aus Cholesterin und anderen Fettsubstanzen. Flüssig gehalten wird diese ölig-feuchte Myelinschicht durch Cholin, ein B-Vitamin, das zusätzlich Rohstoff für den Neurotransmitter Azetylcholin ist. Dieser Nervenreizstoff ist letztendlich hauptverantwortlich für unsere Konzentrationsfähigkeit. Ein Mangel an Cholin verursacht geistige Ermüdung und führt dazu, dass die so genannten cholinergen Neuronen im Gehirn absterben. Dadurch werden Amyloide (Verkrustungen aus Eiweiß und Cholesterin) gebildet und die Gehirntätigkeit nachhaltig beeinträchtigt.

Kaum ein Nährstoff fördert die Konzentrationsfähigkeit in solchem Maß wie Cholin. Besonders gute Cholinspender sind Vollkornprodukte und Eigelb.

So helfen Nährstoffe

»Nahrungscholin geht direkt ins Gehirn«, sagt Dr. Richard Wurtman vom renommierten Massachusetts Institute of Technology (USA), »seine konzentrationsfördernde Wirkung lässt sich genau nachweisen.« Enthalten ist das für die Arbeit des Gehirns unentbehrliche Cholin in Vollkorn, Eigelb, Leber und Bierhefe. Es kann auch vom Organismus selbst hergestellt werden, und zwar unter Mitwirkung von Vitamin B12 und Folsäure aus der Aminosäure Serin, die in allen Grundnahrungsmitteln, besonders reichlich aber in Käse und Eigelb vorhanden ist. Cholin ist außerdem zusammen mit Inositol, einem weiteren B-Vitamin, Hauptbestandteil von Lezithin (auch als Präparat in der Apotheke oder im Reformhaus erhältlich).
Wichtig für die Viskosität, den Flüssigkeitsgehalt der Myelinschicht ist weiterhin Vitamin C (in frischem Obst). Vitamin E (in Pflanzenölen, Samen, Keimen, Nüssen) schützt die empfindlichen hochwertigen Fettsäuren in der Membran vor Oxidation durch freie Radikale.

Kopfschmerzen

Die am weitesten verbreiteten Kopfschmerzen sind Spannungskopfschmerzen, die episodisch auftreten und von einigen Minuten bis zu mehreren Stunden dauern können. Meist geht der Schmerz dabei vom Nacken aus und verbreitet sich über die Schädeldecke bis in die Stirn hinein. Ursache können u. a. Muskelverspannungen im Rücken und psychische Belastungen sein. Migräne ist eine weitere häufig auftretende Kopfschmerzform, von der man annimmt, dass sie auf eine angeborene Überempfindlichkeit gegenüber plötzlichen Änderungen im

Nervensystem zurückzuführen ist. Eine dritte Kopfschmerzform wird als vasomotorischer Kopfschmerz bezeichnet und durch Gefäßnerven im Gehirn ausgelöst.

Man unterscheidet mehrere Formen des Kopfschmerzes, die ganz unterschiedliche Ursachen haben können.

Der so genannte Sinuskopfschmerz ist dumpf und verstärkt sich beim Bücken. Die Ursachen sind vielfältig (z. B. Infektionen, Stress, Verletzungen, Mangelernährung); meist aber liegt eine Überreaktion von körpereigenen Schmerzmediatoren vor, wobei die Substanz Prostaglandin E eine entscheidende Rolle spielt. Dieses Zellhormon bewirkt eine Erweiterung von Blutgefäßen, ein zu hohes Blutvolumen, Schweißbildung und eine stark erhöhte Schmerzempfindlichkeit. Außerdem führt eine krankhafte Überproduktion von Prostaglandin E zu massivem Auftreten verschiedener Immunkörper, die vegetativnervöse Störungen hervorrufen. Hergestellt werden Prostaglandine in vielen Zelltypen, darunter weiße Blutkörperchen, Blutplättchen und Endothelzellen in den Blutgefäßen.

Viele Kopfschmerzmittel aus der Apotheke enthalten Wirkstoffe, die diese Prostaglandinsynthese hemmen und damit die Schmerzempfindung lindern.

Durch eine Nahrungsumstellung, bei der tierische Fette reduziert und Fisch bevorzugt werden, kann die Schmerzempfindlichkeit herabgesetzt werden.

So helfen Nährstoffe

An der Entstehung von Prostaglandin E ist die Fettsubstanz Arachidonsäure in entscheidendem Maß beteiligt. Sie konzentriert sich vorwiegend in der fettigen Membranschicht von Zellen, insbesondere in den Lymphozyten, den weißen Blutkörperchen, und anderen Immunzellen. Bis zu 20 Prozent aller Fettstoffe in Makrophagen (große Immunzellen, die Bakterien und Zellgifte vernichten) bestehen aus Prostaglandin E. Deshalb neigen Menschen mit hohen Zellkonzentrationen an Arachidonsäure besonders zu Kopfschmerzen. Abhilfe lässt sich schaffen, indem man versucht, durch gezielte Ernährung die Zusammensetzung der so genannten Phospholipidschicht in den Zellmembranen zu verändern. Dabei muss die Arachidonsäure (vor allem in tierischen Fetten) durch mehrfach ungesättigte Omega-3-Fettsäuren (in Fisch, Lebertran) ersetzt werden.

Gamma-Linolensäuren (u. a. in Borretsch- und Nachtkerzenöl) können ebenfalls zu einem Nachlassen der Schmerzempfindlichkeit beitragen, denn sie konkurrieren mit der Arachidonsäure und verringern die Produktion von Prostaglandin E.

Kopfschuppen

Der Schuppenbildung an talgdrüsenreichen Stellen der Kopfhaut (meist verbunden mit Juckreiz, fettigem Haar, Haarausfall) liegt meist ein zu schwaches Immunsystem zugrunde. Eine entscheidende Rolle spielen dabei freie Radikale, die Zellen in der Kopfhaut angreifen und die schützenden Fettsäuren in den Membranschichten oxidieren. In der Folge kommt es zur Abschilferung von Eiweiß und Zellproliferation (krankhafte Zellvermehrung), verbrauchte Fettsubstanzen (z. B. Cholesterin) werden abgestoßen.

Die Vitamine A, C und E sowie Selen schützen die Kopfhaut vor Krankheitserregern.

So helfen Nährstoffe

Vitamin E und Selen sind die wichtigsten Biostoffe, wenn es darum geht, die fettig-ölige Schutzschicht der Hautzellen vor freien Radikalen zu schützen. Vitamin E ist beispielsweise in kaltgepressten Pflanzenölen, Samen, Nüssen und Keimen enthalten, Selen in Vollkorn, Eigelb, Leber, Fisch und Pilzen.

Empfehlenswert ist ein entsprechendes Kombipräparat aus der Apotheke oder ein Arzneimittel, das auch die beiden anderen so genannten Antioxidanzien, Vitamin A und Vitamin C, enthält. Für die äußerliche Anwendung eignet sich zusätzlich ein medizinisches Shampoo, das mit Selen angereichert ist.

Krampfadern

Krampfadern sind erweiterte, wurmförmig verdickte oder knotig hervortretende Venen, die sich bläulich rot abzeichnen. Die Ursachen sind zu schwache Venenwände und funktionsunfähige Venenklappen (Ventile). Wenn diese mangels gesunder Ernährung undicht werden, verlangsamt sich der Blutrückfluss zum Herz und es kann sogar zu einem gefährlichen Rückstau kommen. Wichtig für die Stabilität der Venenwände ist auch die Stärke des angrenzenden Bindegewebes.

Ungesunde Ernährung kann eine Erweiterung der Blutgefäße hervorrufen. Die Folge sind Krampfadern.

Je dünner und schwächer Venen und ihre Ventile werden, desto mehr Gerinnungsstoff Fibrin lagert sich entlang der Venenwände an (damit es beim Riss oder Bruch einer Vene nicht zu lebensbedrohenden Blutungen ins angrenzende Gewebe kommt). Dieses Fibrin bildet zusammen mit Fett harte, gelbliche Hautverdickungen, die leider ebenso unschön aussehen wie die bläulichen, hervortretenden Verdickungen der Venen.

So helfen Nährstoffe

Vitamin C, Bioflavonoide, Zink und Bromelain kräftigen die Venen.

Vitamin C und Bioflavonoide sorgen im Bindegewebe entlang der Gefäßwände für den stetigen Neuaufbau von stützendem Eiweißzement. Wer schwache Venen hat, sollte also viel Obst samt Fruchtfleisch essen (ideal sind rotblaue Beeren und Zitrusfrüchte). Die darin enthaltenen Flavonoide (pflanzliche Schutzstoffe) erhöhen die Wirksamkeit von Vitamin C beträchtlich.

Unerlässlich für den Aufbau neuen, kräftigen Venengewebes ist auch das besonders reichlich in Austern, Vollkornprodukten, Bierhefe, Melasse, Samen und Soja (z. B. Tofu) enthaltene Spurenelement Zink.

Das Enzym Bromelain (vor allem in frischer Ananas enthalten) sowie Cayennepfeffer, Knoblauch, Zwiebeln und Ingwer bauen den Gerinnungsstoff Fibrin zum Teil ab und machen das Blut dünnflüssiger.

Kreislaufbeschwerden

Kreislaufbeschwerden äußern sich in Taubheits- oder Kältegefühlen an Händen und Füßen, in Schwindel, Herzschmerzen, Müdigkeit, Appetitmangel oder auch Beschwerden beim Wasserlassen. Die Ursachen können ein zu niedriger bzw. zu hoher Blutdruck, aber auch Infektionen, Allergien, übermäßiger Alkohol- oder Nikotingenuss, Schlafmangel oder Stress sein.

Eisen, Karnitin und Vitamin C stärken Herz und Kreislauf.

So helfen Nährstoffe

Ein gesundes, funktionstüchtiges Herz und kräftige Gefäße mit glatten Innenwänden sind Voraussetzung für einen einwandfreien Kreislauf. Das Herz muss reichlich und kontinuierlich mit Sauerstoff versorgt werden. Grundbedingung dafür ist eine ausreichende Zufuhr von Eisen (enthalten in Leber, Zunge, Herz, Muskelfleisch, Grüngemüse, Hülsenfrüchten, Vollkorn).

Weiterhin benötigen die Herzmuskelzellen zur Energiegewinnung bestimmte komplexe Fettmoleküle, die vom »Transportvitamin« Karnitin aus dem Blut in die Mitochondrien (Brennkammern) der Zelle geschleust werden. Karnitin ist vorwiegend in Fleisch (besonders in Lamm), in pflanzlicher Kost dagegen überhaupt nicht enthalten. Der Organismus kann es aber auch aus den Aminosäuren Lysin und Methionin selbst synthetisieren. Beide sind ebenfalls in tierischen Nahrungsmitteln enthalten.

Karnitin und Vitamin C

Vitamin C spielt in mehrfacher Hinsicht eine bedeutende Rolle für unseren Kreislauf. Es unterstützt das Karnitin beim Transport von Fett in die Herzmuskelzellen und schützt das Schilddrüsenhormon Thyroxin vor freien Radikalen. Thyroxin – das Leben spendende Vitalhormon – ist gewissermaßen das Streichholz, das die Fettmoleküle und den Sauerstoff in der Herzmuskelzelle entzündet. Darüber hinaus ist Vitamin C für gesundes Bindegewebe von Gefäßen sowie für die Glätte ihrer Innenwände unerlässlich.

Bei Taubheitsgefühlen und Kribbeln in Händen, Armen und Füßen sowie weiteren Anzeichen einer leichten Herz- oder Kreislaufschwäche empfiehlt sich eine Kur mit Karnitinpräparaten und Askorbinsäurepulver (Vitamin C; in der Apotheke erhältlich). Bei längerer Dauer sollten Sie allerdings unbedingt einen Arzt zurate ziehen.

Bei Taubheitsgefühlen in Händen und Füßen ist eine Kur mit Karnitin und Askorbinsäure hilfreich.

Libidomangel

Seit Beginn der neunziger Jahre des 20. Jahrhunderts ermöglichen Blut- und Gewebeanalysen mit neuesten Techniken aufregende Einblicke in unseren Organismus. So weiß man jetzt auch, wie Libidomangel zustande kommt. Der Eiweißbaustein Histidin bildet sozusagen den Rohstoff für unser Liebes- und Sexualleben. Histidin ist eine der Aminosäuren, die für Kinder bis zur Pubertät essenziell sind, d. h., Kinder können sie – im Gegensatz zu Erwachsenen – im Stoffwechsel nicht selbst herstellen. Erst in der Pubertät kommt es dann zu einer starken körpereigenen Produktion von Histidin. Die bioaktive Form dieses Eiweißstoffs ist Histamin; es sammelt sich vor allem in den Pudendalarterien im Klitorisbereich in extrem hohen Konzentrationen an. Histamin entspannt auch die Alpha-Wellen im Gehirn und nimmt die Angst vor Orgasmusunfähigkeit. Bei einem sexuellen Reiz schütten unter dem Einfluss von Nervenpeptiden bestimmte Gefäßzellen ihr Histamin aus, was zu Schwellungen, Rötungen und schließlich zum Orgasmus führt. Junge Männer haben oft deshalb einen frühzeitigen Samenerguss, weil sie zu viel Histamin produzieren und sich das Blut in überhöhtem Tempo in den Penisarterien konzentriert. Frauen hingegen stellen häufig ab dem 30. Lebensjahr im eigenen Stoffwechsel immer weniger Histamin her und leiden in der Folge unter Libidomangel und Orgasmusproblemen oder -unfähigkeit.

Der Eiweißstoff Histidin ist gewissermaßen der Rohstoff für unser Liebes- und Sexualleben.

So helfen Nährstoffe

Wichtig ist bei Libidomangel eine eiweißreiche Mischkost aus Fleisch, Fisch, Geflügel, Gemüse und Salat, Obst, Eiern, Vollkorn- und Milchprodukten. Damit ist eine ausreichende Histaminversorgung gesichert. Allerdings sollte man auch auf eine ausreichende Versorgung mit dem Spurenelement Zink achten, das mit Histamin so genannte Chelate, stabile Komplexe von Metallen mit einer organischen Substanz, bildet. Auf diese Weise kann Histamin im Hippocampus, einem Teil des Gehirns, der für die Steuerung von Gefühlen verantwortlich ist, gespeichert werden und von dort aus schließlich als Neurotransmitter an der Reaktion auf sexuelle Reize mitwirken. Zinkmangel führt zum Abbau von Nervenzellen im Hippocampus. Dies passiert häufig bei Alkoholikern, da der Körper enorm viel Zink für den Alkoholabbau in der Leber beansprucht. In der Folge haben Alkoholiker oft Potenzschwierigkeiten. Bei jungen Menschen entwickeln sich unter Zinkmangel die Geschlechtsteile nur ungenügend. Dr. Carl C. Pfeiffer vom Brain Bio Center in New Jersey (USA) empfiehlt Zinktabletten (in der Apotheke erhältlich) über vier bis fünf Monate als Zusatz zum täglichen Essen, außerdem Vitamin B6, das im Stoffwechsel eng mit Zink zusammenwirkt. Empfehlenswert ist auch die tägliche Einnahme von Bierhefe (in Reformhaus, Apotheke oder Supermarkt zu beziehen), die sowohl Vitamin B6 als auch Zink enthält.

Bei Potenzproblemen sollte täglich Bierhefe gegessen werden, die neben Vitamin B6 auch Zink enthält.

Magen-Darm-Störungen

Wenn es in Magen und Darm nicht mehr stimmt, Blähungen, Durchfall, Verstopfung und andere Symptome abwechselnd und ohne erkennbare Ursachen auftreten, wird es höchste Zeit, die Ernährungsgewohnheiten zu ändern. Denn derart diffusen Magen-Darm-Störungen liegt meist ein Mangel an Verdauungsenzymen oder eine aus dem Gleichgewicht geratene Darmflora zugrunde. Nicht selten treffen beide Faktoren zusammen.

Bei Menschen ab dem 40. Lebensjahr kommt oft ein Mangel an Magensäure hinzu, der eine ungenügende Eiweißverwertung und die Besiedelung der Magen-Darm-Schleimhäute mit schädlichen Bakterien nach sich zieht. Umgekehrt kann allerdings bei starken psychischen Belastungen auch zu viel Magensäure ausgeschüttet werden, was zu Sodbrennen oder Magenschmerzen führen kann.

So helfen Nährstoffe

Zur Beseitigung von allgemeinen Magen-Darm-Störungen kann ein spezielles 30-Tage-Programm beitragen: Der erste Schritt ist die Entsorgung von Fäulnis- und Giftstoffen, die meist in halbverdauten Essensresten entstehen. Dazu sollten dem Organismus vier Tage lang außergewöhnlich große Mengen Ballaststoffe (in Obst, Rohkost, Gemüse, Salat, Vollkornprodukten) zugeführt und auf Teigwaren und Zucker vollständig verzichtet werden. Am fünften Tag beginnt eine Kur mit sämtlichen Bauchspeicheldrüsenenzymen sowie Darmbakterien (beides in der Apotheke erhältlich). Die ergänzende Einnahme von Bierhefe hilft bei der Kohlenhydratverwertung mit.

Ballaststoffe, Bauchspeicheldrüsenenzyme, Darmbakterien und Bierhefe sorgen für einen intakten Verdauungsapparat.

Mundschleimhautentzündung

Die Symptome bei einer Entzündung der Mundschleimhaut sind Rötungen, Schwellungen, Blutungsneigung, zu starker oder auch mangelhafter Speichelfluss, schmerzhafte Bläschen mit weißlich gelbem Belag auf Zunge oder Wangenschleimhaut.

Die häufigste Ursache ist Virenbefall in Folge eines geschwächten Immunsystems (z. B. Bläschen durch das Herpes-simplex-Virus, wovon häufig Kinder betroffen sind). Auch Pilze und Allergien (z. B. durch bestimmte Obstsorten, Milch, Eier) können Entzündungen der Mundschleimhaut hervorrufen, die zu einer ernsthaften Beeinträchtigung des Wohlbefindens führen.

Vitamin A und E, Karotinoide und Zinktabletten lassen Mundschleimhautentzündungen abklingen.

So helfen Nährstoffe

Um einer Mundschleimhautentzündung zu begegnen, empfiehlt sich in erster Linie eine Stabilisierung des Immunsystems. Vitamin A und seine Vorstufen, die Karotinoide, stimulieren weiße Blutkörperchen und andere Abwehrzellen wie Interferone. Weiterhin tragen sie zur Erhöhung der Anzahl von Thymusimmunzellen bei. Dadurch wird die Mundschleimhaut widerstandsfähig und kann nicht mehr so leicht von Keimen angegriffen werden.

Vitamin A und Karotinoide sind in dunkelgrünem und orangegelbem Gemüse (z. B. Spinat, Karotten) enthalten. Viel Obst (Vitamin C) sowie Zinktabletten stärken die Immunkraft der Zellen zusätzlich. Vitamin E (in kaltgepressten Pflanzenölen) wirkt schmerzlindernd und beschleunigt den Heilungsverlauf.

Nervenschwäche

Die Nerven verbinden das Gehirn mit den Sinnesorganen, Muskeln und hormonproduzierenden Drüsen. Sie leiten die durch Umweltreize ausgelösten Sinneseindrücke an das Gehirn und Rückenmark und senden die Befehle des Gehirns an die Muskeln. Die einzelnen Nervenzellen fungieren dabei als Übermittler der Informationen. Man kann sich das Nervensystem als engmaschig geknüpftes, informationsverarbeitendes Netzwerk vorstellen.
Unruhe, Gereiztheit, Unlust, Verzagtheit, Angst oder auch depressive Verstimmungen sind meist ein Zeichen von Nervenschwäche – ausgelöst durch eine ungenügende Nährstoffversorgung der Nervenzellen. Der Körper reagiert mit diesen Symptomen, um sich vor zusätzlicher Belastung zu schützen. Nervöse Störungen sind also Warnzeichen, die man unbedingt beachten sollte, sonst können in der Folge ernsthafte Störungen oder Erkrankungen auftreten.

Die B-Vitamine Cholin und Inositol, Vitamin C und Bierhefe stärken unsere Nerven.

So helfen Nährstoffe

Schlechte Ernährung und übermäßiger Stress setzen den Nervenzellen zu. Selbst bei unterschwelligen Dauerbelastungen, die man häufig gar nicht bewusst wahrnimmt, können die Nervenzellen des vegetativen, nicht willentlich steuerbaren Nervensystems geschädigt werden.
Eine besondere Rolle für die Gesunderhaltung der Nerven spielt die Myelinschicht, die Membranschutzschicht der Zellen, die einen fein abgestimmten öligen Flüssigkeitsgehalt haben muss, damit das sensible Signalsystem funktioniert. Gewährleistet wird der Schutz der Nervenzellen durch die B-Vitamine Cholin und Inositol, die zusammen die Hauptbestandteile von Lezithin bzw. Phosphatidylcholin bilden. (Handelsübliches Lezithin ist meist eine Mischung aus Phospholipiden, Ölen und Kohlenhydraten, die bei der Ölverarbeitung entstehen.) Ideale Nervennahrung sind Vollkornprodukte, Samen, Nüsse, Keime, Kerne und Eigelb. Vitamin C (in frischem Obst) und hochwertige Pflanzenöle helfen bei der Verwertung von Lezithin und seinen Bausteinen Cholin und Inositol im Nervenstoffwechsel.
Die beruhigende Wirkung einer solchen Kost lässt sich innerhalb kurzer Zeit anhand der Hirnwellen nachweisen. Ein Müsli (eine halbe Tasse) aus möglichst selbst gemahlenem Getreide (Roggen, Weizen, Hafer, Gerste, Dinkel, Buchweizen) versorgt den Stoffwechsel nicht nur mit

Cholin und Inositol, sondern auch mit Glukose, die für die Energiegewinnung der Nervenzellen unabdingbar ist. Zusätzlich empfiehlt sich die Einnahme von Bierhefe.

Niedriger Blutdruck

Als Hypotonie wird zu geringer Druck in den Arterien, in den Gefäßen, die vom Herz wegführen, bezeichnet. Typische Symptome sind Müdigkeit, Konzentrationsmangel, erhöhtes Schlafbedürfnis (oft über neun Stunden täglich), Wetterfühligkeit, Schwindelgefühle, kalte Gliedmaßen, Hautblässe und auch Kopfschmerzen. Die Blutgefäße von Menschen mit niedrigem Blutdruck sind meist entspannt und möglicherweise schlaff und gedehnt. Die Folge: Zu wenig Sauerstoff und Biostoffe erreichen die Körperzellen.

Die Vitamine B5 und C sowie eine salzhaltigere Kost bringen den Kreislauf wieder in Schwung.

So helfen Nährstoffe

Eine gesteigerte Zufuhr von gut verwertbarem Eiweiß durch die Nahrung sowie Vitamin C und Pantothensäure (Vitamin B5) erhöhen über verschiedene Mechanismen (z. B. in Nebennieren oder Schilddrüse) den Blutdruck.

Pantothensäure ist in Leber, Niere, Eigelb, Samen, Nüssen und Vollkornprodukten besonders reichlich enthalten. Außerdem ist sie ein wichtiger Bestandteil des energieliefernden Koenzyms A und dient damit der Energiegewinnung speziell der muskelaktiven Zellen wie denen des Herzmuskels. Bei einem Mangel an Pantothensäure werden große Mengen Salz über den Urin ausgeschieden, wodurch der Blutdruck abfällt. Dementsprechend sollten Menschen mit niedrigem Blutdruck ihre Kost auch etwas salzhaltiger gestalten.

Rheumatische Erkrankungen

Von rheumatischen Beschwerden sind selbst viele junge Menschen betroffen. Sie äußern sich hauptsächlich in Muskel- und Gelenkschmerzen, die sich häufig nach Kälteeinwirkung einstellen (Nässe, Zugluft). Auch bestimmte Knochenleiden, Gicht und Polyarthritis fallen unter den Sammelbegriff »Rheuma«.

Die Ursachen und Krankheitsbilder sind äußerst vielfältig: »Rheuma« kann entzündungsbedingt oder als degenerative Abnutzungserscheinung auftreten oder in Form des Weichteilrheumatismus in Muskeln,

Sehnen, Schleimbeuteln, Fettgewebe oder Nerven. Demnach können sowohl Bakterien als auch Viren ebenso rheumatische Erkrankungen auslösen wie eine einseitige körperliche Dauerbelastung. Wenn Sie an Arthritis oder Rückenschmerzen leiden, sollten Sie nicht nur Ihre Ernährung und Bewegungsabläufe einer Kontrolle unterziehen, sondern auch nach möglichen anderen Krankheitserregern im Körper suchen, beispielsweise im Bereich der Zähne und Nebenhöhlen.

Vitamin C, Zink und Mangan helfen gegen rheumatische Beschwerden. Rheumakranke sollten nach Möglichkeit eine fleischarme Kost bevorzugen.

So helfen Nährstoffe

Wichtige Biostoffe bei der Behandlung zahlreicher rheumabedingter Beschwerdeformen sind Zink und Mangan. Patienten mit rheumatischer Arthritis haben niedrigere Blutzinkwerte als gesunde Menschen. Zink (in Vollkornprodukten, Bierhefe, Melasse, Samen) hilft bei Gelenkschwellungen und steifen Gliedmaßen, indem es den Aufbau von Bindegewebe unterstützt. Weiterhin ist das Spurenelement Mangan (im vollen Getreidekorn) wirkungsvoll. Es muss in ausreichenden Mengen in der extrazellulären Flüssigkeit enthalten sein, aus der neues, wasserhaltiges Knorpelgewebe entsteht.

Für Rheumakranke empfiehlt sich darüber hinaus eine eiweißarme, speziell fleischarme Kost, denn die in Fleisch und Wurst enthaltene Arachidonsäure, eine Fettsäure, stimuliert Entzündungen an rheumatischen Herden, da sie die körpereigene Produktion von Leukotrienen und Prostaglandinen anregt.

Vitamin C (in frischem Obst; als Askorbinsäurepulver in der Apotheke erhältlich) ist das wichtigste Vitamin bei der Rheumabehandlung: Es wirkt sowohl über das Immunsystem lindernd als auch unmittelbar über den Aufbau von Bindegewebe.

Schlafstörungen

Viele Menschen können abends nicht ein- oder nachts nicht durchschlafen, obwohl sie müde und erschöpft sind. Meist werden Stress, Überanstrengung, Konflikte und Leistungsdruck dafür verantwortlich gemacht. Die eigentliche Ursache ist aber meist ein aus dem Gleichgewicht geratener Hormonspiegel. Denn wenn die für die Regulierung des Schlaf-wach-Wechsels verantwortlichen Hormone ihre Funktion erfüllen, dürften selbst große Stressbelastungen normalerweise nicht zu Schlafstörungen führen.

So helfen Nährstoffe

Am Abend drosselt unsere Hirnanhangsdrüse im Zwischenhirn die Produktion des Tages- und Wachhormons ACTH (adrenocorticotropes Hormon). Stattdessen wird – auch durch den Dunkelreiz über die Augen stimuliert – die Zirbeldrüse aktiv, die sich als kleines Organ an die Gehirnbasis anschmiegt. Sie produziert aus dem Neurotransmitter Serotonin das Schlafhormon Melatonin. Den Rohstoff für Serotonin bildet wiederum die Aminosäure Tryptophan. Um den Schlaf zu fördern, sollten also in erster Linie ausreichende Mengen dieser Aminosäure zugeführt werden. Wobei allerdings noch zusätzliche Bedingungen erfüllt sein müssen: Nach einem eiweißreichen Essen dringen zunächst aktivere Aminosäuren in die Gehirnzellen vor, und das Tryptophan bleibt zurück. Nimmt man hingegen gleichzeitig ausreichend Kohlenhydrate auf, werden diese Aminosäuren anderweitig verbraucht und die Aufnahme von Tryptophan erleichtert.

Wer unter Schlafstörungen leidet, sollte ab Mittag kein Fleisch, Fisch oder Geflügel mehr essen.

Melatoninproduktion anregen

Wer unter Schlafstörungen leidet, sollte möglichst ab Mittag kein Fleisch, Fisch oder Geflügel mehr essen. Eine kohlenhydratreiche Abendmahlzeit (Kartoffeln, Naturreis, Nudeln, Brot, Gemüse) führt unter Beteiligung des Bauchspeicheldrüsenhormons Insulin zu einem Einbau der so genannten neutralen Aminosäuren ins Muskelgewebe, was wiederum dazu führt, dass das Tryptophan an der Blut-Hirn-Schranke nicht mehr blockiert wird. Ein kleiner süßer Snack oder ein Teelöffel Zucker kurz vor dem Zubettgehen kann die Melatoninsynthese aktivieren und für einen gesunden Schlaf sorgen.

Eine kohlenhydratreiche Abendmahlzeit begünstigt den störungsfreien Schlaf.

Schnupfen

Die Schnupfen auslösenden Viren werden meist durch Tröpfcheninfektion übertragen (durch Einatmen, Händeschütteln usw.). Wenn das Immunsystem durch Kälte, Stress oder mangelnde Nährstoffzufuhr geschwächt ist, können sich die Viren ungehindert in den Schleimhäuten ausbreiten. Besonders anfällig für Erkältungen sind wir in den Übergangsjahreszeiten Frühjahr und Herbst, da der Organismus dann vor allem damit beschäftigt ist, sich den neuen Temperaturen anzupassen. Eine verschleimte Nase, tränende Augen, Nieszwang, Müdigkeit, Fieber und Appetitlosigkeit sind mögliche Folgen.

So helfen Nährstoffe

Ist der Schnupfen erst einmal da, dann ist im Grunde kaum Abhilfe mehr möglich. Am besten vertraut man jetzt auf die Selbstheilungskräfte des Körpers, auch wenn die zahlreichen körpereigenen Abwehrstoffe (z.B. Interferon) zunächst für Gliederschmerzen, Nervenkribbeln und andere unangenehme Begleitsymptome wie Fieber sorgen. Fieber begünstigt das Abklingen von Schnupfen ebenso wie Wärme und Bettruhe. Denn im Schlaf wird das Immunsystem über das parasympathische vegetative Nervensystem regeneriert. Flüssigkeitszufuhr (Kräutertees, Suppen, Fruchtsäfte usw.) gleicht den Wasserverlust durch Schwitzen aus und verbessert gleichzeitig die Funktionstüchtigkeit der weißen Blutkörperchen im Blut. Alle süßen Getränke, selbst Obst- oder Orangensäfte, schwächen hingegen die weißen Blutkörperchen im Kampf gegen Bakterien. Fruchtsäfte sollten also möglichst mit Wasser verdünnt getrunken werden.

Wer unter einem Schnupfen leidet, sollte auch auf ausreichende Zufuhr von Flüssigkeit achten.

Wenn das Fieber allerdings tagelang anhält oder zusätzlich Schmerzen (in Brust, Kopf und/oder Ohr) auftreten, sollte unbedingt ein Arzt konsultiert werden.

Schuppenflechte

Bei Schuppenflechte (Psoriasis) zeigen sich weißgraue, oft rot umgrenzte Schuppen auf der Haut, meist an Ellbogen, Knie und Haarboden, aber auch an den Fingerknöcheln, Handrücken und anderen Körperstellen. Es kommt zu starkem Jucken und bei Entfernen der Schuppen zu punktförmigen Blutungen. Die Psoriasis vulgaris, die häufigste Form der Schuppenflechte (90 Prozent), entsteht durch übermäßiges Zellwachstum in der oberen Hautschicht. Sie ist an den betroffenen Stellen etwa um das Fünffache verdickt, die Bildung der Hornzellen (Keratinozyten) bis um das Zehnfache gesteigert.

Die Schuppenflechte ist eine erbliche Erkrankung, deren Schwere sehr unterschiedlich sein kann. Sie verläuft in Schüben, die durch Stress, Infektionskrankheiten, Verletzungen, hormonelle Umstellungen u.v.m. ausgelöst werden können. An der Ausbildung der Schuppen sind Leukotriene, körpereigene Reizhormone, beteiligt, deren Tätigkeit die Konzentration der Immunkörper in der Haut ansteigen lässt. Die Bildung von Leukotrienen wird durch Arachidonsäure, die besonders in tierischen Fetten vorkommt, gesteigert.

So helfen Nährstoffe

Omega-3-Fettsäuren (in Kaltwasserfisch wie Kabeljau, Lachs, Hering, Forelle) schützen die Hautzellen bzw. deren ölig-feuchte Schutzschicht vor Austrocknung, so dass eine Ernährungsumstellung von Fleisch auf Fisch die Symptome bei Schuppenflechte lindern kann. Darüber hinaus stimulieren UV-Sonnenstrahlen in den Keratinozyten, den äußersten Hautzellen, die so genannten Nuklearrezeptoren, die unter Beteiligung von Cholesterin Vitamin D produzieren. Dieser Biostoff aktiviert die Lymphozyten und blockiert die Leukotriene, die die Hautzellwucherungen verursachen.

Omega-3-Fettsäuren schützen die Hautzellen vor Austrocknung.

Sonnenbrand

Wer sich zu lange ungeschützt in der Sonne aufhält, bekommt gerötete, schmerzende Haut, die sich nach einigen Tagen häufig großflächig schält oder Schwellungen und Bläschen ausbildet. In schweren Fällen treten Fieber und Übelkeit als Begleiterscheinungen auf. Gefährdet sind besonders Menschen mit erblicher Veranlagung oder solche, die helle Haut, blaue Augen, rote oder blonde Haare haben.

Die Vitamine A, C und E sowie Zink und Omega-3-Fettsäuren lindern den Sonnenbrand.

So helfen Nährstoffe

Da bei der Entstehung von Sonnenbrand Arachidonsäure freigesetzt wird, sollte man schon bei den ersten Anzeichen auf Fleisch und Geflügel, in denen sie in hohen Dosen enthalten ist, verzichten. Denn in den betroffenen Hautbezirken werden selbst dann noch große Mengen Entzündungsprostaglandine aus Arachidonsäure synthetisiert, wenn die Sonne längst untergegangen ist.

Gegen Sonnenbrand helfen auch kaltgepresste Pflanzenöle, Fisch und Lebertran, die heilend wirkende Substanzen wie Vitamin A, Vitamin E oder Omega-3-Fettsäuren enthalten.

Der Heilungsprozess wird ebenso durch Zink (in der Apotheke erhältlich) sowie Vitamin C (in frischem Obst) begünstigt. Beide Biostoffe sind gemeinsam am Aufbau von neuem Bindegewebe beteiligt und sammeln sich in den verbrannten Hautpartien und Wunden, um Bakterien abzuwehren.

Beste Soforthilfe zur Beruhigung der Haut sind kühlende Emulsionen und feuchte Umschläge, die auch dazu beitragen, die verloren gegangene Flüssigkeit wieder zur ersetzen.

Stress

Unter Stress versteht man eine Überlastung des vegetativen (nicht willentlich beeinflussbaren) Nervensystems, die zu einer Reihe unterschiedlicher Symptome führen kann: Nervosität, Magen-Darm-Störungen, Kreislaufbeschwerden, Schlafstörungen, depressive Verstimmungen usw.

Es gibt dabei positive Stressbelastungen (Eustress), wie z. B. eine frohe Nachricht oder ein freudiges Wiedersehen, und negativen Stress (Disstress), beispielsweise durch Überarbeitung, Leistungsdruck, Konflikte, Kummer, Schlafmangel oder auch Genussmittel wie Kaffee, Nikotin oder Alkohol.

Die Vitamine B6 und C, Pantothensäure und Zink helfen gegen Stress.

So helfen Nährstoffe

Selbst bei geringem Stress erhöht sich der Verbrauch an Nährstoffen aus Blut und Gewebe, und der Bedarf wird entsprechend erhöht. Zunächst kann der Körper zwar auf seine Nährstoffreserven zurückgreifen, um die Belastungen abzufedern, auf Dauerstress, wie wir ihm nicht selten unterworfen sind, ist der menschliche Organismus jedoch nicht eingerichtet. Eine gesunde Mischkost allein reicht dann oft nicht aus, um den Nährstoffbedarf zu decken. Wichtig ist vor allem eine vermehrte Eiweißzufuhr. Fleisch oder Fisch sollte man mit etwas Zitronensaft beträufeln, da dessen Säure Eiweiß besser verwertbar macht.

Eiweiß plus Vitamin C

Ideal gegen Stress ist es, abends kurz vor dem Schlafengehen ein Häppchen Eiweiß pur zu sich zu nehmen (ca. 30 Gramm Fisch, Geflügel, Fleisch, Tofu) und dazu den Saft einer Zitrone zu trinken. Vitamin B6 und Pantothensäure (beide in Bierhefe, Vollkorn) sowie Vitamin C (in frischem Obst) sind ebenfalls hilfreich. Zink (in Vollkorn, Bierhefe, Melasse) und Magnesium (in grünem Blattgemüse, Samen, Nüssen, Obst) werden bei der Produktion von Stresshormonen benötigt und tragen dadurch dazu bei, mit Stresssituationen leichter fertig werden zu können.

Damit die empfindlichen Venenwände stabil bleiben, sind ausreichend Biostoffe aus Obst und Gemüse erforderlich.

Venenleiden

Während die Arterien – durch die das Blut vom Herz wegfließt – feste Wände haben, die zusätzlich von feinen Muskelpolstern gestützt werden, sind Venenwände – durch die das Blut zum Herz zurückgepumpt

wird – sehr dehnbar und dünn. Denn Venen bilden das Blutreservoir des Körpers (sie nehmen bis zu 70 Prozent des gesamten Blutvolumens auf), auf das im Fall einer Verletzung mit Blutverlust oder auch während der Schwangerschaft zurückgegriffen wird.
Ohne eine ausreichende Versorgung mit Biostoffen werden die Venenwände porös und weiten sich zu Krampfadern. Blut und Wasser können ins angrenzende Gewebe austreten und Ödeme bilden, es kann sogar zu Unterschenkelgeschwüren kommen. Um Risse und Brüche von geschwächten Venenwänden zu verhindern, wird die Konzentration von Gerinnungsstoffen (Fibrin) erhöht. Dies führt schließlich zu Durchblutungsstörungen, da das Blut dickflüssiger wird.

Ausreichend Vitamin C, Zink und Bromelain kräftigen die Venenwände.

So helfen Nährstoffe

Bausteine zur Erneuerung des Venenbindegewebes sind die Aminosäuren Prolin und Glyzin, die reichlich in gesunder, eiweißreicher Kost enthalten sind (Gemüse, Hülsenfrüchte, Samen, Nüsse, Sojaprodukte, Magerkäse, Fleisch, Fisch). Zum Einbau der Eiweiße in die Venenwände werden Zink (in Vollkorn, Bierhefe, Melasse) und Vitamin C (in frischem Obst) benötigt.
Gegen Venenleiden zu empfehlen ist der tägliche Verzehr von Müsli (eine halbe Tasse) aus möglichst selbst gemahlenem Getreide. Anfangs hilft eine Kurzkur mit Askorbinsäurepulver (Vitamin C, täglich viermal ein Teelöffel; in der Apotheke erhältlich) und Zinktabletten.
Das Enzym Bromelain (in frischer Ananas enthalten) baut den Gerinnungsstoff Fibrin ab und steigert die Aktivität des so genannten Plasminogenaktivators, der das Blut dünnflüssig hält. Knoblauch, Zwiebeln, Ingwer, Cayennepfeffer sowie Rosskastanienprodukte wirken zusätzlich durchblutungsfördernd.

Verstopfung

Als akute Verstopfung wird die vorübergehende (zwei bis vier Tage) Unfähigkeit zur Darmentleerung bezeichnet. Sie ist häufig von Völlegefühlen, Blähungen und leichter Übelkeit begleitet. Dauert dieser Zustand längere Zeit an, spricht man von chronischer Verstopfung.
Darmträgheit und Verstopfung entstehen fast immer durch Fehlernährung und sind dementsprechend leicht zu beheben. Hauptverursacher sind helle Teigwaren, polierter Reis, Süßspeisen bzw. alle

Die meisten Magen- und Darmprobleme sind fast immer auf Fehlernährung zurückzuführen.

ballaststoffarmen Lebensmittel. Eine chronische Darmträgheit mit mangelnder Peristaltik (Darmbewegung) führt zum Anstieg giftiger Mikroorganismen im Darm, was erhebliche Beschwerden und auch Krankheiten nach sich ziehen kann (z. B. Schilddrüsenunterfunktion, Darmgeschwüre oder Muskelschwäche).

Durch den regelmäßigen Konsum von Ballaststoffen können Darmträgheit und Verstopfung beseitigt werden.

So helfen Nährstoffe

Hilfreich gegen Verstopfung sind Ballaststoffe (mit viel Flüssigkeit gegessen), die viel Wasser aufnehmen, selbst aber nicht wasserlöslich sind, wie beispielsweise Zellulose. Sie saugen sich mit Verdauungssäften voll, erhöhen dadurch das Stuhlvolumen, stimulieren die Darmpassage und beschleunigen die Entleerung. Besonders wirkungsvoll sind Weizenkleie, Obst und Gemüse, alle Vollkornprodukte und Samen. Auch Sauermilcherzeugnisse wie Joghurt, Buttermilch oder Kefir haben einen positiven Einfluss auf die Darmtätigkeit.

Wechseljahrebeschwerden

Zwischen dem 45. und dem 55. Lebensjahr verlieren die Ovarien (Eierstöcke) der Frau ihre Empfindsamkeit gegenüber den Hormonen FSH (follikelstimulierendes Hormon) und LH (luteinisierendes Hormon). Als Folge sinkt die körpereigene Produktion von Geschlechtshormonen, speziell von Östrogen. Dies zieht erhebliche körperliche und seelische Veränderungen nach sich. Entscheidend ist in dieser Phase, dass die Nebennieren die Produktion von Östrogen weitgehend übernehmen. Dann nämlich kommt es nicht zum häufig eintretenden Knochenabbau aufgrund von Östrogen- und Kalziummangel.

Die B-Vitamine Cholin, Inositol und B12, die Vitamine C, E und K sowie Kalzium und Bor lindern Wechseljahrebeschwerden.

So helfen Nährstoffe

Nach der Menopause verlieren Frauen morgens mit dem Urin viel Kalzium sowie Prolin, den Eiweißrohstoff für den Bau neuer Knochenmatrix. 100 bis 150 Gramm Käse täglich sorgen für ausreichende Kalzium- und Phosphorzufuhr im richtigen Verhältnis zueinander. (Reine Kalziumtabletten schaden eher, als dass sie nützen.)

Östrogengaben vom Arzt (Membranpflaster, Tabletten, Spritzen) steigern den Gehalt an Vitamin D, das den Kalziumstoffwechsel steuert, oft nur geringfügig. Sinnvoller ist es, die ersatzweise Produktion von Östrogen in der Nebennierenrinde zu unterstützen. Damit Steroide zu

Östrogen umgewandelt werden können, werden große Mengen Vitamin C und Cholesterin benötigt. Um Cholesterin verwertbar zu machen, sind wiederum lipotrope (fettverwertende) Substanzen, wie beispielsweise die B-Vitamine Cholin und Inositol (beide in Lezithin, Bierhefe), oder kaltgepresste Pflanzenöle erforderlich. Vitamin E schützt die Fettsäuren in den Körperzellen vor Oxidation, d. h. vor einer Zerstörung durch freie Radikale.

Das Spurenelement Bor (in Früchten, Gemüse, Nüssen) steigert den Östrogengehalt des Bluts und verhindert die Kalziumausscheidung. Vitamin B12 (in Leber, Fleisch, Nieren, Fisch) erhöht die Produktion von Osteokalzin (Knochensubstanz). Vitamin K bindet Osteokalzinmoleküle in den Knochen.

Vitamin B12 fördert die Neubildung von Knochensubstanz.

Wichtig, um Knochenabbau zu begegnen, ist außerdem die tägliche Belastung des Knochengerüsts durch Radfahren, Gymnastik, Schwimmen oder andere Sportarten.

Zahnfleischbluten

Zahnfleischbluten macht sich zunächst nur beim Zähneputzen bemerkbar, später bereits beim Biss in ein festes Lebensmittel. Verursacht wird es durch mikroskopisch kleine Risse in den Blutkapillaren des Zahnfleisches aufgrund von Bindegewebsschwäche. Meist ist die Bindegewebsschwäche auf schlechte Ernährung zurückzuführen. Unternimmt man längere Zeit nichts gegen das Zahnfleischbluten, ist meist Parodontose die Folge.

Die Vitamine C und E, Selen und Zink bringen Zahnfleischbluten zum Stillstand.

So helfen Nährstoffe

Für den Schutz der Zellen in der Haut, die die Zahnwurzeln umschließt, sorgen Neutrophile (weiße Blutkörperchen), die meist nur eine Lebensdauer von wenigen Tagen haben. Sie können ihre Wirkung allerdings nur im Zusammenspiel mit Vitamin C (in frischem Obst), Vitamin E (in kaltgepressten Pflanzenölen, Vollkorn) und Selen (in Vollkorn, Bierhefe) entfalten.

Für das Verschließen der feinen Risse in den Äderchen wird weiterhin reichlich Zink benötigt (in Vollkorn, Bierhefe, Melasse, Samen). Askorbinsäurepulver (zweimal täglich ein Teelöffel; in der Apotheke erhältlich) oder selbst gepresster Zitronensaft bringt Zahnfleischbluten meist innerhalb von einer Stunde zum Stillstand.

Kaufen, lagern und zubereiten

Tipps für den Umgang mit Lebensmitteln

Bereits beim Einkauf unserer Lebensmittel treffen wir erste Entscheidungen über unsere Gesundheit. Nicht nur die Wahl zwischen Supermarkt und Bioladen ist dabei von Bedeutung. Auch durch die Auswahl zwischen den Produkten steuern wir die Menge an Gift- und Schadstoffen, die dem Körper zugeführt wird. Konservierungs- und Farbstoffe sind nur einige der Zusatzstoffe, die im deutschen Lebensmittelrecht unter 24 Kategorien zusammengefasst sind.

Mit der Auswahl der Lebensmittel entscheiden wir sozusagen im Geschäft über die Gesundheit unserer Körperzellen. Deshalb sollte man geplant einkaufen gehen, statt wahllos Dinge in seinen Wagen zu häufen.

Augen auf beim Lebensmittelkauf

Konservierungsstoffe

Sorbinsäure, Benzoesäure, PHB-Ester, Ameisensäure, Diphenyl, Orthophenylphenol und Thiabendazol werden zum Schutz gegen mikrobiellen Verderb eingesetzt, und zwar vorwiegend bei Fischprodukten, Mayonnaise, Saucen, Fleischsalat und anderen Fertigsalaten, Trockenobst und Backwaren. Sie können gesundheitsgefährdenden Schimmel und Keime verhindern und Antioxidanzien, die ebenfalls konservierende Wirkung haben, unterstützen. Zunächst erfüllen sie also scheinbar eine positive Funktion. Auch wenn ihre Höchstmengen genau festgelegt sind und die Anwendung auf der Verpackung angegeben werden muss, profitiert lediglich der Handel davon: Denn nur so können Salzheringe, Aspik, Olivenkonserven und Gebäck bis zu einige Jahre gelagert und zum Kauf angeboten werden. Konservierungsstoffe töten aber wertvolle Enzyme in den Lebensmitteln, machen sie zu mehr oder weniger »toter« Nahrung. Bei den 33 nach den neuen EU-Richtlinien zugelassenen Substanzen zur Konservierung (in allen EU-Ländern einheitlich durch die Nummern E 200 bis E 285 gekennzeichnet) handelt es sich meist um schwache Säuren und deren Salzformen.

Farbstoffe

Damit Lebensmittel möglichst lange schmackhaft aussehen, werden sie, da ihre natürliche Farbe rasch verblasst, optisch durch die Zugabe von Farbstoffen aufgepeppt. Diese »Zusatzstoffe zum Erzielen von Farbeffekten« sind vor allem in Fischprodukten (z. B. Seelachs, Anchovispasten), Creme- und Geleespeisen, Puddings sowie verschiedenen süßen Saucen enthalten. Auch Zuckerüberzüge (z.B. von Früchten), Marzipan, verschiedene Schnittkäsesorten und die Hülle von Gelbwurst werden häufig eingefärbt. Es gibt insgesamt 43 zugelassene Farbstoffe (Bezeichnungen E 100 bis E 180), die teils natürlichen und teils synthetischen Ursprungs sind. Einige, insbesondere die »künstlichen« Farbstoffe, können allergische Reaktionen auslösen.

Farbstoffe können in einigen Fällen allergische Reaktionen auslösen.

Antioxidanzien

Antioxidanzien bilden die »erfreulichste« Gruppe der Zusatzstoffe, da sie vorwiegend natürliche (wenn auch synthetisch hergestellte) Schutzsubstanzen sind wie L-Askorbinsäure (Vitamin C) oder Tokopherol (Vitamin E). Sie schützen z. B. die in Lebensmitteln enthaltenen Fettsäuren vor Oxidation. Fette werden dann nicht mehr so schnell ranzig. Die Antioxidanzien tragen die Bezeichnungen E 300 bis E 321.

Zusatzstoffe stören meist die Feinabstimmung von Verdauung, Stoffwechsel, Säure-Basen-Gleichgewicht und Flüssigkeitshaushalt.

Andere Zusatzstoffe

Damit auch wirklich sichergestellt ist, dass wir ausschließlich unverdorbene Lebensmittel nach Hause tragen, sind noch weitere Zusatzstoffe zugelassen: Verdickungs- und Geliermittel (wie Propylenglykolalginat oder Methylzellulose), Zuckeraustauschstoffe (wie Sorbit, Mannit) oder Emulgatoren (wie Essig- oder Milchsäureester). Hinzu kommen noch zahlreiche Geschmacksverstärker.

Zusatzstoffe sind aber niemals unbedenklich: Sie können sich im Körper anreichern und Wechselwirkungen erzeugen – in jedem Fall stören sie die Feinabstimmung von Verdauung, Stoffwechsel, Säure-Basen-Gleichgewicht und Flüssigkeitshaushalt.

Da der Organismus unter hohem Aufwand an Energie und Biosubstanzen die für seinen gesunden Stoffwechsel nicht benötigten Zusatzstoffe neutralisieren und ausscheiden muss, ist es viel vernünftiger, sein Gemüse und Obst, die Kartoffeln oder den Käse beim Biobauern oder im Bioladen zu kaufen.

Ist »bio« wirklich immer »bio«?

Wenn man im Supermarkt die ansprechend verpackten Lebensmittel in die Hand nimmt und die Etiketten liest, möchte man meinen, sämtliche Waren kämen direkt aus dem gesunden Garten der Natur in die Regale und Tiefkühlboxen. Begriffe wie »bio«, »biogesund«, »aus biologischem Anbau«, »Bioobst«, »nestfrische Eier«, »ohne Konservierungsstoffe«, »Biosonne«, »biolight« usw. finden sich heute auf nahezu allen Nahrungsmittelverpackungen.

Solange der Begriff »bio« oder »biologisch« vom Hersteller nicht bewusst irreführend verwendet wird, darf er damit jede Flasche, jeden Plastikbecher und jede Verpackungsfolie auszeichnen, sofern das Erzeugnis nicht aus Anbau, bei dem Herbizide, Pestizide, Fungizide und Insektizide verwendet wurden, stammt. Es genügt bereits, wenn der Landwirt Boden nicht mit Klärschlamm düngt und auf chemische Düngemittel weitgehend verzichtet, denn der Begriff »bio« ist gesetzlich nicht geschützt. Dennoch sind solche Produkte meist alles andere als »bio«. Sie enthalten oft Schwermetalle, chemische Düngerückstände, Nitrate, Vorratsschutzmittel, Abbauprodukte von Pflanzenschutzmitteln, giftige Rückstände aus Lagerräumen usw.

Der Begriff »bio« ist gesetzlich nicht geschützt. Nicht selten gaukelt er deshalb Gesundheit nur vor.

Besondere Achtsamkeit bei Importware

So manche Erdbeeren, Tomaten und anderes Obst und Gemüse, die mit dem Begriff »biologisch« versehen sind, sind stark mit Giftstoffen angereichert. Besondere Vorsicht ist gegenüber ausländischen Produkten angebracht, die mit gewinnsteigernden Düngemethoden im Treibhaus aufgezogen und danach oft für Wochen gelagert wurden, lange Transportwege hinter sich haben (z. B. aus Sizilien, Griechenland) und kurz vor dem Verkauf noch einer Behandlung unterzogen wurden: mit Ethylengas im Reiferaum, mit chemischer Sprühkonservierung (z. B. Thiabendazol), Schellack, Harzen, Benzoewachs und anderen Substanzen. Beim Genuss dieser Produkte kommt es nicht selten zu Mundschleimhautentzündungen.

Salmonellengefahr bei Eiern

Eier enthalten außer Vitamin C sämtliche Vitamine, 21 Mineralstoffe und 18 verschiedene Aminosäuren und sind deshalb ein besonders hochwertiges Nahrungsmittel. Dennoch ist beim Einkauf Vorsicht geboten, denn wenn die Eier aus Massentierhaltung stammen, ist die Salmonellengefahr besonders groß, da sich die giftstoffproduzierenden Bakterien hier besonders rasch verbreiten können. Eine Salmonellenvergiftung kann beispielsweise zu Brechdurchfall, Darmkrämpfen und Fieber führen.

Auch bei Eiern sollte man nichts auf fragwürdige Gütesiegel geben, sondern darauf achten, dass sie aus Freilandhaltung stammen, bei der jedem Tier genügend Fläche zur Verfügung steht.

Auch Begriffe wie »Bioeier«, »nestfrisch«, »Landeier« oder »biofrische Eier« sind noch kein Gütesiegel. Selbst bei »biologischer« Stallhaltung »freilaufender« Hühner werden oft sieben Tiere auf einem Quadratmeter zusammengepfercht.

Kontrollierter Anbau

Die Kennzeichnung »aus kontrolliertem Anbau« garantiert, dass beim Anbau von Gemüse, Kartoffeln, Obst usw. kein giftiger Klärschlamm zur Bodendüngung verwendet wurde. Außerdem erfolgte der Einsatz von Spritzmitteln jeweils erst nach sorgfältiger Prüfung von Boden und Pflanzen. Wirklich »biologisch« sind allerdings auch solche Erzeugnis-

Ein warnendes Beispiel

Insbesondere bei Säften wird dem Konsumenten häufig ein falsches Bild vermittelt. Sie sind angeblich »gesund«, »decken den Tagesbedarf an Vitamin C« oder enthalten sogar »alle Tagesvitamine«; sie sind »garantiert biologisch« oder reich an »wertvollem Fruchtfleisch«. Tatsächlich enthalten viele Säfte aber nur wenige Vitamine, da diese durch Erhitzen, Lagern oder im Produktionsprozess abgetötet wurden. Auch handelt es sich meist nur dann um reinen Saft, wenn dies auf dem Etikett ausdrücklich vermerkt ist. Der Vermerk »aus Konzentrat hergestellt« besagt, dass der ursprüngliche Saft eingedampft, sein Fruchtfleisch entzogen und später alles wieder mit Wasser zusammengemischt wurde.
Mit einem natürlichen Produkt hat dies nichts mehr zu tun. Fruchtnektar besteht sogar zu drei Vierteln aus Zuckerwasser, und Fruchtsaftgetränke enthalten gerade noch zwischen sechs und zehn Prozent Fruchtanteil.

Eier von Hühnern aus Freilandhaltung sind nicht nur wohlschmeckender, sondern auch gesünder.

se noch nicht. Sie entstehen erst nach Anwendung der wesentlich strengeren Kriterien des biologisch-dynamischen Anbaus. Dieser setzt voraus, dass sich der Acker mehrere Jahre von der Schadstoffbelastung erholt, bevor er wieder bearbeitet wird. Kunstdünger, Pestizide oder andere Pflanzenschutzmittel sind verboten. Den hohen Qualitätsnormen haben sich mehrere Anbauorganisationen unter dem Siegel »Ökologischer Landbau« unterworfen. Ihren Produkten darf der Verbraucher vertrauen – man erkennt sie am jeweiligen Logo auf dem Etikett: »demeter«, »Bioland«, »ANOG«, »Biokreis Ostbayern« und »Naturland«. Gedüngt wird hier ausschließlich mit Kompost, die Schädlinge werden nur biologisch bekämpft, z. B. durch Aussaat bestimmter Pflanzen, die entsprechende Abwehrstoffe enthalten oder freisetzen. Die Erträge dieser Landwirte liegen oft um ein Drittel unter den Ernten von Bauern, die Kunstdünger verwenden, ihre Äpfel und Birnen sind häufig deutlich kleiner und verschrumpelt. Aber sie schmecken besser und enthalten alle ihre natürlichen Vitamine, Mineralien und anderen Biostoffe in gesunder, unverfälschter Zusammensetzung.

Der biologisch-dynamische Anbau unterliegt besonders strengen Kriterien.

In vielen Lightprodukten werden Geliermittel eingesetzt, da sie wenige Kalorien haben. Nicht alle sind aber natürlichen Ursprungs.

Das Fleisch aus den rund 3000 Betrieben im »Ökologischen Landbau« stammt von gesundem Vieh, das im Sommer im Freien weidet, in großen Boxen überwintert und mindestens zu 85 Prozent mit biologischem Futter vom eigenen Hof gefüttert wird.

Sind Lightprodukte wirklich »light«?

Die meisten Mensch wollen schlank sein, so dass das Geschäft mit den Lightprodukten floriert. Anfangs waren es Colagetränke, Puddings und Cremespeisen, die »light« waren oder entsprechend etikettiert wurden; inzwischen gibt es auch Wurst, Butter, Käse, Bier und Wein, die als »light« ausgewiesen sind. Die Marketingexperten der großen Supermarktketten erklären nahezu einstimmig, dass sich Lightprodukte hervorragend verkaufen. Der Anteil von Lightlebensmitteln im Einzelhandel macht bereits bis zu zehn Prozent aus. Ähnlich wie die verkaufsträchtige Silbe »bio« ist auch der Begriff »light« gesetzlich weder definiert noch geschützt.

Man kann nach Belieben auf seine Brotpackung, Schokoladenriegel, Limonade oder Früchtejoghurts »light« schreiben. Denn laut Nährwert-Kennzeichnungsverordnung muss der Hersteller, der sein Produkt mit Begriffen wie »kalorienarm« oder »wenig Kalorien« anpreist, lediglich den durchschnittlichen Brennwert (Kalorienwert) ähnlicher herkömmlicher Lebensmittel unterschreiten. Da aber Werbung verboten ist, die eine Gewichtsabnahme verspricht (z. B. »Macht schlank«, »Gut für die schlanke Linie« usw.), nutzen viele Hersteller den Umweg über den Begriff »light«, um das Versprechen einer Gewichtsabnahme zu suggerieren. Meist werden dabei Speiseeis, Puddings und Cremespeisen nur mit Luft angereichert, die Wurst enthält statt Fleisch oder Fett Kohlenhydrate, und Käse sowie Joghurt sind ebenfalls »luftiger«.

Lebensmittel richtig lagern und zubereiten

So mancher Konsument wählt zwar beim Lebensmittelkauf sorgfältig aus, macht extra noch einen Umweg zum Bioladen, um besonders gesunde Lebensmittel auszuwählen. Zu Hause lagert er seine Nahrungs-

Reizwort »Süßstoff«

- Bedenklich sind fast alle süßen Lightprodukte, Süßigkeiten ebenso wie Getränke, da Zucker meist durch den Süßstoff Saccharin ersetzt wird, der weniger Kalorien enthält und sogar 300-mal süßer ist als weißer Zucker. Saccharin ist zwar in geringen Mengen harmlos, führt aber gerade bei Kindern zur Gewöhnung an Süßes und damit irgendwann auch zu erhöhtem Zuckerkonsum. Hier zeigt sich eine weitere unangenehme Begleiterscheinung der Lightprodukte. Inzwischen gibt es einen neuen Süßstoff, Aspartam, der der Lightindustrie weiteren Auftrieb geben dürfte.
- In kalten Getränken und auch in künstlich gesüßten Nahrungsmitteln kann Aspartam in seine Bestandteile, die Aminosäuren Phenylalanin und Aspartinsäure, zerfallen. Professor Richard Wurtman vom Massachusetts Institute of Technology (USA), einer der weltweit renommiertesten Stoffwechselexperten, warnt vor Aspartam, weil dieser Süßstoff die Phenylalaninkonzentration im Gehirn verdoppeln oder sogar vervierfachen kann, wenn gleichzeitig Süßes gegessen oder getrunken wird. Die Folge ist eine Steigerung der Tyrosinkonzentration im Gehirn um bis zu 300 Prozent. (Die Aminosäure Tyrosin ist ein Stoffwechselprodukt von Phenylalanin.) Wer viel künstlich gesüßte Lightlimonade trinkt, kann Kopfweh, Übelkeit, epilepsieähnliche Anfälle und Depressionen bekommen.
- Besonders süß, »light« und ungesund wird es dann, wenn die neue Generation der Süßstoffe auf den Markt kommt: die Proteine Thaumatin und Monellin, die aus den afrikanischen Pflanzen Katemfe und Serendipity gewonnen werden. Diese Eiweißsequenzen aus 207 bzw. 94 Aminosäuren sind rund 100000-mal süßer als weißer Zucker, also bestens geeignet, um z. B. Limonade, Schokolade oder Fruchtsalat kalorienarm zu süßen. Gesünder und verträglicher werden solche Lebensmittel deshalb aber nicht, Nebenwirkungen sind nicht auszuschließen.

Vorsicht vor künstlich gesüßter Limonade! Wer zu viel davon trinkt, muss mit Kopfschmerzen, Übelkeit oder sogar depressiver Verstimmung rechnen.

mittel jedoch häufig derart unsachgemäß, dass sie ihre wertvollsten Nährstoffe verlieren. Tiere in freier Natur stehen nicht vor diesem Problem. Denn abgesehen von Eichhörnchen und anderen Lebewesen, die Lebensmittelvorräte sammeln und verstecken, ernähren sie sich stets ausschließlich von frischer Nahrung, die sämtliche Biostoffe wie Enzyme, Vitamine, Spurenelemente, Eiweiße, Fettsäuren usw. noch vollständig in ihrer natürlichen Zusammensetzung enthält.

Nur optimale Lagerung garantiert, dass alle in den Lebensmitteln enthaltenen Biostoffe erhalten bleiben.

Enzyme

Enzyme sind Eiweißmoleküle, ohne die der Körper kein einziges Lebensmittel verwerten könnte. An nahezu jeder Stufe des Zerkleinerungsprozesses der Nahrung in resorbierbare Teilchen sind verschiedenste Enzyme beteiligt. Die Hauptverdauung findet im Dünndarm statt, wo die Enzyme aus dem Gallensaft sowie den Verdauungssäften aus Darmdrüsen und Bauchspeicheldrüse einen zentralen Beitrag zur Nahrungsverwertung leisten.

Enzyme sind allerdings nicht nur im Verdauungsprozess unentbehrlich, sondern an nahezu allen Stoffwechselprozessen im Körper beteiligt. Beispielsweise können einzelne Aminosäuren ohne Enzyme nicht miteinander zu bestimmten Eiweißen verbunden und damit funktionsfähig gemacht werden.

In jedem Salatblatt, jedem Getreidekorn und jedem Stück Hühnerfleisch sind Milliarden Enzyme enthalten. Solange die Pflanzen oder Tiere leben, wirken die Enzyme am stetigen Neuaufbau von Zellen mit, helfen aber auch beim Abbau bzw. beim Zersetzen von Abfallstoffen aus dem Zellstoffwechsel, wie z. B. Cholesterin oder Eiweiß. Von dem Moment an, in dem die Pflanzen geerntet und die Tiere getötet werden, bauen die Enzyme jedoch natürlich kein neues Zellleben mehr auf, sondern sind nur noch mit dem Zersetzen und dem Abbau von Zellbestandteilen beschäftigt.

Fäulnis erkennen

Solange ein Lebensmittel noch sehr frisch ist, sind die zellaufbauenden, stoffwechselaktiven Enzyme noch am Leben. Wenn dagegen Erdbeeren graue und Bananen braune Färbungen zeigen oder Lauchblätter welk herabhängen, sind bereits die zersetzend wirkenden und gesundheitlich bedenklichen Enzyme tätig.

Enzymarme Lebensmittel

- Pasteurisierte, frittierte, geräucherte, vorgebackene oder vorgekochte Gerichte enthalten kaum mehr Enzyme; dasselbe gilt für alle Frucht- oder Gemüsesäfte, die bei der industriellen Verarbeitung erhitzt worden sind. Die gerösteten Frühstücksflocken haben ebenso wenige Enzyme wie Mahlzeiten aus dem Mikrowellenherd. Enzymarm ist auch fast alles, was in den großen Tiefkühltruhen des Supermarkts liegt, denn viele dieser Lebensmittel sind in irgendeiner Weise industriell (sprich: keim- und enzymtötend) bearbeitet worden.
- Mit ihrem Gewicht von nur rund 85 Gramm ist die kleine Bauchspeicheldrüse (Pankreas) nicht in der Lage, alle Verdauungsenzyme selbst zu produzieren (Amylase für die Kohlenhydrat-, Protease für die Eiweiß-, Lipase für die Fettverdauung). Unser Stoffwechsel ist auf die Zufuhr noch intakter Enzyme durch die Nahrung angewiesen. Rohkost stellt deshalb den wertvollsten Bestandteil einer gesunden Misch- oder Vollwertkost dar. Obst, Salat, Gemüse usw. sollten dabei möglichst frisch zubereitet und dann baldigst verzehrt werden.
- Bis zu 75 Prozent einer Rohkostplatte aus frischen Lebensmitteln werden allein durch die darin enthaltenen Enzyme verdaut, d.h., nur noch geringe Mengen Pankreasenzyme müssen zusätzlich bereitgestellt werden, wodurch die Bauchspeicheldrüse enorm entlastet wird.

Gut drei Viertel einer Rohkostplatte werden mit Hilfe der darin enthaltenen Enzyme »selbst« verdaut.

Deshalb ist es gesundheitsgefährdend, wenn Händler z.B. »tote«, im enzymatischen Abbauprozess befindliche Erdbeeren mit bestimmten Schellack- oder Wachsprodukten nochmals »auffrischen« oder ihnen (z.B. in Dosen) synthetische Geruchsstoffe beimengen.

Es empfiehlt sich also, immer darauf zu achten, Lebensmittel möglichst frisch zu kaufen und zu erhalten. Enzyme in Lebensmitteln sterben bereits bei Zimmertemperatur zu einem großen Teil ab; deshalb sollte man auch Obst, Salat oder Gemüse am besten kühl lagern.

Enzyme in Lebensmitteln sterben bereits bei Zimmertemperatur ab; deshalb sind Obst, Salat und Gemüse möglichst kühl zu lagern.

Fastfoodnahrung enthält kaum noch wertvolle Biostoffe. Sie sind durch Aufbewahrung und Zubereitung zerstört worden.

Mineralstoffe und Spurenelemente

Die in unserem Essen enthaltenen Mineralstoffe und Spurenelemente sind nahezu »unverwüstlich«. Ob sie gekocht oder gebraten, tiefgefroren oder Sonne und Luft ausgesetzt werden, sie bleiben unverändert erhalten. Allerdings werden sie durch Garen und Kochen z. B. aus Gemüse herausgewaschen. Dann ist die Brühe gesünder als das Gemüse selbst. Deshalb sollte man sie nicht wegschütten, sondern abgekühlt mit etwas Salz trinken, denn die Mineralstoffe sind für den Stoffwechsel unverzichtbar.

Kohlenhydrate

Kohlenhydrate bzw. ihre kleinsten Einheiten Glukose oder Fruktose werden durch Lagerung und Zubereitung ebenfalls kaum verändert. Allerdings wird bei bestimmten Knollensorten wie Kartoffeln die Stärke für den Körper erst verwertbar, wenn sie gut gekocht wurden.

Mineralstoffe und Spurenelemente sind gegenüber Hitze unempfindlich.

Eiweiß

Selbst in unsachgemäß gelagerten Avocados und jahrealten Gefrierhühnchen sind die Aminosäuren – sogar in ihrer Struktur – noch komplett enthalten. Doch beim Kochen, Frittieren, Dünsten, Braten, Grillen oder in der Mikrowelle verändert sich ihre Struktur. Dies ist für unseren Organismus deshalb von Bedeutung, da er von einigen Aminosäuren besonders viele benötigt.

L- und D-Aminosäuren

Alle Aminosäuren (von Glyzin abgesehen) kommen in zwei Formen vor, in der L-Form (levo = links) und in der D-Form (dextro = rechts). Beide Moleküle sind in der Konfiguration ihrer Atome (Sauerstoff, Wasserstoff, Kohlenstoff und Stickstoff) zwar völlig identisch, aber spiegelverkehrt aufgebaut. Dieser Unterschied spielt für unsere Ernährung eine entscheidende Rolle.

In Obst, Gemüse, Fisch und Kartoffeln sind die wichtigen Aminosäuren vor der Zubereitung noch in ihrer verwertbaren Form enthalten.

Unser Körper besteht zu drei Vierteln aus Aminosäuren, die nahezu alle L-Aminosäuren sind. Dementsprechend sind für unseren Stoffwechsel hauptsächlich die L-Aminosäuren – abgesehen von D-Methionin und D-Phenylalanin – von Bedeutung. Wenn die Nahrung also überwiegend aus D-Aminosäuren besteht, erhält der Körper nur ungenügend des eigentlich benötigten Eiweißes.
In Obst, Gemüse, Fisch und Kartoffeln sind die Aminosäuren zwar vorwiegend in der verwertbaren L-Form enthalten, bei der Zubereitung von Speisen können sie aber ihre Form verändern. Sie gehen dann – z.B. bei Hitzezufuhr oder wenn sie mit Zucker und Fett zubereitet werden – von der L- in die D-Form über und sind für den Stoffwechsel unbrauchbar. Als Folge kommt es trotz Eiweißzufuhr zu Eiweißmangel und zu Beschwerden durch faulende Eiweißrückstände im Darm.

Wenn Lysin fehlt

Da die Aminosäure Lysin in vielen Getreideflocken kaum enthalten ist, gehen viele Kinder morgens ohne diesen Eiweißstoff in die Schule, der für einen gut funktionierenden Hirnstoffwechsel (Konzentration, Aufmerksamkeit usw.) wichtig ist. Auch wenn Milch mit Zucker erhitzt wird, wird Lysin zerstört. Ein Mangel an Lysin macht müde und zerstreut. Man leidet mitunter an Übelkeit und ist wegen einer geschwächten Immunabwehr anfällig für Erkältungen.

Vitamine

Ohne Vitamine ist der Organismus nicht lebensfähig. Sie sind am Aussehen des Menschen, an Gefühlen, Leistungsfähigkeit und Kreativität beteiligt und aus kaum einem Stoffwechselvorgang wegzudenken. Da der Körper sie nicht selbst produzieren kann, muss er sie mit der Nahrung zuführen. Denken Sie dabei daran, dass sich der Bedarf bei Nikotin- und Alkoholgenuss, bei Stress und Krankheiten enorm erhöht. Auch Schwangerschaft und Wechseljahre führen zu einem gesteigerten Vitaminverbrauch.

Da Vitaminmoleküle relativ empfindlich sind, spielt die richtige Lagerung und Zubereitung für ihren Erhalt in den Lebensmitteln eine zentrale Rolle. Vitamine können sowohl durch Hitze als auch durch Licht, Luft, Säuren usw. zerstört werden.

Die äußerst empfindlichen Vitamine werden durch Hitze, Licht, Luft und Säuren zerstört. Sorgfältige Lagerung bewahrt den Geschmack und die wichtigen Biostoffe.

Licht und Wärme meiden

Rohe Fischprodukte und Krabben enthalten das Enzym Thiaminase, welches das Vitamin B1 (Thiamin) zerstört. Bestimmte Stoffe (z. B. Tannin) in Tee, Kaffee, Kleie und anderen Lebensmitteln oxidieren das empfindliche Vitamin, vernichten es ebenso wie Hitzezufuhr. Beim Toasten von Brot gehen bis zu 70 Prozent des enthaltenen Thiamins verloren. Milch sollte auf keinen Fall Licht ausgesetzt werden, da innerhalb von 30 Stunden bis zu 85 Prozent des enthaltenen Vitamins B2 (Riboflavin) verloren gehen. Niazin (Vitamin B3) ist zwar relativ unempfindlich, wird aber durch übermäßigen Genuss von Zucker, Süßigkeiten, süßen Getränken und hellen Teigwaren wie Spaghetti im Körper abgebaut. Ein Drittel der in Fleisch enthaltenen Pantothensäure (Vitamin B5) wird durch Braten zerstört. Auch Säuren (z. B. in Essig) und basische Lebensmittel ziehen Vitamin B5 in Mitleidenschaft.

Pasteurisieren – ja oder nein?

Das für den Eiweißstoffwechsel wichtige Vitamin B6 ist ebenfalls sehr leicht angreifbar. Beim Pasteurisieren (keimtötenden Erhitzen) von Lebensmitteln wird die wirksamste Form des Vitamins (Pyridoxin, das pflanzliche Vitamin B6) zu Pyridoxamin, der weniger wirksamen, in tierischen Lebensmitteln enthaltenen Form, umgebaut. Auch zu trockenes Lagern von Lebensmitteln kann Pyridoxin zerstören. Wenn Lebensmittel lange bei Zimmertemperatur gelagert und Licht ausgesetzt werden,

Vitaminverlust durch Erhitzen

Wenn Milch drei Sekunden lang pasteurisiert wird, verliert sie etwa sieben Prozent ihrer Vitamin-B12-Moleküle. Kocht man die pasteurisierte Milch zu Hause weitere zwei bis fünf Minuten lang, werden wiederum 30 Prozent ihrer noch vorhandenen Vitamin-B12-Anteile zerstört. Wenn Fleisch 45 Minuten lang gebraten oder gekocht wird, gehen ebenfalls 30 Prozent an Vitamin B12 verloren. Als Symptome von Vitamin-B12-Mangel zeigen sich möglicherweise Taubheits- und Kribbelgefühle in Händen und Füßen, Muskelschwäche, Trägheit, Gedächtnis- und Konzentrationsschwäche sowie depressive Verstimmungen.

verlieren sie Folsäure. Auch Hitzezufuhr tötet dieses B-Vitamin, das im Stoffwechsel sehr eng mit dem Nervenvitamin B12 (Kobalamin) zusammenwirkt. Vitamin B12 wiederum ist zum Aufbau der schützenden Myelinschicht der Nervenzellen unerlässlich. Wenn wir über Jahre nur in irgendeiner Form erhitzte Nahrung (im Produktionsprozess oder bei der Zubereitung) zu uns nehmen, kommt es zu einem dramatischen Mangel an Folsäure und Vitamin B12, der sich zunächst in nervösen Symptomen bemerkbar macht und schließlich zu ernsten Nervenkrankheiten führen kann. Außer unzureichend Vitamin B12 ist allerdings auch ein Mangel an kobalaminverwandten Molekülen, wie sie in den weißen Blutkörperchen, in Leber, Nervensystem und Gallensäuren vorkommen, für Nervenleiden verantwortlich.

Wer jahrelang nur warm gegessen oder im Produktionsprozess erhitzte Nahrung zu sich genommen hat, leidet unter einem Mangel an Folsäure und Vitamin B12, der sich irgendwann in Nervenschädigungen äußern kann.

Empfindliches Vitamin C

Vitamin C wirkt in unserem Stoffwechsel tagsüber in jeder Sekunde an rund 670 Billionen chemischen Reaktionen mit. Es ist von allen Vitaminen das verletzlichste Molekül und wird vor allem durch Hitze, Luft und Licht zerstört.

Wenn wir einen Apfel mit dem Messer aufschneiden, färben sich die Schnittflächen schnell rötlich braun – ein Zeichen für die rasche Oxidation und Zerstörung von Vitamin C, wobei das farbaktive Spurenelement Kupfer freigesetzt wird. Freie Radikale sind Atome oder Moleküle, die ungepaarte Elektronen haben und dadurch chemisch besonders instabil sind. Um sich zu vervollständigen, rauben sie Elektronen aus anderen Molekülen, die nun wiederum ein Elektron benötigen. Die aggressiven freien Radikale können Zellen nicht nur schädigen, sondern sogar zerstören.

Viele von uns leiden unter chronischem Vitamin-C-Mangel, der sich noch verschärft, wenn Lebensmittel zu Hause unsachgemäß gelagert werden.

Da die meisten Menschen grundsätzlich an Vitamin-C-Mangel leiden, sollte man die Zufuhr nicht noch durch unsachgemäße Lagerung der Lebensmittel zusätzlich reduzieren.

Vitamin E für den Zellschutz

Vitamin E gehört zu den vielfältigsten Biostoffen. Eine seiner zahlreichen Aufgaben ist, die Fettsäuren, vor allem die ungesättigten, vor der Schädigung durch freie Radikale zu schützen. Es spielt dabei eng mit den weiteren Antioxidanzien, den Vitaminen A und C und dem Spurenelement Selen, zusammen. Zum Zellschutz benötigt der Körper all diese Substanzen in ausreichenden Mengen.

Vitamin E ist in besonders hohen Konzentrationen in Pflanzenölen zu finden. Verzichten Sie aber auf industriell zubereitete Speiseöle (und bevorzugen Sie kaltgepresste Pflanzenöle), da sie nur noch wenig Vitamin E besitzen. Vitamin E ist zwar bis 200 °C hitzebeständig, wird aber bei wiederholtem Erhitzen zerstört. Erhitzen Sie Öl und Vitamin-E-haltige Gerichte daher immer nur einmal und äußerst schonend.

Fettsäuren

Vor allem ungesättigte Fettsäuren in Lebensmitteln werden zerstört, wenn man sie Licht aussetzt. Ungesättigte Fettsäuren sind reichlich in pflanzlicher Nahrung, insbesondere in Pflanzenölen, enthalten. Sie sind wesentlich gesünder als die überwiegend in tierischem Fett enthaltenen gesättigten Fettsäuren. Ihnen schreibt man die weit verbreiteten Wohlstandskrankheiten wie Übergewicht, erhöhte Cholesterinwerte, Arteriosklerose, Darmbeschwerden usw. zu.

Schutz vor freien Radikalen

Freie Radikale, die durch die Einwirkung von UV-Strahlen des Sonnenlichts entstehen, greifen am liebsten die »schwächsten Moleküle« an, wozu neben den Vitaminen die ungesättigten Fettsäuren zählen.

Frisch und unbehandelt schmeckt's immer noch am besten und ist auch besonders gesund.

Wenn die Butter in der Schale gelb und ranzig wird, geschieht nichts anderes, als dass Fettmoleküle oxidiert, also von freien Radikalen geschädigt oder zerstört werden.

Vorsicht bei der Zubereitung

Beim Zubereiten von Fetten ändert sich häufig die molekulare Struktur von Fettsäuren. Wenn sie stark erhitzt werden, wechselt die Cis-Form in der räumlichen Anordnung der Kohlenstoffkette in die weniger gesunde Trans-Form. Diese umgewandelten Fettsäuren können zwar genauso gut zu Energie verbrannt werden, sie können sich aber auch in fettig-öligen Zellbereichen in ungesunden Mengen anreichern, vor allem im Herz und in der Leber. Menschen, die an bestimmten Herzbeschwerden leiden, haben höhere Anteile an Trans-Fettsäuren im Fettgewebe als Menschen mit einem gesunden Herz. Trans-Fettsäuren heben nach neuesten Erkenntnissen auch den Cholesterinspiegel an. Auch wenn man flüssiges Pflanzenfett zu fester Konsistenz verarbeitet, werden die ungesättigten Fettsäuren in Mitleidenschaft gezogen. Ein großer Teil geht verloren, und die positive Wirkung auf den Blutfettspiegel bleibt aus.

Frische Lebensmittel kaufen, sie nur begrenzte Zeit lagern, möglichst nicht erhitzen und bald verzehren – das hält uns gesund und aktiv.

Schmackhaft und gesund

Energie durchs Frühstück

Vitaminreiches Frühstück

Zutaten *1 Grapefruit • 2 TL Honig • 4 Scheiben Roggenbrot • Butter 200 g Hüttenkäse • 1 reifer Pfirsich • 1 EL Mandelsplitter 1 Bund Radieschen • 1 kleiner Bund Schnittlauch*

Zubereitung Grapefruit halbieren und auf ausreichend große Portionsteller legen. Fruchtfleisch mit einem spitzen Messer vorsichtig am Rand lösen und kreuzweise mit mehreren Einschnitten versehen. In die Mitte der beiden Fruchthälften jeweils 1 Teelöffel Honig geben. Roggenbrotscheiben zuerst mit Butter, dann mit Hüttenkäse bestreichen. Den reifen Pfirsich waschen, halbieren, den Kern entfernen und das Fruchtfleisch in dünne Spalten schneiden. Pfirsichspalten auf 2 Broten fächerförmig verteilen. Mit Mandelsplittern bestreuen. Radieschen waschen, in dünne Scheibchen schneiden und auf die restlichen 2 Brote legen. Schnittlauch waschen, in Röllchen schneiden und vor dem Servieren darüber streuen.

Vitamine produzieren euphorisierende Hormone, stärken das Immunsystem und steigern Kreativität und Lebensfreude.

Knuspermüsli

Zutaten *10 EL Vollkornflocken (im Reformhaus erhältlich) 2 EL Honig • 1 Orange • 1 Banane • 1/2 Becher Dickmilch 2 EL gehackte Walnüsse*

Zubereitung Vollkornflocken mit Honig verrühren und auf einem Blech verteilen. Im vorgeheizten Backofen bei 180 °C (Gas Stufe 2 bis 3) ca. 10 Minuten lang backen. Etwas abkühlen lassen, dann zerkleinern und auf 2 Portionsschalen verteilen. Orange schälen, in kleine Stücke schneiden und den ablaufenden Saft auffangen; Banane schälen und in Scheiben schneiden. Anschließend alle Früchte mit den Flocken mischen. Dickmilch mit Orangensaft verrühren und über das Müsli geben. Mit gehackten Walnüssen bestreuen und eventuell mit weiteren Früchten garnieren.

Die Fruchtkombination für das Müsli kann natürlich je nach Saison variiert werden. Auch können verschiedenste Flockenkombinationen und andere Nüsse nach Geschmack verwendet werden; der Phantasie sind keine Grenzen gesetzt.

Alle Rezepte wurden jeweils für zwei Portionen zusammengestellt. Das Müsli eignet sich auch gut als kleine Mahlzeit für zwischendurch.

Pikantes Müsli

Zutaten *10 EL Dinkelflocken (im Reformhaus oder Naturkostladen erhältlich) • 1 Banane • 1 Orange • 1/2 Becher süße Sahne 1 TL Honig • 1 Messerspitze Curry • 1 Avocado 1 EL frisch gepresster Zitronensaft • frisch gemahlener Pfeffer*

Zubereitung Dinkelflocken auf 2 Teller verteilen. Darüber die in dünne Scheiben geschnittene Banane und die zerkleinerte Orange verteilen. Sahne mit dem Schneebesen dickflüssig schlagen, mit Honig und Curry verrühren und über das Müsli gießen. Avocado halbieren, schälen, den Kern entfernen und Fruchtfleisch in dünne Spalten schneiden. Fächerartig um das Müsli drapieren. Mit Zitronensaft und frisch gemahlenem Pfeffer würzen.

Müslimahlzeiten sind magenfreundlich, besonders reich an Ballast- und Mineralstoffen und enthalten relativ wenig Fett.

Beerenmüsli

Zutaten *170 g gemischte Johannisbeeren • 6 EL frische Haferflocken (im Reformhaus oder Naturkostladen erhältlich) • 1/2 Becher süße Sahne • 1 TL Honig • 1 Messerspitze Zimt • 2 EL gehackte Mandeln*

Zubereitung Johannisbeeren gründlich waschen, trocknen und von den Stielen entfernen. Auf 2 Teller verteilen. Darüber die Haferflocken streuen. Sahne kurz schlagen, mit Honig und Zimt verrühren. Vorsichtig unter das Beerenmüsli heben. Zum Schluss die gehackten Mandeln darüber streuen.

Fitnessfrühstück

Zutaten *2 Sesamvollkornbrötchen • 20 g Butter • 150 g Sahnequark 2 kleine Tomaten oder 1 große Tomate • 2 TL Radieschensprossen 2 TL frische Kresse • 1 Messerspitze süßes Paprikapulver 2 Scheiben Vollkornknäckebrot • 1 kleine Mangofrucht 2 Gläser frisch gepresster Orangensaft*

Zubereitung Brötchen halbieren, mit der Hälfte der Butter und des Sahnequarks bestreichen. Auf 2 Hälften die gewaschenen, in Scheiben geschnittenen Tomaten legen, mit Radieschensprossen bestreuen. Kresse waschen und über die beiden anderen Brötchenhälften verteilen, mit etwas Paprikapulver (und eventuell Salz) nach Geschmack würzen. Knäckebrote ebenfalls zuerst mit Butter, dann mit Quark bestreichen. Mangofrucht schälen, längs in dünne Streifen schneiden und fächerartig auf den Knäckebroten verteilen. Man sollte den Orangensaft am besten zu Beginn dieses biostoffgeladenen Vitalfrühstücks vollständig trinken.

Orangenquark mit Vollkornknäckebrot

Zutaten *1 Orange • 200 g Sahnequark • 1 TL Honig*
1 Messerspitze Vanille • 1 EL frisch gepresster Zitronensaft
1 kleine Banane • 4 Scheiben Vollkornknäckebrot

Zubereitung Orange schälen, in Spalten zerlegen und in kleine Stücke schneiden. Den dabei ausgeflossenen Saft mit dem Sahnequark vermischen. Quark mit Honig, Vanille und Zitronensaft verrühren und die Orangenstückchen vorsichtig unterheben. Eventuell noch etwas Milch zugeben. Banane in Scheiben schneiden, Quark in 2 Portionsschalen geben und mit den Bananenscheiben garnieren. Knäckebrot mit dem Quark bestreichen und eventuell zum Garnieren weitere frische Fruchtstücke verwenden.

Viel besser als zwei bis drei große Mahlzeiten am Tag zu sich zu nehmen, ist es, vier bis sechs kleinere Portionen über den Tag verteilt zu essen. Stoffwechsel und Verdauung haben dann nicht auf einmal große Nahrungsmengen zu bewältigen, sondern sind kontinuierlich versorgt. Herz und Kreislauf werden entlastet, man fühlt sich leichter und wohler.

Kerngesunde Zwischengerichte

Exotischer Fruchtsalat mit Eis

Zutaten *2 Kiwis • 1/2 frische Ananas • 1 kleine Mangofrucht*
1 Pfirsich • 1 kleine Honigmelone • 2 EL süße Sahne
1 TL Honig • 2 Kugeln Vanilleeis

Zubereitung Kiwis, Ananas und Mangofrucht schälen. Kiwis und Mango in dünne Scheiben, Ananas in Würfel schneiden. Pfirsich waschen, den Kern entfernen und Fruchtfleisch in dünne Spalten schneiden. Honigmelone halbieren, Kerne entfernen. Das Fruchtfleisch mit einem Löffel in kleinen Stücken herauslösen. Einen Teil der Melonenstücke und den in der Melonenschale verbliebenen Fruchtsaft mit Sahne und Honig pürieren. Früchte in den Melonenhälften ansprechend anrichten, Sauce am Rand verteilen. In die Mitte jeweils 1 Kugel Vanilleeis setzen und ein Fruchtstück darauf legen.

Kohlrabi-Möhren-Rohkost

Zutaten *1 Kohlrabi • 2 Möhren • 6 EL Sahne*
1 EL frisch gepresster Zitronensaft • Kräutersalz • 2 EL gehackter Dill

Zubereitung Kohlrabi mitsamt Stängel und Blättern waschen. Möhren waschen und putzen. Kohlrabi schälen, in schmale Stifte raspeln, die Möhren in dünne Scheibchen schneiden. Kohlrabistängel und Blätter zerkleinern. Alles miteinander vermischen. Sahne mit Zitronensaft und Kräutersalz verrühren. Locker unter die Rohkost heben und abschmecken. Auf 2 Portionstellern anrichten und gehackten Dill als Garnitur darüber streuen.

Möhren enthalten Beta-Karotin und regulieren die Darmfunktionen. Außerdem sind sie eine Wohltat für Haut, Haare und Nägel.

Birnen mit Käse

Zutaten *2 reife Birnen • 50 g Blauschimmelkäse • 1 Becher Joghurt*
2 EL Dinkelflocken • 2 Scheiben Sesamknäckebrot

Zubereitung Birnen waschen, halbieren und die Kerne entfernen. Käse mit einer Gabel zerdrücken, dann mit Joghurt und Dinkelflocken verrühren. Die ausgehöhlten Birnenhälften mit der fertigen Käsemasse füllen. Das Knäckebrot dazu essen.

Knackiges Gemüse mit Quarkdip

Zutaten *2 Möhren • 100 g Stangensellerie • 1/2 Schlangengurke*
1 kleiner Kohlrabi • 200 g Magerquark • 4 EL Milch
1 Knoblauchzehe • 1 EL frisch gehackte Kräuter • Meersalz
frisch gemahlener schwarzer Pfeffer • 2 TL Sonnenblumenkerne

Zubereitung Möhren und Stangensellerie waschen, Gurke und Kohlrabi schälen. Das ganze Gemüse in kleine Stücke schneiden. Magerquark mit Milch verrühren. Knoblauchzehe abziehen, fein hacken und unter den Quark mischen. Mit Kräutern, Salz und Pfeffer abschmecken. Sonnenblumenkerne im Mörser etwas zerkleinern und ebenfalls unter den Quark mischen. Die Quarkmasse nochmals gut verrühren und in kleinen Schälchen anrichten. Gemüsestücke zum Dippen kreisförmig auf einem großen Teller anrichten. Diese Komposition eignet sich auch hervorragend als vitaminreiche Vorspeise zu einer gesunden Menüfolge.

Hirsespeise mit Früchten

Zutaten *1 ungespritzte Orange • 50 g Hirse • 100 ml Wasser 1 Banane • 100 g süße Sahne • 1–2 EL Ahornsirup*

Zubereitung Orange waschen und mit einem scharfen Messer die Schale dünn abschälen. Hirse in einem Sieb waschen, abtropfen lassen. Mit Wasser und Orangenschale zum Kochen bringen. Etwa 30 Minuten lang quellen lassen, bis die ganze Flüssigkeit aufgesogen ist. Orangenschale entfernen und die Hirsespeise kühl stellen. Orange und Banane in kleine Stücke schneiden. Sahne steif schlagen und mit Ahornsirup süßen. Hirsebrei mit den Früchten gut mischen und die Sahne unterheben. Leicht gekühlt servieren.

Hirse immer kochen, backen oder rösten! Im rohen Zustand enthält sie eiweißschädigende Enzyme, die durch das Erhitzen abgetötet werden.

Avocado mit Käsefüllung

Zutaten *1 reife Avocado • 2 EL frisch gepresster Zitronensaft 40 g Blauschimmelkäse • 6 EL Magerjoghurt 2 EL Mehrkornflocken (im Reformhaus oder Naturkostladen erhältlich) • 2 Scheiben Vollkornknäckebrot*

Zubereitung Avocado halbieren und den Kern entfernen. Jede Hälfte mit 1 Esslöffel Zitronensaft beträufeln. Blauschimmelkäse mit einer Gabel zerdrücken und dann mit Joghurt und den Mehrkornflocken verrühren. Die Käsemasse in die Avocadohälften füllen. Dazu das Knäckebrot essen.

Wegen ihres hohen Gehalts an Pflanzenfetten sättigen Avocados sehr gut und sind dennoch keine Kalorienbomben.

Grüner Obstsalat

Zutaten *1 Honigmelone • 100 g grüne Weintrauben • 2 Kiwis 1 Banane • 1 EL Honig • 1 Messerspitze Naturvanille (im Reformhaus erhältlich) • 4 Blättchen Zitronenmelisse*

Zubereitung Honigmelone halbieren und die Kerne entfernen. Das Fruchtfleisch mit einem Löffel herauslösen und in Würfel schneiden. Weintrauben waschen und halbieren (bei Bedarf die Kerne entfernen und die Weintrauben schälen). Kiwis und Banane schälen und in Scheiben schneiden. Fruchtstücke in eine Schüssel füllen und mit Honig und Vanille mischen. Kurz ziehen lassen. Zitronenmelisse fein hacken und darüber streuen.

Vollkornbrötchen mit Krabben und Orangen

Zutaten *2 Vollkornbrötchen • 4 Salatblätter • 100 g Krabbenfleisch frisch gepresster Saft von 1/2 Zitrone • 1 Orange 2 EL frischer, gehackter Dill*

Krabbenfleisch enthält wertvolles Eiweiß und hat nur wenige Kalorien.

Zubereitung Vollkornbrötchen in der Mitte durchschneiden, Salatblätter waschen und mit Küchenkrepp trockentupfen. Jede Brötchenhälfte mit einem der knackig-frischen Salatblätter belegen. Krabben mit Zitronensaft beträufeln, um mit Hilfe von Vitamin C die Resorption der reichlich enthaltenen Eiweiße zu verbessern. Orange schälen, in Spalten zerlegen und in kleine Stücke schneiden. (Dazu möglichst ein scharfes Messer benutzen, damit der Saftverlust nicht übermäßig groß ist.) Die zubereiteten Krabben und die Orangenstücke auf den mit Salatblättern belegten Brötchenhälften gleichmäßig verteilen. Die angerichteten Brötchen mit Dill bestreuen.

Avocado-Erdbeer-Cocktail

Zutaten *250 g Erdbeeren • 1 1/2 EL Zitronensaft • 1/2 Avocado 4 EL Frischkäse • 1/2 TL Vanillepulver • 1 EL Honig • 3 EL Milch 10 Walnusskerne • 4 Blätter Zitronenmelisse*

Honig ist ein aromatischer Ersatz für Zucker. Aufgelöst in Milch, hat er nachweislich eine entspannende Wirkung.

Zubereitung Erdbeeren waschen, halbieren und mit 1 Esslöffel Zitronensaft beträufeln. Avocado schälen, den Kern herauslösen und das Fruchtfleisch in dünne Spalten schneiden. Den restlichen Zitronensaft darüber träufeln, damit sich das Fruchtfleisch nicht dunkel verfärbt. Frischkäse mit Vanille, Honig und Milch gut verrühren. Erdbeeren und Avocadoscheiben mit den gehackten Walnüssen vermischen und in 2 Glasschalen anrichten. Creme über die Früchte geben. Mit je 2 Blättern Zitronenmelisse garnieren.

Frischkornbrei mit Erdbeeren

Zutaten *6 EL Dinkel • 150 g Erdbeeren • 2 EL Zitronensaft 1/2 Becher süße Sahne • 1 TL Ursüße • 2 EL gehackte Pistazien*

Zubereitung Dinkel im Mörser oder in der Mühle zerkleinern. Über Nacht in ca. 6 Esslöffeln kaltem Wasser einweichen und quellen lassen. Erdbeeren waschen, halbieren und mit Zitronensaft beträufeln.

5 Minuten lang ziehen lassen. (Die Erdbeeren sollten reif und besonders süß sein.) Die vorbereiteten Erdbeeren mit dem Dinkelschrot vermischen und auf 2 Teller verteilen. Sahne mit dem Schneebesen steif schlagen, mit der Ursüße abschmecken und vorsichtig unter das Müsli heben. Gehackte Pistazienkerne darüber streuen (und eventuell mit anderen Früchten garnieren).

Hähnchenbrust auf Vollkornbrot

Zutaten *4 Scheiben Vollkornbrot nach Geschmack • 30 g Butter*
4 Kopfsalatblätter • 1 gebratene Hähnchenbrust
2 EL Preiselbeermarmelade • 2 Gläser frisch gepresster Möhrensaft
2 EL süße Sahne

Zubereitung Vollkornbrote mit Butter bestreichen. Salatblätter waschen, trocknen und auf die Brote legen. Gebratene Hähnchenbrust in etwa zentimeterdicke Scheiben schneiden, auf den Broten verteilen und Preiselbeermarmelade zwischen die Hähnchenscheiben streichen. Möhrensaft mit der geschlagenen süßen Sahne garnieren und vor dem Essen trinken.

Spinat ist eine besonders wertvolle Speisebeilage: Er liefert alle Mineralstoffe und die vor Wohlstandskrankheiten schützenden Vitamine C und E sowie das Provitamin A – also Beta-Karotin.

Feine Suppen aus dem Garten der Natur

Spinatsuppe mit Parmesan

Zutaten *200 g frischer Spinat • 1 kleine Zwiebel • 1 Knoblauchzehe*
1 EL Öl • 3/4 l Gemüsebrühe (im Reformhaus oder Naturkostladen erhältlich) • 10 g zerlassene Butter • 1 EL gemahlener Weizen
Oregano • Kräutersalz • Muskat • 1 Eigelb • 2 EL Crème fraîche
2 EL frisch geriebener Parmesan

Zubereitung Spinat waschen, die Stiele entfernen und ohne Wasser in einen Kochtopf geben. Zugedeckt bei mittlerer Hitze für ca. 3 Minuten dünsten. Etwas abkühlen lassen und hacken. Zwiebel und Knoblauch abziehen und würfeln, in Öl und 2 Esslöffeln Spinatbrühe andünsten. Spinat dazugeben und mit Gemüsebrühe aufgießen. Butter mit dem gemahlenen Weizen mischen und in die Suppe geben. Mit den Gewürzen abschmecken. Eigelb und Crème fraîche unterrühren. Zum Schluss den frisch geriebenen Parmesan über die Suppe streuen.

Haferklößchensuppe

Zutaten *30 g zerlassene Butter • 80 g frisch gemahlener Hafer • 1 Ei*
1 EL Würzmischung (Frugola, Cenofix, würzige Suppe; im Reformhaus oder Naturkostladen erhältlich) • Vollmeersalz • Muskat
1 Gemüsebrühwürfel • 1 EL frisch gehackte Petersilie

Hafer hat einen hohen Vitamin-B-Gehalt. Die löslichen Ballaststoffe senken den Cholesterinspiegel.

Zubereitung Butter mit Hafer und Ei gut verrühren, mit den Gewürzen abschmecken. Etwa 30 Minuten lang quellen lassen. 1/2 Liter Wasser aufkochen und den Gemüsebrühwürfel darin auflösen. Mit 2 Teelöffeln aus der Hafermasse Klößchen formen und in die kochende Brühe geben. Wenn sie die Wasseroberfläche erreicht haben, für noch etwa 10 bis 15 Minuten bei geringer Hitze kochen lassen. Vor dem Anrichten gehackte Petersilie darüber streuen.

Vollwertgemüsesuppe

Zutaten *50 g frische grüne Bohnen • 50 g Erbsen • 50 g Sellerie*
50 g Zucchini • 1 Möhre • 1 kleine Zwiebel • 1 Knoblauchzehe
1 EL Butter • 3/4 l Gemüsebrühe • 50 g Hirse • 1 mittelgroße Tomate
1 EL frisch gehackte Petersilie • Meersalz • frisch gemahlener Pfeffer
2 EL frisch geriebener Parmesan

Zubereitung Das gesamte Gemüse waschen. Möhre, Zucchini und Sellerie in Scheiben schneiden, Bohnen einmal durchschneiden. Zwiebel und Knoblauchzehe abziehen und würfeln. In einem großen Topf Butter erhitzen, Zwiebel- und Knoblauchstücke darin glasig dünsten. Möhre, Zucchini und Sellerie dazugeben und unter häufigem Wenden in 5 Minuten anbraten. Mit Gemüsebrühe aufgießen und bei geringer Hitze 10 Minuten lang kochen lassen. Hirse, Bohnen und Erbsen hinzufügen. Bei geringer Hitze noch einmal für 20 Minuten kochen lassen. Tomate mit kochendem Wasser überbrühen, abziehen und das Tomatenfleisch würfeln. Die Tomatenstücke zusammen mit der gehackten Petersilie in die Suppe geben. Mit Salz und Pfeffer abschmecken, kurz vor dem Servieren Parmesan darüber streuen.

Brennnesselsuppe

Zutaten *1/2 l Wasser • 1 Gemüsebrühwürfel • 2 kleine Kartoffeln*
1 Zwiebel • 1 kleine Stange Lauch • 1 Hand voll junge Brennnesseln
3 EL süße Sahne • Meersalz • Muskat

Zubereitung Wasser mit dem Gemüsebrühwürfel aufkochen. Kartoffeln waschen, schälen und in Scheiben schneiden. Zwiebel abziehen und würfeln, Lauch in Ringe schneiden. Brennnesseln waschen, trocknen und die Blätter von den Stängeln entfernen. Kartoffelscheiben, Lauch und Zwiebeln 10 bis 15 Minuten lang kochen lassen. Brennnesseln dazugeben und alles 3 Minuten lang ziehen lassen. Mit Sahne und Gewürzen abschmecken und mit dem Mixgerät pürieren.

Brennnesseln haben eine blutreinigende Wirkung. Deshalb empfiehlt sich auch eine regelmäßige Entschlackungskur mit Brennnesseltee.

Mittags wird gesund geschlemmt

Vollkornspaghetti mit buntem Gemüse

Zutaten *200 g Vollkornspaghetti • Salz • 1 mittelgroße Stange Lauch*
2 Möhren • 100 g Egerlinge oder Champignons • 2 Tomaten
2 EL Butter • 1 TL frisch geriebener Ingwer • 1 Knoblauchzehe
2 EL Sojasauce • 2 EL Weißwein • Vollmeersalz
frisch gemahlener Pfeffer aus der Mühle • 1 EL Sesamkörner

Zubereitung Vollkornspaghetti in reichlich Salzwasser bissfest garen (etwa 8 Minuten) und dann in ein Sieb abgießen. In der Zwischenzeit Gemüse und Pilze waschen und putzen. Lauch in etwa 2 Zentimeter breite Ringe, Pilze in Stücke schneiden und Möhren raspeln. Tomaten mit kochendem Wasser überbrühen und abziehen. Das Tomatenfleisch in Viertel schneiden. Butter in einer großen Pfanne erhitzen. Lauch, Möhren und Pilze dünsten und mit Ingwer würzen. Knoblauch abziehen und fein hacken, gemeinsam mit den Tomatenstücken dazugeben und das Ganze für weitere 3 Minuten garen lassen. Das Gemüse mit Sojasauce, Weißwein, Salz und Pfeffer würzen. Die Spaghetti auf 2 Tellern anrichten, die Gemüsesauce darüber geben und die Sesamkörner darüber streuen.

Kabeljaufilet mit Spinat und Hirsekruste

Zutaten *100 g Hirse • 200 g frischer Spinat • 1 Schalotte*
1 Knoblauchzehe • 2 EL Butter • Meersalz • frisch gemahlener Pfeffer
1 Prise Muskat • 250 g Kabeljaufilet • Saft von 1/2 Zitrone
6 EL Crème fraîche • 2 EL frisch geriebener Parmesan
Kartoffeln oder Vollkornreis

Zubereitung Hirse waschen und mit der doppelten Menge Wasser (etwa 200 Milliliter) in einen Topf geben. Aufkochen und ohne Deckel bei schwacher Hitze ca. 30 Minuten lang garen lassen, bis das Wasser vollständig verdampft ist. In der Zwischenzeit Spinat waschen und die Blattstiele entfernen. Schalotte und Knoblauchzehe abziehen und fein hacken. Mit 1 Esslöffel Butter glasig dünsten. Den gewaschenen Spinat dazugeben. Bei geschlossenem Deckel und mittlerer Hitze so lange kochen, bis der Spinat zusammengefallen ist. Mit Meersalz, Pfeffer und Muskat würzen. Fischfilet waschen, mit Küchenkrepp trockentupfen und von allen Seiten mit Zitronensaft beträufeln. Eine Auflaufform mit dem Rest der Butter ausstreichen. Die Hälfte der Hirse einfüllen. 2 Esslöffel Crème fraîche darauf streichen. Erst Spinat, dann Fischfilet und schließlich die restliche Hirse und Crème fraîche darüber geben. Mit geriebenem Parmesan bestreuen. Im Backofen bei 200 °C (Gas Stufe 3 bis 4) ca. 30 Minuten lang backen.

Als Beilage zu diesem Gericht eignen sich Pellkartoffeln, am besten aus biologischem Anbau, oder Vollkornreis.

Wer Vollkornprodukten überhaupt nichts abgewinnen kann, sollte seinen Ballaststoffbedarf mit viel Obst und Gemüse abdecken.

Scampis mit Gemüsereis

Zutaten *100 g Vollkornreis • 1/2 TL Instantgemüsebrühe • 1 Möhre*
1 kleine Zucchini • 1 Schalotte • 1 Knoblauchzehe • 2 EL Butter
4 EL Crème fraîche • frisch gemahlener schwarzer Pfeffer • Meersalz
2 EL gehackte Petersilie • 10 Riesenscampis in der Schale • Olivenöl
Saft von 1/2 Zitrone

Zubereitung Vollkornreis waschen, mit der doppelten Menge Wasser (200 Milliliter) und Instantgemüsebrühe aufkochen und bei schwacher Hitze ca. 45 Minuten lang kochen lassen, bis die Flüssigkeit vom Reis aufgesogen ist. In der Zwischenzeit Möhre und Zucchini waschen, schälen, 2-mal längs halbieren und in kleine Würfel schneiden. Scha-

lotte und Knoblauchzehe abziehen und würfeln. 1 Esslöffel Butter in einer Pfanne erhitzen, Schalotte, Knoblauch und Gemüse unter ständigem Wenden ca. 5 Minuten lang bei mittlerer Hitze dünsten. Crème fraîche unterrühren und bei geschlossenem Deckel 5 Minuten lang kochen lassen. Mit Pfeffer und Salz würzen. Das Gemüse mit fertigem Reis und gehackter Petersilie mischen. Nochmals mit Salz und Pfeffer abschmecken.
Während das Gemüse kocht, die Scampis aus der Schale lösen und die Haut und den Darm entfernen. Die restliche Butter und etwas Olivenöl in einer Pfanne erhitzen. Scampis von beiden Seiten bei mittlerer Hitze für je 1 Minute anbraten. Sie sollten auf keinen Fall zu stark gebraten, sondern lediglich erwärmt werden. Mit frisch gemahlenem Pfeffer bestreuen und mit dem Zitronensaft beträufeln. Sofort auf dem heißen Gemüsereis auf 2 Tellern anrichten und servieren.

Zwar ist der Vitamingehalt der Sprossen nicht höher als der von anderem Gemüse, dennoch sind sie im Winter bei bescheidenem Gemüseangebot eine gute Alternative.

Geschmortes Gemüse mit Sprossen

Zutaten *250 g frische grüne Bohnen • Salz • 3 Tomaten • 3 Eier Kräutersalz • frisch gemahlener schwarzer Pfeffer • 1 Zwiebel 2 Knoblauchzehen • 2 EL Olivenöl • 100 g Keimlinge, z. B. Sojabohnensprossen oder Keimlinge aus Hülsenfrüchten wie Linsen, Kichererbsen usw.*

Zubereitung Grüne Bohnen waschen und zerkleinern. In kochendes Salzwasser geben und bissfest kochen (ca. 7 Minuten lang). In ein Sieb abgießen. Tomaten mit kochendem Wasser überbrühen, die Haut abziehen und das Tomatenfleisch vierteln. Eier mit Kräutersalz und Pfeffer würzen und mit einem Handrührgerät schlagen. Zwiebel und Knoblauchzehen abziehen und klein würfeln. Olivenöl in einer großen Pfanne erhitzen und Zwiebel- und Knoblauchzehenwürfel kurz anbraten, bis die Zwiebeln glasig sind. Bohnen dazugeben und alles ca. 2 Minuten lang weiterdünsten.
Die gewürzten Eier langsam in die Pfanne fließen lassen. Dabei nach Möglichkeit das Gemüse nicht übergießen. Tomatenstücke hinzufügen. Bei geringer Hitze 5 Minuten lang garen. Keimlinge in einem Sieb waschen, abtropfen lassen und über das gegarte Gemüse streuen. Gemüse noch kurz auf der abgeschalteten Kochstelle lassen, damit sich die Keimlinge leicht erwärmen.

Überbackenes Schollenfilet mit Pilzen

Zutaten *75 g Fünfkorn- oder Sechskorngetreide • 1 Lorbeerblatt • 1 TL Gemüsebrühe • 2 Schollenfilets • Saft von 1/2 Zitrone • 200 g Champignons • 1/2 Zwiebel • 30 g Butter • 1 Eigelb • 1 Bund frische Petersilie • Kräutersalz • weißer Pfeffer • 1 Bund Lauchzwiebeln • Fett für die Form*

Schollenfilets liefern das für unser Immunsystem wirksame Spurenelement Selen.

Zubereitung Getreide mit der doppelten Menge Wasser (150 Milliliter), Lorbeerblatt und Gemüsebrühe aufkochen und bei geringer Hitze garen lassen, bis die Flüssigkeit vollständig verdampft ist (in ca. 20 Minuten). Schollenfilets waschen, mit Küchenkrepp trockentupfen und mit etwas Zitronensaft beträufeln. Champignons waschen, putzen und halbieren oder in Scheiben schneiden. Zwiebel abziehen und klein würfeln. Champignons und Zwiebelwürfel in heißer Butter anbraten, bis die Zwiebeln glasig sind. Zusammen mit Eigelb und gehackter Petersilie unter das Getreide mischen. Mit dem restlichen Zitronensaft, Salz und Pfeffer abschmecken. Lauchzwiebeln waschen, halbieren oder vierteln und in eine ausgefettete Auflaufform geben. Schollenfilets darüber legen. Die Getreidemasse möglichst locker darauf verteilen, so dass das Filet nicht in Stücke zerfällt. Im Backofen bei 200 °C (Gas Stufe 3 bis 4) ca. 30 Minuten lang backen.

Gemüse-Roggen-Auflauf

Zutaten *100 g Roggenkörner • 1/8 l Gemüsebrühe • 50 g Butter • 1 kleine Stange Porree • 2 Tomaten • Meersalz • weißer Pfeffer • 2 EL frisch gehackte Petersilie • 2 EL Schnittlauchröllchen • 1/2 TL Thymian • 1/2 TL Majoran • 50 g Emmentaler • Fett für die Form*

Schneiden Sie die grünen Teile des Porrees nicht weg. Das Grün enthält hohe Anteile des Beta-Karotins.

Zubereitung Roggenkörner waschen und über Nacht in 1/4 Liter Wasser einweichen. Mit dem Einweichwasser, Gemüsebrühe und 30 Gramm Butter zum Kochen bringen. Bei mittlerer Hitze ca. 60 Minuten lang garen, bis die gesamte Flüssigkeit vom Getreide aufgesogen ist. In der Zwischenzeit den Porree waschen und in dünne Ringe schneiden. Tomaten mit kochendem Wasser überbrühen und abziehen. Das Tomatenfleisch in Viertel schneiden. Die restliche Butter in einer Pfanne erhitzen. Porreeringe für ca. 5 Minuten dünsten, Tomatenviertel dazugeben und für weitere 3 Minuten dünsten. Mit Salz und

Pfeffer nach Geschmack würzen. Alle Kräuter (eventuell auch etwas Salz und Pfeffer) mit dem Roggen mischen und die Hälfte der Masse in eine gefettete, flache Auflaufform geben. Porree und Tomaten darauf verteilen. Den restlichen Roggen darüber geben. Emmentaler reiben und gleichmäßig darüber streuen. Im Backofen bei 200 °C (Gas Stufe 3 bis 4) ca. 30 Minuten lang backen. Der Käse sollte vollständig geschmolzen und goldgelb sein.

Neue Kartoffeln mit Gurkenquark

Zutaten *6 neue Kartoffeln • Salz • 1 Schlangengurke • Vollmeersalz 2 Knoblauchzehen • 300 g Sahnequark • 1 Becher Joghurt 1 EL Olivenöl • frisch gemahlener Pfeffer • 1 EL frischer Dill*

Zubereitung Kartoffeln gut waschen und mit der Schale in wenig Salzwasser weich kochen. In der Zwischenzeit die Gurke waschen, schälen, längs halbieren und die Kerne mit einem spitzen Messer entfernen. Gurke raspeln, salzen und zugedeckt ca. 20 Minuten lang ziehen lassen. Knoblauchzehen abziehen und fein hacken. Die eingeweichten Gurken in ein Sieb geben, damit die ausgetretene Flüssigkeit ablaufen kann. Gurken mit Quark, Joghurt und Olivenöl vermischen. Gurkenquark mit Salz und Pfeffer abschmecken. Gehackten Dill darüber streuen oder unterrühren. Kartoffeln vor dem Servieren mit dem Quark auf 2 Tellern anrichten. Neue Kartoffeln können Sie mit Schale essen.

Kartoffeln sind einer der besten Lieferanten komplexer Kohlenhydrate und Ballaststoffe.

Hirsefrikadellen mit Fenchelgemüse

Zutaten *1 EL Sonnenblumenöl • 1 kleine Möhre • 1 EL Lauch etwas Petersilienwurzel • 50 g Hirse • 100 ml Wasser oder Gemüsebrühe • 1 Lorbeerblatt • 75 g Quark • Kräutersalz • 1 Fenchelknolle mit -grün • 3 EL Gemüsebrühe • 2 EL Crème fraîche*

Zubereitung Öl erhitzen und sehr klein geschnittenes Gemüse darin glasig dünsten. Hirse und Wasser oder Gemüsebrühe hinzufügen. Zusammen mit dem Lorbeerblatt aufkochen. Bei geringer Hitze ca. 30 Minuten lang kochen lassen, bis die Flüssigkeit vollständig von der Hirse aufgenommen ist. Lorbeerblatt entfernen, den Quark unterheben und mit Salz abschmecken. Frikadellen formen und auf ein gefettetes Backblech legen. Bei 200 °C (Gas Stufe 3 bis 4) ca. 20 Minuten backen. In

Hirse enthält vor allem Vitamine der B-Gruppe und ist reich an allen wichtigen Mineralstoffen.

der Zwischenzeit die Fenchelknolle waschen, putzen und in Viertel schneiden. In Gemüsebrühe bei mittlerer Hitze bissfest garen. Die Flüssigkeit sollte vollständig verdampft sein. Crème fraîche darüber geben und mit Fenchelgrün garnieren. Zu den Frikadellen servieren.

Hähnchenbrust in Currysauce mit Naturreis

Zutaten *1 Tasse Naturreis • 2 Tassen Wasser • 2 TL würzige Suppe (im Reformhaus oder Naturkostladen erhältlich) • 2 Hähnchenbrustfilets • Saft von 1/2 Zitrone • 1 EL Butterschmalz • Vollmeersalz 1/2 TL gemahlener Koriander • 1 kleiner Apfel • 1 TL Currypulver 1 Becher Joghurt • 1/2 TL gemahlener Ingwer 1 Messerspitze Paprikapulver • 1 EL geröstete Mandelsplitter 1 EL frisch gehackte Petersilie*

Vitamin- und mineralstoffreicher als die geschälten Reissorten sind Parboiled oder Naturreis.

Zubereitung Naturreis in einem Sieb waschen und abtropfen lassen. Wasser mit würziger Suppe aufkochen, Reis dazugeben und bei geringer Hitze ca. 45 Minuten lang kochen lassen. Hähnchenbrustfilets waschen und mit Küchenkrepp trockentupfen. Mit Zitronensaft beträufeln und ca. 10 Minuten lang ziehen lassen. Butterschmalz in einer Pfanne erhitzen. Die vorbereitete Hähnchenbrust bei mittlerer Hitze auf jeder Seite für ca. 6 Minuten braten. Das Fleisch aus der Pfanne nehmen, auf beiden Seiten mit Salz und Koriander würzen und warm halten. Apfel schälen und reiben. Mit Curry im Fett, in dem das Hühnerfleisch gebraten hat, kurz dünsten. Joghurt dazugeben und das Ganze aufkochen lassen. Mit Salz, Koriander, Ingwerpulver und Paprika nach Geschmack würzen. Hähnchenbrust mit Currysauce auf 2 Tellern anrichten. Naturreis mit gerösteten Mandelsplittern und Petersilie bestreuen und dazu servieren.

Fit und vital durch kleine Snacks

Gefüllte Tomaten mit Kresse

Zutaten *4 mittelgroße, feste Tomaten • 150 g Hüttenkäse 2 EL süße Sahne • Kräutersalz • frisch gemahlener Pfeffer 2 EL Schnittlauchröllchen • 1 EL frische Kresse • Sesamknäckebrot*

Zubereitung Tomaten halbieren und die Kerne entfernen. Hüttenkäse mit süßer Sahne, Kräutersalz und Pfeffer abschmecken, mit Schnittlauchröllchen vermischen und in die Tomatenhälften füllen. Auf zwei Tellern ansprechend anrichten. Mit frischer Kresse bestreuen. Dazu Sesamknäckebrot servieren.

Vor dem Verzehr die fertigen gefüllten Tomaten für einige Stunden bei Zimmertemperatur beiseite stellen, damit sie ihr Aroma voll entfalten.

Knoblauchkartoffeln mit Basilikumbutter

Zutaten *6 mittelgroße, fest kochende Kartoffeln • 3 Knoblauchzehen Kräutersalz • frisch gemahlener Pfeffer • 50 g Butter 1 Bund Basilikum • 1/2 TL frisch gepresster Zitronensaft*

Zubereitung Kartoffeln waschen und 5 Minuten lang in Salzwasser vorkochen. Knoblauchzehen abziehen und fein hacken. Mit Kräutersalz, Pfeffer und 30 Gramm Butter verrühren. Kartoffeln fächerförmig einschneiden und mit Knoblauchbutter bestreichen. In Alufolie wickeln und im Backofen bei 200 °C (Gas Stufe 3 bis 4) ca. 50 Minuten lang backen. Die restliche Butter mit zerkleinerten Basilikumblättern mischen, mit Kräutersalz und Zitronensaft abschmecken. Das Ganze über die fertigen Kartoffeln geben.

Champignon-Tomaten-Cocktail

Zutaten *150 g Champignons oder Egerlinge • 3 mittelgroße Tomaten 1 Zweig frischer Estragon • 1 Bund Schnittlauch • 4 EL Distelöl 1 EL frisch gepresster Zitronensaft • Kräutersalz • Pfeffer aus der Mühle • Vollkornbaguette oder -toast*

Zubereitung Pilze putzen (nicht waschen), je nach Größe halbieren oder vierteln. Tomaten mit kochendem Wasser überbrühen, abziehen und das Tomatenfleisch in Viertel oder Achtel schneiden. Mit den Pilzstücken vermischen. Estragon und Schnittlauch waschen und trocknen. Schnittlauch in Röllchen schneiden und Estragon hacken. Beides mit dem Gemüse mischen. Aus dem Distelöl, dem Zitronensaft, dem Kräutersalz und dem Pfeffer eine pikante Sauce herstellen. Die Sauce über die Champignon-Tomaten-Mischung geben und sofort servieren. Zu diesem vegetarischen Cocktail passt frisches Vollkornbaguette mit Butter besonders gut. Als Alternative empfiehlt sich Vollkorntoast mit Kräuterbutter.

Knoblauch enthält antibiotisch wirkende Substanzen, er schützt vor Bakterien und senkt zu hohen Blutdruck.

Vitaminsalatteller

Zutaten *1 Hand voll gelbe Endivienblätter • 1 Hand voll Löwenzahn*
1 Hand voll frischer Spinat • 2 Möhren • 1 rote Paprikaschote
Für die Sauce *3 EL Distelöl • 3 EL Kürbiskernöl*
1 EL frisch gepresster Zitronensaft • Kräutersalz
frisch gemahlener Pfeffer • 2 EL frisch gehackte Petersilie
1 EL Sonnenblumenkerne

Zubereitung Endivienblätter, Löwenzahn und Spinatblätter waschen und trocknen. Endivienblätter in Streifen schneiden, Spinat mit der Hand zerkleinern und Löwenzahn hacken. Möhren waschen und raspeln. Paprika waschen, Kerne und Zwischenwände entfernen und in Streifen schneiden. Aus den restlichen Zutaten eine Sauce rühren und über den Salat gießen. Mit Sonnenblumenkernen bestreuen.

Essen macht fröhlich: Vitamine beeinflussen auch unser Gefühlsleben. Vitamin B und Folsäure beispielsweise sind für das allgemeine Wohlbefinden unentbehrlich.

Schnittlauchfrischkäse

Zutaten *100 g Frischkäse • 20 g Butter • 1/4 TL gemahlener Kümmel*
1/4 TL Kräutersalz • 1 Bund Schnittlauch • 4 Blatt Radicchiosalat

Zubereitung Frischkäse mit der zerlassenen Butter verrühren, Kümmel und Kräutersalz untermischen und im Kühlschrank für 10 Minuten kalt stellen. Schnittlauch waschen, trocknen und in Röllchen schneiden. Mit einem Esslöffel (oder Eisportionierer) aus der Käsemasse Kugeln formen und im Schnittlauch rollen. Radicchioblätter waschen, mit Küchenkrepp trockentupfen. Auf einem Teller kreisförmig auslegen und die Schnittlauchkugeln darauf anrichten.

Sonnenblumenbrot mit pikantem Tatar

Zutaten *1 kleine Zwiebel • 1 Gewürzgurke • 100 g Beefsteakhack*
Kräutersalz • frisch gemahlener Pfeffer • 1/2 TL Rosenpaprika
2 Tomaten • Sonnenblumenbrot • 20 g Butter

Zubereitung Zwiebel abziehen und ebenso wie die Gewürzgurke würfeln. Mit Hackfleisch, Kräutersalz, Pfeffer und Paprika mischen. Tomaten überbrühen und abziehen. Tomatenfleisch in Viertel schneiden. Sonnenblumenbrot dünn mit Butter und dem fertigen Tatar bestreichen. Tomatenstücke in kleine Schalen geben und dazu essen.

Rührei mit Krabben

Zutaten *3 Eier • 3 EL Milch • 1 rote Paprikaschote • 1 EL Butter Kräutersalz • frisch gemahlener Pfeffer • 30 g frische Krabben 1 TL frisch gehackte Petersilie • 1 TL Schnittlauchröllchen 2 Scheiben Roggenbrot • etwas Butter*

Zubereitung Eier und Milch mit dem Handrührgerät verquirlen. Paprikaschote waschen, Kerne und Zwischenwände entfernen und Schote in Würfel schneiden. Butter in einer Pfanne erhitzen, Eier mit Paprika bei mittlerer Hitze stocken lassen. Mit Kräutersalz und Pfeffer würzen. Krabben zum Rührei dazugeben und 1 Minute lang braten. Das Ganze mit Petersilie und Schnittlauch bestreuen. Roggenbrot mit Butter bestreichen, Rührei darauf verteilen.

Bei Krabben ist wie bei allen Meeresfrüchten absolute Frische geboten, sonst verderben Sie sich allzu leicht den Magen.

Angemachter Camembert mit Knäckebrot

Zutaten *100 g reifer Camembert • 70 g Butter • 50 g Frischkäse 1 Knoblauchzehe • 1 Schalotte • Kräutersalz frisch gemahlener Pfeffer • 1 Prise Paprikapulver • 1 EL Schnittlauchröllchen • Vollkornknäckebrot*

Zubereitung Camembert zerkleinern, mit zerlassener Butter und Frischkäse verrühren. Knoblauchzehe und Schalotte abziehen und fein hacken. Zusammen mit Kräutersalz, Pfeffer und Paprikapulver unter die Käsemasse mischen. Auf Portionstellern anrichten und mit Schnittlauch bestreuen. Mit Vollkornknäckebrot essen.

Erfrischende Getränkeideen

Bananen-Hafer-Milch

Zutaten *1 EL Nackthafer • 1 kleine Banane • 1/4 l Vollmilch 1/4 l Mineralwasser • 1 TL Ahornsirup*

Zubereitung Hafer fein mahlen und ohne Fett anrösten. Etwas Wasser dazugeben und ca. 10 Minuten lang quellen lassen. Kalt stellen. Banane in Scheiben schneiden, mit Milch, Mineralwasser, Ahornsirup und der Hafermasse im Mixgerät verquirlen.

Möhren-Apfel-Drink

Zutaten *100 g Möhren • 1 Apfel • 1 Becher Buttermilch 1 TL frisch gepresster Zitronensaft • 1 Prise Ingwer*

Zubereitung Möhren und Apfel waschen, schälen und fein reiben. Mit Buttermilch und Zitronensaft im Mixer verquirlen. 1 Prise Ingwer dazugeben. In 2 Gläsern anrichten.

Alle Fruchtdrinks sollten frisch zubereitet und möglichst bald getrunken werden.

Dickmilch mit Sanddorn

Zutaten *4 EL süße Sahne • 1 Becher Dickmilch • 2 EL Sanddornmark 1 Messerspitze Naturvanille (im Reformhaus erhältlich) • 2 EL naturreiner Honig*

Zubereitung Sahne schaumig schlagen. Mit Dickmilch, Sanddornmark, Naturvanille und Honig mit dem Handrührgerät verquirlen. Den Drink gut gekühlt servieren.

Molke-Orangen-Getränk

Zutaten *1 Orange • 1/2 Zitrone • 1/2 l Molke • 1 EL Honig 1 Messerspitze Zimt*

Zubereitung Orange und Zitrone auspressen. Mit Molke, Honig und Zimt in einem Mixgerät verquirlen. Sofort trinken, denn Orangen- und Zitronensäure bilden mit der Molke schnell Flocken.

Orangen und Zitronen sind hervorragende Vitamin-C-Spender und halten uns besonders im Winter fit und widerstandsfähig.

Orangenflip

Zutaten *2 Orangen • 1 Zitrone • 1 TL Honig 1 Messerspitze Naturvanille (im Reformhaus erhältlich)*

Zubereitung Orangen (am besten Saft- oder Blutorangen) und Zitrone auspressen. Mit Honig und Naturvanille mit dem Handrührgerät verquirlen. Mit Eiswürfeln servieren und möglichst bald trinken.

Bananen-Möhren-Cocktail

Zutaten *100 g frische Möhren • 1 kleine Banane • 1 EL Zitronensaft 1 Becher Dickmilch • 1 TL Kokosraspel*

Zubereitung Möhren waschen und reiben. Banane in Scheiben schneiden. Möhren, Banane, Zitronensaft und Dickmilch im Mixgerät verquirlen. In 2 Gläsern anrichten, Kokosraspel darüber streuen.

Würziger Tomatendrink

Zutaten *500 g reife Tomaten • Kräutersalz • frisch gemahlener Pfeffer 1 Spritzer Tabasco • 1/8 l süße Sahne • 1/2 Becher Joghurt 4 Blätter Basilikum*

Zubereitung Tomaten waschen und mit dem Mixergerät pürieren. Durch ein Sieb streichen, mit Salz, Pfeffer und Tabasco würzen. Sahne steif schlagen und Joghurt unterheben. Tomatensaft in 2 Gläser geben, Sahne als Haube darauf setzen und mit Basilikumblättern garnieren.

Bevorzugen Sie Freilandtomaten. Sie haben ein Mehrfaches an Vitamin-C-Gehalt.

Fitnesscocktail

Zutaten *1 unbehandelte Orange • 1/4 l Vollmilch • 250 g Buttermilch 1 EL frisch gepresster Zitronensaft • 1 EL Ahornsirup*

Zubereitung Orange waschen, einen kleinen Teil der Schale abreiben und die Orange auspressen. Saft mit den übrigen Zutaten verquirlen. In 2 Gläser gießen und mit der Orangenschale bestreuen.

Milcheiweiß und Vitamin C im nebenstehenden Fitnesscocktail bilden eine wirksame Mischung – sie fördern körperliche und geistige Leistungsfähigkeit.

Salate – das Vitaminvergnügen

Rohkostplatte mit Walnussdressing

Zutaten *2 Möhren • 1 kleiner Kohlrabi • 1 Bund Radieschen 1 Gurke • frische Kräuter*
Für die Sauce *1 Schalotte • 1 Knoblauchzehe • 3 EL Kräuteressig 1 Spritzer Worcestersauce • 1 Messerspitze mittelscharfer Senf 1/2 TL Honig • 4 EL Sonnenblumenöl • 4 EL Walnussöl • 2 EL gehackte Walnüsse • frisch gemahlener Pfeffer • Meersalz*

Zubereitung Möhren waschen, längs halbieren und in Würfel schneiden. Kohlrabi waschen, schälen und in Stifte schneiden. Radieschen und Gurke waschen und in dünne Scheiben schneiden. Das Gemüse auf 2 Tellern anrichten und mit gehackten Kräutern bestreuen. Für das

Dressing Schalotte und Knoblauchzehe abziehen und fein würfeln. Aus Kräuteressig, Worcestersauce, Senf, Honig und 2 Esslöffeln Wasser eine Sauce herstellen. Zum Schluss Öle und Walnüsse unterrühren. Mit Pfeffer und Salz abschmecken und über den Rohkostteller geben.

Gemischter Salat mit Tofuwürfeln

Zutaten *1 kleiner Kopf Eissalat • 1 Hand voll frische Kresse 1 Zwiebel • 100 g Tofu • 1 Ei • 1 EL Sojasauce (im Reformhaus, Asien- oder Naturkostladen erhältlich) • Meersalz • 3 EL Vollkornsemmelbrösel • 2 EL Öl zum Braten*

Für die Sauce *5 EL Sonnenblumenöl • 2 EL Kräuteressig 1/2 TL Ahornsirup • 1 EL frisch gehackte Kräuter • 1 Messerspitze Senf Kräutersalz • frisch gemahlener Pfeffer*

Tofu ist ein guter Lieferant von Eiweiß und knochenstärkenden Mineralstoffen. Nicht abgepackt gekauft, muss Tofu mit Wasser bedeckt in den Kühlschrank gestellt werden.

Zubereitung Salatblätter und Kresse waschen. Salat trocknen, in Streifen schneiden, Kresse fein hacken. Zwiebel abziehen und in Ringe schneiden. Salat, Kresse und Zwiebelringe mischen. Sauce zubereiten und über den Salat gießen. Auf 2 Tellern in der Mitte anrichten. Tofu in Würfel schneiden. Ei mit der Sojasauce und etwas Salz würzen. Tofuwürfel mit dem flüssigen Ei mischen und in Semmelbröseln schwenken. Öl in einer Pfanne erhitzen und die Tofuwürfel goldbraun braten. Würfel über den angerichteten Salat geben und sofort servieren.

Chicoréerohkost mit Avocadoscheiben

Zutaten *2 kleine Chicoréestauden • 1 reife Avocado 1 EL dünne Lauchringe*

Für die Sauce *1/3 Becher süße Sahne • 1 EL Ahornsirup Meersalz • 2 EL frisch gepresster Zitronensaft*

Salate sind hervorragende Zwischenmahlzeiten. Sie halten schlank und bringen wegen ihres Vitamingehalts neuen Schwung.

Zubereitung Chicoréeblätter vom Strunk entfernen, waschen und trocknen. Spitzen der Salatblätter abschneiden, so dass sie etwa 5 Zentimeter lang sind, und den Rest in schmale Streifen schneiden. Chicoréestreifen in der Mitte von 2 Portionstellern anrichten, die Spitzen kreisförmig auf den Tellerrand legen. Avocado schälen, halbieren und den Kern entfernen. Avocadofleisch in schmale Spalten schneiden und über den Chicorée verteilen. Zutaten für die Salatsauce gut verrühren und über den Salat gießen. Mit Lauchringen bestreuen.

Eissalat mit Roter Bete und Käsestreifen

Zutaten *1 kleiner Eissalat • 1 Rote-Bete-Knolle • 70 g Emmentaler*
1 kleine Zwiebel • Vollkornbrot oder -toast • Butter
Für die Sauce *2 EL Kräuteressig • 1/2 TL Honig • 5 EL Distelöl*
1 EL Wasser

Zubereitung Eissalat waschen, trocknen und in Streifen schneiden. Rote-Bete-Knolle waschen, putzen und raspeln. Käse in dünne Stifte schneiden. Zwiebel abziehen und in Scheiben schneiden, so dass sie in Ringe zerfällt. Saucenzutaten gründlich verrühren und die Sauce locker unter den Salat heben. Dazu schmeckt Vollkornbrot oder -toast mit Butter besonders gut.

»Einen Apfel pro Tag – und wir brauchen keinen Arzt«, so lautet eine alte Volksweisheit. Schon unsere Urgroßeltern wussten um die gesundheitlichen Vorzüge der Äpfel.

Bunte Salatplatte mit Äpfeln und Sonnenblumenkernen

Zutaten *1 kleiner Radicchiosalat • 1/2 Kopf Eisbergsalat*
1/2 Lollo-Rosso-Salat • 2 Äpfel • 3 EL Sonnenblumenkerne
Für die Sauce *1/3 Becher süße Sahne • Saft von 1/2 Zitrone*
2 TL Ahornsirup • 1 TL Sanddorn

Zubereitung Salate waschen, mit Küchenkrepp trockentupfen und in 1 Zentimeter breite Streifen schneiden. Äpfel waschen, schälen und das Fruchtfleisch vierteln. In dünne Scheiben hobeln. Zutaten für die Sauce verrühren und mit dem Salat mischen. Sonnenblumenkerne vor dem Servieren darüber streuen.

Chinakohlsalat mit Birnen und Käse

Zutaten *1 kleiner Chinakohl • 2 Birnen • 150 g Emmentaler*
Für die Sauce *2 EL frisch gepresster Zitronensaft • 3 EL Dickmilch*
3 EL süße Sahne • 1/2 TL Honig • 2 EL frisch gehackte Petersilie
Kräutersalz • frisch gemahlener Pfeffer

Zubereitung Chinakohlblätter waschen, trocknen und in dünne Streifen schneiden. Birnen waschen, Kerngehäuse entfernen, Fruchtfleisch 2-mal längs halbieren und in Scheiben schneiden. Käse stifteln. Zitronensaft mit Dickmilch, Sahne, Honig und Petersilie verrühren, mit Salz und Pfeffer würzen. Sauce mit Salat, Birnen und Käse mischen.

Chinakohl ist eine Salatsorte mit besonders hohem Vitamin-C-Gehalt.

Chicoréesalat mit Äpfeln und Weintrauben

Zutaten *1 große Chicoréestaude • 2 Äpfel • 1 Hand voll Weintrauben • 2 EL gehackte Walnüsse*

Für die Sauce *6 EL Dickmilch • 1 EL Crème fraîche • 1 TL Ahornsirup*

Wenn Sie bei der Zubereitung von Chicorée die milchige Mitte entfernen, ist der Salat besonders schmackhaft.

Zubereitung Chicoréeblätter vom Strunk entfernen, waschen und in Streifen schneiden. Äpfel waschen, vierteln und in dünne Scheiben hobeln. Trauben waschen und halbieren. Dickmilch mit Crème fraîche und Ahornsirup mischen und über den Salat gießen. Auf 2 Portionstellern anrichten und mit den gehackten Walnüssen bestreuen.

Köstliche Kuchen

Walnusskuchen

Zutaten *200 g Butter • 150 g Akazienhonig • 1/2 TL Naturvanille (im Reformhaus erhältlich) • 4 Eier • 150 g geriebene Walnüsse*
100 g frisch gemahlener Weizen • 1 TL Backpulver • 1 EL Puderzucker

Schon 30 Gramm Walnusskerne decken den Tagesbedarf an Linolsäuren, das sind mehrfach ungesättigte Fettsäuren.

Zubereitung Butter zerlassen, mit Akazienhonig und Vanille schaumig rühren. Eier nach und nach dazugeben. 10 Minuten lang ziehen lassen. Walnüsse, Weizen und Backpulver mischen und unterheben. Masse in eine Kastenform füllen. Im vorgeheizten Backofen auf der mittleren Schiene bei 180 °C (Gas Stufe 2 bis 3) 40 Minuten lang backen. Kuchen aus der Form stürzen, abkühlen lassen und mit Puderzucker bestäuben.

Mohnkuchen mit Ananas

Zutaten *150 g Quark • 6 EL Vollmilch • 1 EL Distelöl • 5 EL Honig*
1/2 TL Naturvanille (im Reformhaus erhältlich) • 1 Prise Vollmeersalz
1 TL Backpulver • 300 g frisch und fein gemahlener Weizen
2 EL Milch • 1 Eigelb

Füllung *175 g gemahlener Mohn • 100 g zerlassene Butter*
100 g Honig • 1/2 TL Naturvanille • 2 Tassen Ananasstücke

Zubereitung Quark, Vollmilch, Distelöl, Honig, Vanille, Salz, Backpulver und Weizen zu einem Teig verarbeiten. Die Hälfte in eine gefettete Springform geben. Zutaten für die Füllung (außer der Ananas) verrühren und über die erste Teigschicht geben. Die abgetropften Ananasstücke darauf verteilen und den restlichen Teig darauf streichen. Milch und Eigelb mit dem Handrührgerät verquirlen und die oberste Teigschicht bestreichen. Bei 180 °C (Gas Stufe 2 bis 3) im vorgeheizten Backofen auf mittlerer Schiene ca. 45 Minuten lang backen.

Möhrenschnitten

Zutaten *125 g Butter • 200 g Rohrzucker • 6 Eigelbe*
250 g gemahlene Haselnusskerne • 1 Päckchen Backpulver
150 g Weizenvollkornmehl (im Reformhaus erhältlich)
1 EL abgeriebene Schale von 1 unbehandelten Zitrone
600 g fein geraspelte Möhren • 1 Prise Vollmeersalz • 6 Eiweiße
1 EL Puderzucker

Zubereitung Butter mit Zucker und Eigelben schaumig rühren. Nüsse, Backpulver, Weizenmehl, Zitronenschale, geraspelte Möhren und Salz mit der Masse mischen. Eiweiße zu Eischnee steif schlagen und unterheben. Teig auf einem gefetteten oder mit Backpapier ausgelegten Backblech zu einem Rechteck von etwa 30 Quadratzentimeter Fläche streichen. Bei 180 °C (Gas Stufe 2 bis 3) auf der mittleren Schiene ca. 45 Minuten lang backen. Abkühlen lassen, in 12 Schnitten schneiden und mit Puderzucker bestäuben. Die fertigen Möhrenschnitten eventuell mit kleinen Marzipanmöhren garnieren.

Haselnüsse enthalten viel Vitamin E, das dem Körper hilft, mit Schadstoffen fertig zu werden.

Mandelbiskuit mit frischen Kirschen

Zutaten *200 g zerlassene Butter • 200 g Honig • 4 Eigelbe*
200 g frisch gemahlener Weizen • 150 g geriebene Mandeln
etwa 4 Tropfen natürliche Bittermandelessenz • 1 TL Backpulver
2 EL Kirschwasser • 4 Eiweiße • 750 g frische, entsteinte Kirschen

Zubereitung Zerlassene Butter mit Honig und Eigelben im Mixgerät schaumig schlagen. Weizen, Mandeln, Bittermandelessenz, Backpulver und Kirschwasser mischen und mit dem schaumigen Eigelb verrühren. Eiweiße zu Eischnee steif schlagen und unter den Teig heben. Eine Springform mit Backpapier auslegen. Teig einfüllen und Kirschen darauf verteilen. Bei 175 °C (Gas Stufe 2) auf mittlerer Schiene ca. 40 Minuten lang backen, bis das Biskuit gut gebräunt ist.

Bildnachweis: Falken Verlag, München: 40 (Heidi Velten); Gettyimages, München: U1 re. (Chris Everard); Photodisc: 33 (N.N.); Südwest Verlag, München: 2 (Food Centrale/M. Jessen), Freisteller (Südwest Archiv), 15, 196 (Peter Rees), 21, 125, 185 (Rainer Hofmann), 26 (Frank Heuer), 10, 43, 49, 77, 144 (Kristiane Vey), 54 (Dirk Albrecht), 60 (Christian Kargl/Ute Schoenenburg), 63, 70, 195 (Nicolas Olonetzky), 81 (Sascha Wuillemet), 86 (Michael Holz), 92, 142 (Peter v. Felbert/Anne Eickenberg), 102 (Christian Kargl), 107 (Michael Brauner), 116 (Siegfried Sperl), 133 (Veronika Moga), 137 (Susanna Grigoletto), 180 (Christine Paxmann), 190 (R. Schmitz); Zefa, Hamburg: U1 li. (Alexander Scott)

Literatur

Fitness-Küche für das ganze Jahr. Südwest Verlag, München 1999

Helberg, Dörte: Die Wellness-Diät. Südwest Verlag, München 2003

Oberbeil, Klaus: Obst & Gemüse als Medizin. Südwest Verlag, München 2003

Oberbeil, Klaus: Schlankheitsformel Wasser. Südwest Verlag, München 2003

Despeghel-Schöne, Dr. Michael: Jung bleiben!. Südwest Verlag, München 2003

Hinweis

Das vorliegende Buch ist sorgfältig erarbeitet worden. Dennoch erfolgen alle Angaben ohne Gewähr. Weder Autor noch Verlag können für eventuelle Nachteile oder Schäden, die aus den im Buch gegebenen praktischen Hinweisen resultieren, eine Haftung übernehmen.

Impressum

Redaktion: Anja Romaus
Projektleitung: Nicola von Otto
Redaktionsleitung: Dr. med. Christiane Lentz
Bildredaktion: Tanja Nerger
Umschlag: Werbagentur Lohmüller, Berlin; Reinhard Soll
Layout: Wolfgang Lehner
DTP-Produktion: Sigurd Baer
Druck + Bindung: Těšínská tiskárna, Český Těšín

Printed in the Czech Republic

Gedruckt auf chlor- und säurearmem Papier

ISBN 3-517-06887-X

579078250301X8172635 4453 6271

Sachregister

Rezepteregister